붓다 수업

법상 스님의 불교 교리 콘서트

붓다 수업

초판 1쇄 발행   2013년 12월 13일
초판 5쇄 발행   2023년 3월 15일

지은이　　　법상
펴낸이　　　윤재승
펴낸곳　　　민족사
책임편집　　사기순
디자인　　　남미영
기획편집팀　사기순, 최윤영
영업관리팀　김세정

출판등록　　1980년 5월 9일 제1-149호
주소　　　　서울 종로구 삼봉로 81 두산위브파빌리온 1131호
전화　　　　02-732-2403, 2404
팩스　　　　02-739-7565
홈페이지　　www.minjoksa.org
페이스북　　www.facebook.com/minjoksa
이메일　　　minjoksabook@naver.com

ⓒ 법상

ISBN 978-89-98742-11-9   03220

책 값은 뒤표지에 있습니다. 저작권법에 의하여 보호를 받는 저작물이므로
무단으로 복사, 전재하거나 변형하여 사용할 수 없습니다.

법상 스님의 불교 교리 콘서트

붓다 수업

민족사

| 머리말 |

　학창시절 처음 불교를 접했을 때 나는 맹목적으로 불교가 좋았다. 불교가 어떤 종교인지, 부처님의 가르침이 어떤 것인지도 모를 때부터 그저 부처님 품이 좋았다. 그런데 막상 불교 공부를 시작하면서부터 나는 적잖이 당황하지 않을 수 없었다. 내가 그토록 흠모하고 따르리라 믿어왔던 부처님의 그 위대한 가르침이 담긴 불교 교리들이 도무지 이해되지 않았다. 많은 책들을 찾아보며 불교 교리를 이해하려 했지만 이러한 나의 갈증을 시원하게 해소해 주지는 못했다. 석가모니라는 이름에 비해 불교 교리는 그다지 위대해 보이지 않았다.

　그리고 오랜 세월이 흘렀다. 그 단순한 불교 교리들은 시간이 흐르면 흐를수록 더욱 더 진하게 우러나왔고, 내 삶을 근원에서부터 뒤흔들어 버렸다. 내가 처음 알았던 그 알 듯 모를 듯한 불교 교리들이 이렇게 깊고도 광활한 의미와 행동을 담고 있다는 사실에 내 가슴은 고동치기 시작했다. 그 지혜의 파동들은 점점 더 나를 진동시켰고, 그동안 품어오던 수많은 삶의 의문들이 조금씩 빛을 보기 시작했다.

　보통 사람들은 불교 교리 하면 따분하고 지적이고 딱딱한 교리일 뿐이라고 여기기 쉽다. 연기, 십이연기, 사성제, 삼법인, 오온, 십이처, 십팔계, 팔정도, 사념처라는 교리에서보다는 오히려 스님들의 법문이나 법구경의 쉬운 구절 속에서 더 진한 감동을 느낄 뿐 아니라 사상적으로도 대승의 유식이나 중관, 법화나 화엄에서 더 깊은 철학적 충만감을 느끼곤 한다.

그러나 내가 본 고타마 붓다의 가르침, 초기불교의 교설들은 그 쉽고 단순한 교리 속에 드넓은 대승의 원류와 우주적 지혜의 지평이 오롯이 담겨 있을 뿐 아니라, 인류가 발견해 온 동서고금의 정신적인 모든 자산을 두루 포함하고 있다. 뿐만 아니라 그것들은 교리나 사상에서 그치는 것이 아니라 우리 삶을 직접적으로 변화시키고, 감동시키며, 근원으로부터의 깨어남을 가능케 하는 실로 놀라운 가르침이다. 이 가르침들 속에는 높고 낮은 근기의 모든 이들, 어린 학생들에서부터 대석학에 이르기까지 저마다의 차원에서 정확히 배우고 익혀야 하는 그 모든 단계의 지혜들이 신비스럽게도 층층이 갈무리 되어 있다.

나는 한때 잠시 외도랄까, 아니 붓다의 열린 학습방식에 따라 가슴을 활짝 열고 인류를 스쳐간 수없이 많은 종교 교주에서부터 성인, 현자, 철학자에 이르기까지 위대했던 이들의 삶과 가르침들을 기웃거리던 때도 있었다. 하지만 그 모든 인류의 정신적 유산들의 골수가 붓다의 말씀 속에 고스란히 녹아들어 있음을 재확인했을 뿐이다. 또한 현대의 시대를 이끌고 있는 테마들인 웰빙, 힐링, 뉴에이지, 영성, 치유, 명상, 시크릿, 마인드풀니스 등 그 모든 가르침의 원천이 모두 붓다 수업의 커리큘럼 안에 녹아 있다. 뿐만 아니라, 현재 인류는 경제, 경영, 인문학, 문학, 과학, 물리학, 교육, 의학, 심리학, 환경, 예술, 사회, 처세, 대중문화, 방송, 인터넷, 스마트폰 등 우리 삶의 모든 부분에서 점점 더 많은 이들이 붓다의 가르침을 바탕으로 각기 분야를 새롭게 업

그레이드 하고 있다. 그것을 불교라고 하든 안 하든 근원의 원천 소스가 붓다에게서 나온 것임을 부인하기 어렵다. 너무 빨라 뒤따라가기조차 힘들 만큼 최첨단을 달리는 오늘날의 시대가, 우리의 의식을 뛰어넘는 놀라운 발견과 증명들이 2,500년 전 붓다에 의해 발견된 진리를 이제야 거북이걸음으로 뒤따라가고 있다는 것이 믿어지는가.

이 책은 이 세상에 있는 하나의 종교에 대한 교리 해설서가 아니다. 붓다는 한 종교를 창시한 교주에 가둘 수 없는 인물이다. 붓다는 불교를 창시하지 않았다. 붓다는 다만 진리를 깨달았고, 전했을 뿐이다. 붓다는 모든 인류의 위대한 선생이며 교사다. 붓다의 가르침이 시대정신을 선구해 나갈 것임은 자명해 보인다. 붓다가 설했던 연기와 중도, 오온과 십이연기, 사성제와 삼법인, 팔정도와 사념처의 가르침들이 담고 있는 '보이지 않는 깊이'에 대한 이해와 깨달음의 정도야말로 앞으로의 시대를 이끌어갈 원천적 근원이요, 핵 중의 핵이 될 것이다.

이제 붓다 수업은 불교신자들만의 것이 아니다. 가슴을 활짝 열고 깨닫고자 하는, 배우고자 하는, 사랑하고자 하는 모든 존재들이 함께 들어야 할 필수적 인생 수업이다. 이 책은 붓다의 그 신성한 가르침들을 우리가 어떻게 이해해야 하며, 어떻게 흡수해야 하는지, 우리 삶에서 어떻게 구현해 나가야 하는지에 대해 설명해 주기 위해 쓰여졌다. 고리타분하거나, 현학적이거나, 교리적인 해설이 아닌, 붓다의 가르침들이 어떤 방식으로 현실에 접목되는지, 우리의 삶을 변화시키는지, 존재의 근원을 뒤흔들어 놓는지를 우리는 분명히 알아야 한다. 지금의 시대가 그것을 필요로 하기 때문이다. 지금처럼 진리를 표방하는 단체며 가르침이 많아 옥석을 가리기 어려운 시대에, 또한 유행처럼 번져

나가는 힐링의 시대에 여러분의 지난했던 영적인 여정에 종지부를 찍을, '그 모든 것의 원천'인 붓다의 다르마를 권해 본다.

책을 몇 권 내면서 수많은 불서 출판 관계자들이나 스님들이 한결같이 바라는 바가 있음을 알았다. 그것은 당황스럽게도 '누구에게라도 권해 줄 수 있는 불교 교리서'였다. 서점에 많고 많은 책들 가운데, 쉽고 감동 깊고 실천 가능하며, 현대적인 언어로, 현대인들이 이해할 수 있는 용어를 가지고 2,500년 전 붓다의 가르침들을 풀어낸 책이 없다는 것이다.

이 책은 '그런 책을 한 번 내 보자'는 출판사의 제안과 오래 전부터 그런 책을 구상만 하고 있었던 저자의 마음이 일치를 보아 시작되었다. 물론 이 책이 그런 책이라고 단언할 수는 없고, 내게는 그럴 만한 지혜도 능력도 없지만, '그런 책'을 써야겠다는 생각을 내려놓고 초심의 원력이 이끄는 대로 내맡기다 보니 어느덧 그저 쓰여진 글이 이미 완성되어 있음을 알았다. 돌이켜보면 어떻게 시간이 지나갔는지 모를 만큼 시간의 흐름도 잊은 채 붓다 수업에 한동안 몰입했다.

이제 부족하나마 이 책을 펴냄으로써, 이 생에 꼭 집필해야겠다고 세웠던 원력의 하나를 이 세상에 회향한다. 이 글로 인해 불교 신자가 늘어나는 것을 바라지는 않는다. 다만 이 글로 인해 보다 더 행복해지고, 더 평화로우며, 더 지혜로워지고 사랑하는 사람들이 한 명이라도 더 생겨날 수 있기를 서원해 본다.

2013년 초겨울
불암산 아래 연화당에서 법상

| 차례 |

머리말 • 4

1장 연기법

양자물리학과 연기법의 만남 • 14

소녀시대 홀로그램 공연의 비밀__놀라운 조약돌의 실험__손톱 속에 담긴 안드로메다__풀 한 포기도 나의 업을 알고 있다__마음이 물질세상을 만든다__삶의 의문에 대한 답변

붓다, 연기를 설하다 • 33

연기를 보면 진리를 본다__나와 삶은 어떻게 생겨났을까?__나와 삶은 어떻게 사라져갈까?__한 송이 꽃으로 피어난 우주__연기와 중도의 치우침 없는 사랑__인과 연이 만든 세상__인연법, 창조론과 진화론을 다시 쓰다__인과업보, 균형의 법칙과 끌어당김의 법칙

연기법의 생활 실천 • 56

감사와 찬탄__보시, 자비로운 나눔__수용, 받아들임__무집착, 내려놓음__관, 깨어있는 관찰__공존, 조화로운 삶__감사와 사랑의 호흡관__원하는 삶을 만드는 방법

2장 / 삼법인

참된 진리의 기준은 있을까? • 78

제행무상 • 81

모든 것은 변한다 __ 업도 운명도 변한다 __ 미시와 거시세계도 변한다 __ 변화를 받아들이라 : 제행무상의 생활 실천

제법무아 • 92

실체적 자아는 없다 __ '나'는 이렇게 있는데 왜 무아지? __ 무아를 통해 얻게 되는 것들 __ 내가 작아지는 즐거움 : 제법무아의 생활 실천

일체개고 • 103

무상, 무아는 곧 괴로움이다 __ 우리가 느끼는 여덟 가지 괴로움 __ 괴로워서 고마워 __ 무집착 : 일체개고, 삼법인의 생활 실천

열반적정 • 125

괴로움이 진리인가? 열반이 진리인가? __ 세 가지만 없으면 열반 __ 열반은 어떤 상태일까? __ '비움'과 '내맡김'의 실천 : 열반적정의 생활 실천

3장 / 십이처와 십팔계

일체법이란 무엇인가 • 136

육근과 육경 • 139

'나'와 '내 밖'에는 무엇이 있을까? __ 여섯 가지 감각기능 __ 경계에 끄달리지 말라 __ 내가 오염될 때와 청정할 때 __ 세상이 아름답게 빛나는 순간

십이처 • 151

'나'와 '세상'은 어떻게 생겨날까? __ 세상 모든 것의 분류법 __ 괴로움이 생기는 이유 __ 나에게 이해된 세상일 뿐

십팔계 • 161

마음이 생겨나는 과정 __ 마음이 '나'라는 착각 __ 분별을 버리고, 있는 그대로 보라

4장 / 오온

'나'가 만들어지는 과정 • 168

'있다'고 생각하는 것들의 실체 __ 부수적인 마음은 어떻게 만들어질까? __ 비로소 내가 만들어지다

'나'는 있는가 없는가? 오온과 오온 무아 • 176

몸(色)은 내가 아니다 __ 느낌(受)은 내가 아니다 __ 생각(想)은 내가 아니다 __ 의지(行)는 내가 아니다 __ 마음(識)은 내가 아니다 __ '나'는 왜 내가 아닌가 : 오온 무아

오온의 생활 실천 • 217

오온으로 괴로움 소멸하기 __ 오온으로 행복 만들기

5장 / 십이연기

십이연기가 곧 연기법 • 256

십이연기 각 지분의 이해 • 258

무명(無明) __ 행(行) __ 식(識) __ 명색(名色) __ 육입(六入) __ 촉(觸) __ 수(受) __ 애(愛) __ 취(取) __ 유(有) __ 생(生) __ 노사(老死)

괴로움의 원인 12가지 • 282

괴로움을 없애는 12가지 방법 • 288

6장 / 사성제

고(苦)와 고의 소멸에 대한 진리 • 300

괴로움의 진실 받아들이기, 고성제 • 302

괴로움의 원인 규명하기, 집성제 • 307

괴로움의 소멸 확신하기, 멸성제 • 310

괴로움의 소멸 실천하기, 도성제 • 312

7장 / 불교의 수행법

중도 • 314
중도의 의미 __ 분별없는 중도적 관찰 __ 중도의 생활 실천

팔정도 • 326
정견 __ 정사 __ 정어 __ 정업 __ 정명 __ 정정진 __ 정념 __ 정정

사념처 • 350
사념처와 중도, 팔정도 __ 관찰의 대상들 __ 몸에 대한 관찰 __ 느낌에 대한 관찰 __ 마음에 대한 관찰 __ 법에 대한 관찰 __ 순간의 여행자, 관찰자

법상 스님의 불교 교리 강의 후기 • 370

1장

연기법

양자물리학과 연기법의 만남

•
소녀시대
홀로그램 공연의 비밀

　지난 13년 1월 걸 그룹 가수 소녀시대는 홀로그램으로 생생하게 구현한 콘서트를 전 세계에 생중계 하여 화제가 되었다. 실제 소녀시대가 나와서 하는 공연이 아니라, 무대 위에 홀로그램의 정보를 재생하는 빛을 쏘아 주었을 때 그 무대 위에서 실재 소녀시대가 아닌 가상의 소녀시대가 진짜처럼 나와서 공연도 하고, 노래도 부르는 것이다. 가상의 무대이지만 3D 입체영상이 고퀄리티로 생생하게 재생하는 것으로 동서남북 어디에서 보더라도 소녀시대의 3차원 영상이 고스란히 보이는 것이다.

　홀로그램, 홀로그래피라는 말은 한번쯤 들어보았을 것이다. 요즘 3D영화나 TV가 유행하고 있는데, 3D는 영상의 일부분을 입체적으로 보이게 하는 기술이지만, 홀로그래피는 이보다 한 발 나아가 어느 각도에서 보더라도 영상에 비친 사물을 입체적으로 볼 수 있는 포스트

3D 기술이다. 박물관 같은 곳에 가면 현실의 대상과 똑같이 생긴 3차원 입체영상이 허공중에 빛을 통해 떠 있는 것을 본 적이 있을 것이다.

만약 홀로그래피 TV나 전화가 개발되어 나온다면, 어디서든 빛만 쏘아 주면 허공에서 현실과 똑같은 입체영상이 움직이며 말하고 움직이는 드라마를 볼 것이고, 서울에 있는 나의 모습 그대로를 미국에 있는 친구에게 홀로그램 전화로 3차원 영상으로 똑같이 재생시켜 곁에 앉아 있는 것처럼 대화를 나눌 수도 있을 것이다.

당신은 실재하는가? 이 세상은 실재하는 것일까? 현대 물리학에서는 나와 이 세상을 진짜로 존재하는 실체적인 존재가 아니라, 홀로그램(hologram)과도 같은 허상의 세계라고 설명하기 시작했다.

홀로그램으로 이루어지는 소녀시대의 공연처럼, '나'와 '이 세상' 또한 사실은 완전 생생하게 고퀄리티로 진짜처럼 보이고 만져지고 소리내고 움직이는 진짜세계같이 느껴질 뿐, 사실은 진짜가 아닌 홀로그램의 허상일 뿐이라는 것이다. 부처님께서는 이미 2,500여 년 전에 '나'와 '세상'은 모두 실체가 아닌 허망한 허상으로 무아(無我)이며, 잠시 만들어진 것일 뿐 사실은 텅 비어 있다고 설하셨다.

그렇다면 내 눈 앞에 보이는 이것들은 다 무엇이란 말인가? 그것은 다만 인연 따라 잠시 잠깐 생겨난 인연가합(因緣假合)의 존재일 뿐 실체가 아니다. 인연가합이란 인연 따라 잠시 가짜로 모였다가 인연이 다하면 흩어지는 무상(無常)한 존재일 뿐이라는 의미다. 그것을 불교에서는 '연기적 존재'라고 한다.

이것이 바로 초기불교의 기본 가르침인 '연기법(緣起法)'과 '무아', 나아가 대승불교의 기본 교설인 '공(空)'과 '무자성(無自性)'을 의미한다.

사막을 걷다 쓰러져 지친 사람의 눈에는 실제로 있지도 않은 환영의 신기루가 나타나는 것처럼, 우리의 눈에 보이고 있는 세상은 우리의 허망한 착각과 어리석음으로 인해 이 세상이 신기루가 아닌 진짜인 것처럼 보여 지고 있을 뿐이라는 것이다. 여러분 앞에 펼쳐져 있는 이 모든 세상이, 나와 나의 가족과 나의 직업, 직장과 지금까지의 삶과 이 세상 모든 것이 사실은 실재가 아니라 내 마음에서 연기되어진 것일 뿐이다!

그렇기에 내 마음의 이 허망한 착각과 어리석은 망상만 걷어내게 된다면 나와 이 세상의 참된 실상이 무엇인지, 진리가 무엇인지를 깨달을 수 있다는 것이 부처님의 가르침이다. 부처님은 바로 그 허망한 착각과 어리석음을 타파함으로써 삶의 이치를 깨달으신 분이다. 이것이 불교에서 '마음만 깨달으면 부처다'라거나, '불교는 마음을 깨닫는 공부'라고 한 연유다. 그렇다면 초기불교의 핵심 가르침인 연기와 무아라는 가르침을 조금 더 깊이 살펴보기 위해 다음 장에서 현대 양자물리학의 개념인 홀로그램에서부터 접근해 살펴보도록 하자.

놀라운 조약돌의 실험

홀로그램을 잘 이해하면, 불교의 연기법을 보다 생생하게 이해할 수 있을 것이다. 조금 더 쉽게 홀로그램의 원리를 이해할 수 있는 조약돌의 실험을 살펴보자. 우리가 아주 큰 동그란 냄비를 하나 가지고 있다고 생각해 보자. 물이 담겨 있는 냄비인데 그 수면 위로 세 개의 조약돌을 세 지점에 동시에 떨어뜨린다. 그러면 조약돌은 떨어지면서 수면 위로 물결 파장을 형성해 나간다. 이것이 만약 호수였다면 그 파장은 호수 끝까지 퍼져나갈 것이다. 그러면서 세 개의 파장이 서로 간섭무늬를 만들어낸다. 바로 그 순간, 간섭무늬가 만들어 진 수면 부분만을 얇게 급속으로 냉각시켜 얼린다고 생각해 보자. 간섭무늬가 새겨진 큰 냄비의 물 윗부분 표면만을 이렇게 얼려서 얇게 떼어낸다고 생각해 보는 것이다. 그러면 여기 물결치는 간섭현상 무늬가 새겨진 동그란 얼음판이 하나 만들어졌다.

지금 우리에게 있는 것은 얼음판 하나뿐이다. 조약돌이 어디에서 어떤 지점으로 몇 개가 떨어졌는지에 대해서는 알 수 없고 단지 그 얼음판 하나만 볼 수 있다. 그런데 홀로그램을 재생시킬 수 있는 빛의 장치를 만들어 얼음판의 한쪽에서 빛을 쏘아주면 반대편에 무엇이 나타날까? 우리가 갖고 있는 것은 단지 얼음판밖에 없는데도 불구하고 빛을 쏘아 주었을 때 그 반대편에는 애초에 떨어뜨렸던 조약돌 세 개가 3차원 입체영상으로 나타나게 된다. 세 조약돌 사이의 거리, 조약돌의 모양, 개수, 크기 등 조약돌의 모든 정보가 다 재생되는 것이다!

이 말은 표면의 얼음판이 단지 간섭무늬의 파장 정보만을 가지고 있을 뿐이지만 그 파장의 정보 안에 조약돌 세 개와 관련된 모든 정보가 다 담겨 있다는 것을 의미한다. 결론적으로 간섭무늬라는 하나의 파동 안에 놀랍게도 정보가 기록되고 저장될 수 있다는 것이다!

이러한 놀라운 사실을 이 세상과 우주로 확장시켜 보자. 모든 파동, 파장은 그 속에 우주적인 모든 정보를 담고 있다! 예를 들어, 지금 내 앞의 허공 속에도 수많은 전자파, 음파, 마이크로파, 지진파, 중력파 등의 파동이 있지만 눈에 보이지 않을 뿐이다.

지금 이 순간도 영화, 드라마, 뉴스 등의 모든 정보가 사실은 이 허공중에 가득하다. 단지 우리 눈은 파장의 범위 380나노미터(nm)에서 770nm까지의 가시광선만을 볼 수 있기 때문에 그 파장 전후의 파장들은 인지되지 않을 뿐이다. 이처럼 TV나 라디오의 모든 정보 또한 전파라는 파장을 통해 보내지고 있고, 우리 주위의 모든 공간 속에 가득히 존재하다가, 우리가 집에 있는 TV나 라디오 혹은 손에 있는 스마트폰과 DMB를 통해 그 파장이 담고 있는 영상정보를 곧바로 현실로 재생할 수 있는 것이다.

그런데 이런 전자파나 물의 파동 등만 정보를 담고 있는 것이 아니라 모든 형식의 파동이 다 그 속에 정보를 담고 있다. 그리고 이 세상과 나를 비롯한 모든 것들은 쪼개고 쪼개다 보면 원자, 전자, 양자, 미립자 등의 물질 알갱이로 나뉘다가 결국 파동이라는 에너지로 존재한다는 것이 밝혀졌다. 이 세상의 근원은 물질 알갱이가 아니라 파동이라는 에너지가 인연 따라 다양한 물질로 드러나는 것일 뿐이다! 우리의 생각도 하나의 뇌파, 혹은 염파 같은 파장이다. 다른 사람의 생각의 파장을 읽을 수 있는 능력이 있다면 그것을 타심통이라고 할 것이다. 수행자나 스님들이 때때로 타심통을 얻을 수 있는 것도 이와 같은 원리요, 거짓말 탐지기도 이러한 파장 재생 장치의 일환이다.

다시 얼음판으로 돌아가자. 여기까지도 참 신기한 노릇인데, 이제 이 얼음판을 깨뜨려 보자. 조각난 얼음 조각 중 하나의 작은 조각을 들고서 동일하게 똑같이 한쪽에서 홀로그램을 재생시켜 주는 빛을 쏘아 준다. 그랬더니 깨진 작은 조각에서 깨지기 전의 동그랗던 원판과 동일한 현상이 벌어진다. 원래의 둥그런 큰 원판에 빛을 쏘아 줄 때와 똑같이 정확히 세 개의 조약돌의 모습이 그대로 3차원 영상으로 재생되는 것이다.

다시 말해 어떤 간섭무늬라는 '파장'은 아무리 작은 부분일지라도 정확하게 그 대상의 정보 전체를 기억하고 있다는 것이다. 즉, 파장의 일부분만 가지고도 그 전체의 정보를 알 수 있다. 쉽게 말해 파장이라는 것은 작은 한 부분의 파장 속에도 전체적인 일체 정보 전부를 저장할 수 있다는 말이 된다.

물 한 방울 속에 이 세상과 우주에 관한 시공을 초월하는 모든 정보와 삶의 이치가 다 담겨져 있다! 말 그대로 『화엄경』의 일즉일체다즉일(一卽一切多卽一), 일미진중함시방(一微塵中含十方), 즉 하나가 곧 전체이며 한 티끌 속에 시방세계 전체를 포함하고 있는 것이다.

현대 과학에서는 이러한 홀로그램의 3차원 입체 영상과 동일한 방식으로 이 물질 우주가, 이 세계가 구성되어 있다고 말한다. 즉 홀로그램의 3차원 입체영상이 실재인 것처럼 보이지만 사실은 실재가 아닌 환영이요, 허상이고 마야(Maya)이듯이 나와 이 세상 또한 마찬가지라는 것이다. 우리 몸도, 이 세계도 쪼개고 쪼개어 들어가면 분자, 원자, 양성자, 중성자, 원자핵, 전자, 미립자 해서 계속 쪼개어 들어 가 보면 결국 파동으로 이루어졌다. 즉 이 물질 우주의 모든 것은 파동으로 이루어져 있고, 그 파동은 홀로그램처럼 모든 정보를 저장하고 있는 것이다.

이 말의 의미를 조금 더 확장해 보면, 앞에서 파장을 담고 있는 얼음판 조각 하나에서 조약돌 3개의 입체상을 볼 수 있었던 것처럼, 조각과 파장 하나에서 전체를 볼 수 있듯이, 나라는 존재 속에서 이 우주 전체를 볼 수 있다는 것을 의미한다. 나뿐만 아니라 이 우주를 구성하고 있는 그 어떤 물질이든, 사람이든, 생명이든, 공간이든 그 모든 것은 다양한 형식의 파동으로 이루어졌기 때문에, 결국 그 모든 것들 속에서 온 우주의 모든 전체 정보를 다 볼 수 있다는 말이 된다.

부처님께서는 이 우주의 이치를 깨닫기 위해서 우주가 시작하는 곳부터 끝나는 곳까지 다 쫓아다니면서 낱낱이 조사하고 살펴보고 해석하고 연구하고, 그래서 이 우주의 모든 이치를 깨달으신 것이 아니다. 단지 보리수나무 아래에 앉아서 마음 하나를 깨달았더니 우주 전체의 이치, 정보를 깨닫게 된 것이다. 그것이 가능한 이유가 바로 여기에 있다. 한마음 속에 이 우주 전체가 담겨 있고, 우주의 모든 이치와 진리가 담겨 있는 것이다. DNA라는 것도 보면 하나의 작은 DNA 속에 나라는 존재 전체의 모든 정보가 다 담겨 있기 때문에 인간복제가 가능한 것이 아닌가.

손톱 속에 담긴 안드로메다

앞에서 우리는 하나와 전체가 서로 연결되어 있으며, 하나 속에 전체를 포함하고 있음을 살펴보았다. 이처럼 이 세상은 서로 따로 떨어져 존재하는 것 같고, 낱낱의 모든 존재는 저마다 실체를 지닌 실체적 존재로 생각하여 왔지만, 사실 우리 모두는 서로 연결되어 있는 연기적 존재였던 것이다.

이 장에서는 온 우주의 모든 존재가 연기적으로 연결되어 있음을 제시하고 있는 몇 가지 실험과 사례들을 살펴보자.

『물은 답을 알고 있다』에서는 1990년 중동의 걸프 만에서 걸프 전쟁이 일어난 날 걸프 만과는 한참 떨어져 있는 일본의 물의 결정들이 전부 찌그러들었다는 사실을 밝혀냈다. 지구 반대편에서 전쟁이 일어났는데, 그 전쟁의 파장을 일본에 있는 물의 결정들이 이미 다 알고 있었다는 것이다. 또한 『식물의 정신세계』에서는 식물을 연구하는 학자가 수백 킬로 멀리 떨어진 다른 도시에서 교통사고가 날 뻔했던 바로 그 순간에 연구실에 있던 식물의 검류계(檢流計) 파장이 급격하게 진동하며 떨었던 실험을 밝혀내기도 했다.

이러한 실험에서 살펴보면 공간적으로 멀리 떨어져 있는데도 불구하고 물 한 방울조차 지구 반대편에서 있었던 사실을 분명히 알고 있었으며, 식물 또한 자신에게 물을 주고 키워주던 주인이 수백 킬로 떨어진 곳에서 교통사고가 나던 바로 그 순간의 일을 분명히 알고 있었다는 사실이 물리적인 공간을 뛰어넘어 증명되고 있음이 밝혀졌다.

물리학자 라즐로는 거짓말탐지 전문가인 백스터와 함께 한 실험에서 진주만 전쟁 당시 해군 포병으로 참가했던 피실험자들 입에서 백혈구 세포를 채취하여 몇 십, 혹은 몇 백 킬로미터 떨어진 지점으로 옮겨 배양체에 거짓말 탐지기를 부착해 실험한 결과, 피실험자들에게 진주만 기습 TV 프로를 보여주자마자 마치 피실험자에게 부착된 것처럼 채취된 배양체 세포들이 격렬하게 반응을 한 사실을 알아냈다. 이 실험 또한 우리 몸을 구성하고 있는 세포와 입자들 하나하나는 공간적인 이격에도 불구하고 서로 연결되어 있음을 증명해 주는 수많은 실험들 가운데 하나에 불과하다.

이처럼 수많은 실험에서 이러한 연기적인 연결성이 입증되었으며, 수많은 물리학자, 과학자들이 다양한 방법으로 이러한 상의 상관성, 연결성을 밝혀내었다. 이처럼 공간적으로 멀리 떨어져 있음에도 불구하고 서로 영향을 주고받으며 연결시키는 상호작용의 능력 혹은 특성을 양자물리학에서는 '비국소성', '비국지성' 혹은 '초공간성'이라고 부른다. 이러한 비국소성은 공간적으로 하나로 연결되어 있다는 차원을 넘어서서 시간적으로도 하나의 장으로 연결되어 있다.

신라 의상 스님은 『화엄경』이라는 경전의 핵심을 「법성게」라는 짧은 게송으로 편찬하였다. 「법성게(法性偈)」에는 "일미진중함시방 일체진중역여시 무량원겁즉일념 일념즉시무량겁 구세십세호상즉 잉불잡란격별성(一微塵中含十方 一切塵中亦如是 無量遠劫卽一念 一念卽是無量劫 九世十世互相卽 仍不雜亂隔別成)"이라는 게송이 나온다. 해석해 보면, "하나 속에 일체가 있고, 전체 속에 하나가 있어 하나가 곧 일체요, 전체가 곧 하나다. 한량없는 오랜 세월이 한 생각 찰나요, 찰나의 한 생각이 무량한 시간이다. 과거와 현재, 미래가 다른 듯하면서도 모두가 현재의 이 마음에 함께 있어서 얽힌 듯하지만 얽히지 않고 각각 뚜렷하게 이루어졌다"라는 의미다.

이는 현대 양자물리학의 비국소성, 홀로그램의 이치와도 연결된다. 공간적인 초공간적 연결성(일미진중함시방)과 시간적인 비국소적 연결성(일념즉시무량겁), 즉 시간·공간적으로 모든 것은 완전히 연결되어 있음을 의미하며, 그 모든 것이 이 한 마음속에 함께 있어서 얽힌 듯하지만 얽힘 없이 뚜렷하게 이 세상을 이루고 있음을 뜻하는 것이다.

실제로 1982년 알렌 아스펙트(Alain Aspect)가 파리에서 행한 실험에서 쌍둥이 광자가 우주 끝에서 다른 끝까지 연결되어 있음이 증명되었다. 그러니 한 티끌 속에 시방세계를 머금고 있다는 「법성게」의 일미진중함시방, 일념즉시무량겁의 이치가 영점장과 비국소성(non-locality)의 원리를 통해 양자물리학에서 증명이 된 것이라고 볼 수도 있을 것이다.

조금 더 나아가 보자. 이처럼 모든 것을 연결시키는 근본적인 차원의 에너지 장을 영점장(zero-point field) 혹은 정보장(field of information)이라고 말한다. 영점장이란 양자물리학의 주요개념으로 허공이 텅 비어 있어서 아무것도 없는 것이 아니라 이러한 비국소성을 가능하게 하는 온갖 정보와 능력·특성을 다 갖추고 있으며 우주의 모든 것을 연결시키는 장일 뿐 아니라 시간·공간을 초월하는 모든 정보를 고스란히 담고 있는 장이기도 하다. 이 영점장, 정보장을 불교식대로 표현하자면 연기법이라는 상의 상관성, 업보(業報), 인과응보(因果應報)가 펼쳐지는 장인 법계(法界)라고 말할 수 있을 것이다.

이러한 법계 즉 영점장은 온 우주에 꽉 차 있으며 모든 물질, 정신, 세포, 원자, 유전자 등 모든 세계와 존재계에 두루 가득 차 있는 근원적인 차원의 에너지 장이자 정보의 장인 셈이다. 영점장으로서 모든 존재는 시간적·공간적으로 완전히 연결되어 있는 것이다. 또한 앞서 말했듯이 이 영점장에는 공간적으로 이 우주의 모든 정보가 가득 차 있으며, 시간적으로 이 우주 역사와 인간 개개인의 모든 역사적 정보가 고스란히 다 담겨 있다. 쉽게 말해 그 어떤 물질이든, 세포든, 허공의 공간이든, 마음이든 우리가 상상할 수 있는 모든 것의 아주 작은 일부분조차 이 우주의 시공을 초월하는 모든 정보·업·역사 등 그 모든 총체적인 정보를 담고 있는 것이다.

결과적으로 홀로그램 영상이라는 비실체적 현실세계가 영점장이라는 바탕 위에 나타나고 있는 것이 바로 우리가 살고 있는 이 세계의 본 모습이라고 양자물리학에서는 보고 있는 것이다. 그리고 그 모든 홀로그램 영상이라는 물질 현실은 서로서로가 따로따로 나뉘는 것이 아니라 서로 깊이 연결되어 있으며 하나의 파동 속에 우주 전체의 모든 정보를 담고 있는 구조를 띠고 있는 것이다.

이것을 단적으로 보여주는 대목을 『홀로그램 우주』라는 책에서는 다음과 같이 표현하고 있다.

> 홀로그램의 모든 부분들이 전체상을 담고 있는 것과 똑같이 우주의 모든 부분이 전체를 품고 있다. 이것은 우리가 접근할 방법만 안다면 왼손 엄지손톱 속에서 안드로메다 은하계를 발견할 수 있다는 뜻이다. 또 우리는 클레오파트라가 카이사르를 처음 만나는 장면도 찾아낼 수 있으리라. 왜냐하면 원리상으로는 모든 과거와 미래를 시사하는 모든 내용들이 시공간의 미세한 영역 구석구석에도 깃들어 있기 때문이다. 우리 몸의 낱낱의 세포들도 그 속에 우주를 품고 있다.

풀 한 포기도 나의 업(業)을 알고 있다

불교의 업(業)사상을 보면 과거나 전생에 지은 업을 이번 생에 받는다고 하는데, 이러한 사실 또한 영점장이라는 시공을 초월해 우주적인 일체 정보를 담고 있는 근원적인 장으로 이해해 볼 수 있다.

예를 들어 길을 지나가다가 갑자기 강풍이 불어 빌딩 위에 매달려 있던 간판이 떨어졌고, 그 간판에 맞아 한 사람이 죽었다고 치자. 그것은 업(業)일까 아니면 우연일까? 그 또한 업이라면 어떻게 그 사람이 지금 바로 그 순간 죽어야 할 업을 간판이 어떻게 알고 바로 그 순간에 정확히 그 사람을 맞출 수 있었을까? 이 모두가 철저한 인과응보를 완전히 계산하고 있는 영점장의 일이요, 법계의 계획이었을까?

그렇다! 영점장, 정보장의 개념에 의하면 사람뿐 아니라 모든 물질세계의 모든 원자 하나하나, 그리고 이 우주의 모든 존재·비존재의 일체 우주가 고스란히 영점장으로 가득하다. 그리고 그 홀로그램의 영점장, 정보장에는 시공을 초월하는 우주의 정보가 하나도 빠뜨림 없이 다 담겨 있다. 바로 그 안에는 인간 개개인의 과거 전생, 그 전생을 넘어 시간적인 모든 정보와 업과 행위들의 정보 즉 업장이 낱낱이 담겨져 있다고 볼 수 있는 것이다. 간판도, 바람 한 점도, 간판을 지탱하는 쇠고리도 물질적·정신적 일체 존재는, 이 우주의 모든 시공을 초월하는 정보와 일체 존재의 업과 행위와 개개인의 업장까지 모두 다 담고 있다고 볼 수 있는 것이다. 바로 그 순간, 그 사람이 목숨을 다해야 하는 그 업장에 의해 우주 법계는, 즉 영점장에서는 바로 그 순간 강풍이 몰아치게 했고, 그 간판 또한 바로 그 순간 바로 그 자리로 떨어질 수밖에 없었던 우주적 영점장의 정보들의 정확한 운행 법칙에 따라 행동한 것이다.

이상에서 살펴본 바와 같이, 지금 나라는 존재 안에는 이 우주 전체에 어떤 일이 일어나는지에 대한 일체 모든 정보가 모두 담겨 있다.

이 세상 모든 것은 파동·파장으로 이루어져 있다고 했다. 이 파장을 잘 사용하는 것으로 박쥐가 있는데, 박쥐는 음파 탐지기 같은 기능을 몸속에 가지고 있어서 높은 진동의 소리를 밤에 계속 발산한다고 한다. 그 진동의 파장을 방출하다가 박쥐의 먹이가 되는 곤충이 그 파동에 감지가 되면 그 소리 파장이 곤충에게 전해졌다가 되돌아오는 반작용의 파장을 박쥐가 감지한다는 것이다. 그럼으로써 '아, 저기에 먹을거리가 있구나'라는 것을 알 수 있고 그 벌레가 얼마나 큰지, 어느 정도의 속도로 날아가고 있는지, 지금 어디쯤 날아가고 있는지, 심지어 그 곤충이 얼마나 맛있는지 등의 모든 정보들을 그 되돌아오는 파장을 통해서 다 알고 있다고 한다. 박쥐 같은 경우는 일부분 그 파장 안에 담긴 정보를 해석하는 능력이 주어졌다고 볼 수가 있다.

이처럼 이 우주 인류 모든 생명들이 지어왔던 업장, 업의 정보라는 총체를 우리 주위의 모든 물질세계나 생명, 공간, 바람, 꽃 한 송이나 나무 한 그루, 세포 하나와 원자, 전자 하나에조차 그리고 저 하늘의 별조차 모든 것을 다 알고 있었던 것이다. 그래서 이 우주 전체에 그 업이라는 것이 기록되어 있다. 우리 안에 있는 아뢰야식(阿賴耶識, 일종의 업의 저장창고로 대승불교의 유식의 교리)에만 기록되어 있는 것이 아니라 그 모든 업식(業識)이 이 우주 전체에 기록되어 있다는 것이다.

그러니까 우리가 남들 몰래 혼자 저 깊은 산속에 가서 아무도 안 볼 때 죄를 지었다고 죄가 되지 않을 거라고 생각했다면 그건 우리의 오판이요, 판단 착오인 것이다. 사실은 주변의 일체 우주법계가 그대로 나를 지켜보고 있다. 설사 아무리 완벽한 완전 범죄를 지었다 하더라도 그것을 지켜보는 이 시공이 있고 법계가 있는 것이다. 그렇기에 인과응보의 원리 또한 가능한 것이다. 그래서 부처님께서는 『금강경』에서 '다 알고 다 본다'고 말씀하셨다.

마음이 물질세상을 만든다

이 파장이 이 세상과 우주를 만들어 내는 근간이고 그 파장 속에 정보가 담겨 있다면 그 파장은 도대체 어떻게 만들어지겠는가? 그 파장이 어떻게 만들어 지는가를 알면 우주의 어떤 원리를 알 수 있을 것이다. 그러면 다시 양자물리학으로 넘어가 보자.

고전물리학에서는 원자가 실제로 존재한다고 생각했던 데 반해 양자물리학에서는 원자가 실제로 존재하는 것이 아니라 일종의 환상임을 밝혀냈다. 원자보다 작은, 원자를 구성하는 기본입자인 아원자(subatomic, 양자, 전자 등의 원자를 구성하는 기본요소)들은 고정된 물질로 존재하는 것이 아니라 다양한 여러 가능성 즉 하나의 잠재적인 가능성으로 존재하는 것으로 비춰졌다. 즉, 물리적으로 존재하는 물질은 근원적인 차원에서 정확하게 '어떤 것'이라고 규정할 수 없다는 것이다. 그야말로 불교에서 말하는 '무아(無我)', 공(空)의 원리의 일부를 과학에서 밝혀낸 것이라고 해도 좋을 것이다.

그래서 오늘날 물리학자들은 아원자를 단지 입자나 파동의 어느 한쪽으로 분류해서는 안 된다고 보며, 그 양쪽에 속해 있는 단일범주의 어떤 것으로 분류해야 한다고 믿고 있다. 이와 같은 것을 양자(quanta-아원자 단위의 입자들, 더 이상 나눌 수 없는 에너지의 최소량의 단위)라고 부른다. 그런데 일부 물리학자들에 의해서 이러한 양자들은 관찰되고 있을 때는 입자로 보이지만, 관찰되지 않을 때는 파동으로 존재한다는 사실이 밝혀졌다. 즉 '양자가 입자의 모습으로 나타나는 유일한 경우는 우리가 그것을 보고 있을 때'라는 것이다. 앞서 언급한 바와 같이 이 세계를 구성하는 모든 것들은 파동으로 존재한다. 관찰자가 보고 있을 때는 물질이지만 보고 있지 않을 때는 에너지인 것이다.

이것은 곧 관찰한다는 그 행위 자체가 양자에 영향을 미친다는 사실을 의미한다. 과학자들이 어떤 특정 전자를 찾을 때마다 관찰자가 기대하던 바로 그 위치에 나타나곤 했다. 그리고 더 신기한 것은 관찰자가 어떤 의도와 생각을 일으키기만 해도 그 입자는 관찰자의 의도에 따라 반응했다. 우리는 지금까지 물질적인 대상은 그 자체적인 것이라고 알고 있었는데, 이 실험에서 물질적인 객관적 대상이 사실은 그 대상을 바로 보는 사람의 주관에 따라 변하는 것이 확인된 것이다.

이 부분은 뒤에 십이처와 십팔계의 가르침에서 자세히 다루게 될 것인데, 부처님께서는 십이처의 교리를 통해 이 세상은 실체적인 대상이 있고 실체적인 주관이 있는 것이 아니라, 인연 따라 인연가합으로 모였다가 흩어지는 것일 뿐임을 설하고 계신다.

즉, 우리는 이 세상은 실체적으로 존재하는 어떤 것이며, 우리가 그 세상을 인식하는 것이라고 여기기 쉬운데, 사실은, 이 세상은 독립적으로 실체하는 것이 아니라, 다만 우리 마음에서 연기되어져 인연 따라 생겨난 것임을 의미한다. 이 세상은 이처럼 마음에서 연기한 것이지, 독립적 실체로 존재하는 것이 아니다.

단순한 기계조차 우리가 그 기계를 향해 욕을 하고 화를 내며 부정적인 에너지를 보낼 때와 자비로운 에너지, 감사와 사랑의 말을 보낼 때는 전혀 그 결과의 양상이 달라진다. 예를 들어 자동차를 타고 가는 운전자가 화를 내고 욕을 하며 부정적인 감정에 시달릴 때와 긍정적이고도 밝은 에너지로 넘칠 때 자동차가 사고 날 확률, 자동차가 고장 날 확률은 전자가 훨씬 높다는 것을 의미한다.

삶의 의문에 대한 답변

어릴 적 불교를 처음 공부할 때 연기법과 업보에 대해 공부를 하면서도 그것이 마음에 진하게 와 닿지를 않았던 적이 있었다. 정말로 내가 지은 업은 그 과보를 받는 것일까? 보시를 하면 진짜로 손해 보는 것이 아니라 인과응보로 되돌아올까? 사고가 나서 다치는 사람들이나 혹은 크게 사고가 났는데도 무사한 사람들은 그것이 우연이 아닌 정확한 우주적인 인연인 것일까? 모든 것이 업에 대한 과보라면 그 모든 우연들, 사고들, 사건들, 사연들이 정확히 일어나야 할 때를 알고 내 삶에 정확하게 때를 맞춰 들어 온 것이 아닌가!

또한 이 우주의 모든 존재, 심지어 정신이 아닌 물질까지도 다 연결되어 있을 뿐 아니라, 그 안에 이 우주의 모든 정보를 담고 있다면, 우리는 삼라만상 물질과 정신, 못난 사람과 잘난 사람, 인간과 동물, 식물 할 것 없이 더 높고 낮을 것 없이 그 모든 것들이 나와 둘이 아닌 일체감을 이루는 한 생명이 아닌가. 자동차 사고로 절벽에서 떨어지다가 나무 한 그루에 걸쳐져 목숨을 건졌다면 그 또한 정확한 우주적인 인연으로 그 나무가 나를 돕고 있었던 것이 아닌가.

바로 그렇다. 그 모든 것이 그러한 인연으로 분명한 이유와 목적을 가지고 그 일을 한 것이다. 나무 한 그루조차 이 우주의 모든 정보, 나와 일체 존재의 업을 다 알고 있고, 그 업과 인과응보의 모든 이치를 돕고자 그 자리에서 피어오른 것이다. 이 우주의 모든 존재는 그와 같은 정확한 인연에 따라 정확한 이유와 목적을 가지고 그 자리에 존재하고 있는 것이다.

쇼트트랙 올림픽 선수가 1등으로 달리다가 패인 빙판 때문에 골인 지점 바로 앞에서 넘어져 메달을 놓쳤다면 그 또한 사실은 우주적인 인연과 업보를 그 빙판과 스케이트 날이 정확히 알고 그 자리를 지나가게 하고 넘어지게 한 것이다. 그 이유를 우리가 다 알 수는 없다. 왜냐하면 그 사고의 이유는 전 우주적이고, 전체적이며, 시공간적인 일체 모든 정보와 업들의 총체적인 결정이기 때문이다. 우리는 다만 그 모든 사실, 사건들에 대해 온전히 받아들일 수 있을 뿐이다.

금메달을 따는 것도 사실은 우주적인 더 깊은 차원의 일체 모든 과정 속에서 결정되어 지는 것이다. 그것이 아무리 우연으로 따 냈거나, 열심히 했는데도 못 땄다고 할지라도 그 모든 것은 결코 우연이 아닌 더 깊고 넓은 차원에서는 정확한 인연의 작용인 것이다.

그래서 운동선수든, 우리들이든 어떤 일을 벌일 때는 순간순간 최선을 다하되 그 결과는 우주법계에게 내맡겨야 한다. 그리고 그 결과에 완전히 순응하는 것이 중요하다. 그것은 우주 전체의 명령이며, 그것에 우리의 깊은 영혼이 동의했기 때문이고, 사실은 동의 정도가 아니라 깊은 차원에서는 내 스스로가 내린 결정이기 때문이다.

그렇다면, 설령 올림픽 금메달을 따지 못했다고 해서 좌절해야 할까? 그렇지 않다. 거기에는 그만한 이유와 목적과 배움이 담겨 있음을 이해해야 한다. 그 사람이 금메달을 따지 못한 것은 좌절하라는 이유가 아니라, 그 속에 담긴 삶의 의미를 깨닫고, 거기에서 배움과 성숙을 이루라는 목적인 것이다. 설사 피나는 노력을 했음에도 불구하고 메달을 따지 못한 사람에게는 그 또한 그 나름대로의 삶에서 배워야 할 것이 있는 것이다. 중요한 것은 우리는 그 사실을 통해서 무언가를 배워 나갈 것인가, 아니면 좌절할 것인가 사이에서 내 스스로 선택할 수 있는 자유를 가지고 있다.

일체 현상, 사건, 사고, 일들은 다 나를 위한 도움과 자비로 온다. 그 자비로운 도움을 받아서 영적인 성숙을 이루는 것을 선택할 것인가, 아니면 그것에 대해 실패라고 이름 짓고, 좌절하고, 실망함으로써 삶을 어둡게 만들 것인가는 바로 내가 선택할 문제다.

이상에서 공부했던 우주적인 홀로그램과 연기법은 그 모든 것에서 지혜와 깨달음을 이루라는 실천적인 가르침이다. 그 모든 것에 담긴 의미와 이유를 깨닫고 받아들임으로써 우주와 하나 되고, 진리와 하나 되라는 다르마(法, 진리)의 명령인 것이다.

인연 따라, 연기적으로, 인과응보에 따라 모든 일은 일어나고 사라진다. 겉으로 보기에 억울한 것 같고, 나만 실패한 것 같고, 괴로운 것 같지만 그 모든 것은 인연 따라 일어나는 것이다. 그 모든 것은 내 스스로 끌어들인 것이지 외부의 누군가가 떠넘긴 것이 아니다.

이처럼 인연법, 연기법을 분명히 이해하고 있다면 그 누구도 원망하거나 책임감을 떠넘기지 않을 것이다. 자신의 삶을 온전히 스스로 책임지게 되고 자신에게 주어진 삶에 대해 완전히 받아들이며 수용하고 허용하게 될 것이다. 그러면서 매 순간 순간의 삶을 보다 주의 깊고, 자비로우며, 깨어있는 정신으로 살지 않으면 안 됨을 스스로 깨닫게 될 것이다.

붓다, 연기를 설하다

연기를 보면
진리를 본다

『중아함경』 상적유경에서는 "연기를 보면 곧 진리를 본 것이요, 진리를 보면 곧 연기를 본 것이다"라고 말하고 있다. 연기를 보는 것이야말로 부처님이 깨달은 진리를 보는 것이다. 삼법인, 사성제, 팔정도, 무상, 고, 공, 무아, 자비, 일체법, 12연기, 업과 윤회 등의 근본불교 교리에서부터 부파, 대승불교 교리에 이르기까지 연기법을 벗어나는 교리나 사상은 없다. 모두가 연기법의 각론이며, 연기법을 쉽게 설명하기 위한 수많은 방편들에 불과하다.

먼저 '연기'란 말의 의미를 정리해 보자. 연기의 어원은 팔리어에서 온 것인데 이는 'Paticca Samuppada'라고 하여 'Paticca'는 '~때문에', '~로 말미암아'라는 뜻이고, 'Samuppada'는 '일어나다'는 의미이다. 즉 연기는 '~로 말미암아 일어나다', '~때문에 생겨나다'는 의미이다. 연기의 산스크리트어 또한 'pratitya samutpada'로서 'pratitya'는 '~때문에', '~의해서', '~로 말미암아'라는 의미를 가지고 있고, 'samutpada'는 태어남, 형성, 생김이라는 뜻을 가지고 있어, 마찬가지로 '~로 말미암아 생기는 것'임을 알 수 있다. 즉 이 세상의 모든 존재는 독자적으로 저 홀로 생겨나는 것이 아니라 무언가로 말미암아 생기고, 무언가에 의해서 의존해서 생기는 것이라는 뜻이다. 이는 그 어떤 원인이나 조건을 말미암아 생겨나는 것이라는 의미다.

『맛지마 니까야』와 『잡아함경』에서 이 연기법의 전형으로 평가되는 경구를 볼 수 있다.

> 이것이 있으므로 저것이 있고, 이것이 생하므로 저것이 생한다.
> 이것이 없으면 저것도 없고, 이것이 사라지면 저것도 사라진다.

"이것이 있으므로 저것이 있고, 이것이 생하므로 저것이 생한다"는 것은 일체 존재와 상황은 과연 어떻게 생겨나는가 하는 생성과 발생을 설명하고 있으며, "이것이 없으면 저것이 없고, 이것이 사라지면 저것도 사라진다"는 것은 일체 존재와 상황은 어떻게 소멸하는가를 설명하고 있다. 또한 "이것이 있으므로 저것이 있고 이것이 없으면 저것도 없다"는 것은 연기의 공간적인 표현이며, "이것이 생하므로 저것이 생하고 이것이 사라지면 저것도 사라진다"는 것은 연기법의 시간적인 표현으로 볼 수 있다.

나와 삶은 어떻게 생겨났을까?

　조금 더 자세히 살펴보면 첫째, '이것이 있으므로 저것이 있다'는 것은 존재와 상황의 발생에 대한 공간적인 표현으로, 이 세상의 모든 존재들과 존재가 만들어내는 상황들은 어느 것 한 가지도 우연히 만들어지거나 홀로 독자적으로 생겨나는 법은 없으며 공간적인 연관관계에 의존한다는 것을 의미한다. 마찬가지로 '이것이 생하므로 저것이 생한다'는 것은 존재와 상황의 발생에 대한 시간적인 표현으로, 이 세상의 모든 것들은 시간적인 연관관계에 의존한다는 것을 의미한다. 즉 이는 '존재와 상황의 발생'에 대한 연기적인 시공간적 표현이다.

　존재와 상황의 발생에 대한 공간적인 연기의 예를 들어 보자.

　교통사고가 나는 상황을 예를 들어 본다면, 졸음운전으로 중앙선 침범을 했을 때 마침 그 공간에 상대 차선에서 달려오는 차가 없었다면 아무런 일이 일어나지 않겠지만, 만약 그 순간에 그 공간에 상대 차선에서 달려오는 차가 있었다면 큰 사고가 나고 심지어 목숨을 잃을 수도 있을 것이다.

　이것을 연기의 공간적 이해로 본다면 '졸음운전이 있으므로 중앙선 침범이 있고', '중앙선 침범이 있으므로 사고가 있고', '사고가 있으므로 죽음이 있다.' 그러나 상대 차선에서 오는 차가 없었다면 이 연기는 이런 비극까지 가지는 않았을 것이다. 이처럼 공간적으로 보았을 때 저 홀로 독자적으로 일어나는 것이 아니라 그 공간을 함께 하고 있는 수많은 원인과 조건들의 상호작용에 의해서 '~말미암아 일어나는' 것이다. 그 옆 차선에 다른 차가 있고 없고는 그저 우연으로 이루어진 것이 아니다. 옆 차선의 차량이 하필 그 때 있음으로 말미암아 사고가 일어나고 죽음이 일어날 것인지, 옆 차선에 차량이 없음으로 말미암아 사고가 일어나지 않을 것인지는 모두 공간적인 연기적 관계성에 의해서 일어난다는 것을 뜻한다.

이처럼 우주법계는 공간적 연기라는 상의 상관적 법칙에 따라 운행되기 때문에, 어떤 공간을 점유하는 모든 존재는 우연히 그 자리를 점유하고 있는 것이 아니라, 인연 따라 그 공간에 나타날 수밖에 없는 것이다. 자신이 교통사고가 날 업(業)이 있는 사람이라면 우주법계의 공간적 연기 법칙에 따라 졸음운전을 하는 순간 옆 차선에는 업이라는 인연 따라 차량이 올 것이고 사고가 날 것이다. 그러나 자신의 내면에 교통사고의 업이 없는 사람이라면 졸음운전을 했을지라도 무사할 것이다. 이 모두가 우연이 아닌 공간적 연기의 법칙에 따라 운행되고 있는 것이다.

존재와 상황의 발생에 대한 시간적인 연기의 예를 들어 보자.

현대 자연과학의 진화론에서 보면 수많은 포유류가 있지만 그들의 두개골을 이루는 뼈의 수나 기능과 구조 등이 모두 같으며, 목뼈를 놓고 보더라도 그 개수가 기린과 같이 목이 긴 동물이나 사람을 비롯한 목이 짧은 동물이나 모두 같다고 한다. 그뿐 아니라 고래의 앞지느러미나 포유류의 앞발, 그리고 새의 날개 등도 지금은 서로 다른 기능과 모습을 가지고 있지만 사실 그 기본형은 같다고 한다. 이것은 이 모든 생명체들이 서로 다른 환경에서 적응하며 살다보니 자신의 신체 구조와 기능이 바뀌었을 뿐이지 역사를 거슬러 올라가 보면 결국 모두 같은 조상에서 유래하였음을 보여주는 것이다.

이렇게 본다면 인간과 인간 사이에서만 상의 상관적인 시간적 연관관계를 가지는 것이 아니라, 생명 있는 모든 존재들과 인간 사이에도 시간적인 연기의 관계성이 있다고 볼 수 있는 것이다. 즉 '이것이 생하므로 저것이 생한다'는 존재의 발생에 대한 시간적인 연기법의 측면에서 볼 때, '조상이 생하므로 내가 생한다'고 할 수 있으며, 그 조상 안에는 온갖 동물들의 조상도 포함되며, 나아가 인간과 동물들의 조상이 거슬러 올라가면 같은 조상이었을 수도 있다는 말이다. 결국 지금 여기에 살고 있는 나라는 존재는 독자적으로 홀로 태어나 살아갈 수 있는 존재가 아니며 시간적으로 수많은 생명들의 긴밀한 연관관계 속에서만 생겨날 수 있는 것이다.

나와 삶은 어떻게 사라질까?

'이것이 없으면 저것도 없다'는 것은 존재와 상황의 소멸에 대한 공간적인 표현으로, 이 세상의 모든 존재의 소멸과 존재가 만들어내는 상황의 소멸들은 어떤 한 가지도 우연히 사라지거나, 홀로 독자적으로 소멸하는 법은 없으며 공간적인 연관관계에 의존한다는 것을 의미한다. 마찬가지로 '이것이 사라지면 저것도 사라진다'는 것은 존재와 상황의 소멸에 대한 시간적인 표현으로, 이 세상의 모든 것들은 시간적인 연관관계에 의존한다는 것을 의미한다. 즉 이는 '존재와 상황의 소멸'에 대한 연기적인 시공간적 표현이다.

먼저 '존재와 상황의 소멸'에 대한 연기적인 '공간'적 표현은 '이것이 없으면 저것도 없다'이다.

'이것이 있으므로 저것이 있다'는 존새의 빌생의 원칙과 '이것이 없으면 저것도 없다'는 존재의 소멸에 대한 원칙은 모두 공간적인 연기의 해석으로 이 세상의 모든 존재들은 지금 여기에서 더불어 존재하는 것들이며, 서로서로 의존관계를 이루었을 때만 존재의 의미를 얻을 수 있으며, 어느 한 가지 원인이나 조건이 소멸되면 다른 의존관계를 이루었던 모든 것들도 도미노처럼 차례로 소멸될 수밖에 없음을 의미한다. 이 원칙은 나아가 이 우주적인 한 공간에서 이 우주, 이 세계, 이 나라를 이루고 있는 일체 모든 존재들은 서로서로 더불어 살아가는 존재들로서, 서로가 서로의 생성과 소멸에 영향을 주고받으며, 상의상관하고, 상호 의존하는 결코 따로따로 떼어낼 수 없는 한 생명이며 한 몸, 한마음이라는 것을 의미한다. 여기에서 동체대비(同體大悲)의 불교적 자비사상이 움트는 것이다. 온 우주가 둘이 아닌 한 몸으로 동체이며, 그렇기에 네가 있기에 내가 있고, 네가 행복하면 나도 행복하며, 네가 사라질 때 나도 사라지고, 네가 괴로울 때 나 또한 괴로울 수밖에 없는 생명공동체로서 하나인 것이다.

'존재와 상황의 소멸'에 대한 연기적인 '시간'적 표현은 '이것이 사라지면 저것도 사라진다'이다. 부모님이 생하므로 내가 생하고, 조상들이 생하므로 내가 생한 것처럼 나의 탄생은 앞으로 있을 미래의 수많은 내 자손의 탄생으로 이어질 것이다. 그러나 내가 사라지면 앞으로 있을 자손들 또한 사라지고 만다. 이와 같이 어떤 한 존재의 소멸은 또 다른 존재의 소멸로 이어진다. 여왕벌이나 여왕개미의 소멸은 곧 엄청난 자손의 소멸을 의미하는 것이다.

그동안의 온갖 산업화며 도시화, 기계화, 인구의 도시집중 등을 비롯한 개발과 발전이 자연의 파괴와 그로 인한 환경의 오염을 가져왔고, 그러한 환경오염은 이제 전 세계적으로 퍼져 전체 생태계의 파괴로까지 이어지고 있다. 환경오염으로 인해 예전에는 많았던 수많은 동식물들이 사라지고 있다. 생물종이 아예 사라진 것들도 많다. 생태계에서 어느 한 단계의 생물종이 사라지게 되면 연이어 먹이사슬로 이어지는 다른 종도 함께 사라지고, 또 다시 그 종은 또 다른 종의 소멸을 가져오게 마련이다. 그야말로 '이것이 사라지면 저것도 사라진다'는 이치가 환경생태에서는 극명하게 드러난다.

과학자들은 앞으로 50년 이내에 지구상 생물종의 1/4이 사라질 것으로 예측하고 있으며, 현재 매일 적어도 140종 이상의 동식물이 사라지고 있고, 1년에 최소한 5만종의 생물종이 멸종되고 있다고 한다. 그 원인은 주로 숲과 열대우림 등의 서식처의 파괴에 있다고 하는데, 현재 전 세계적으로 1분에 29ha, 즉 축구 경기장 40개에 달하는 면적의 열대우림이 사라지고 있다고 한다. 이로 인해 생물종이 멸종되어 가고 지구온난화 또한 가속화된다고 한다. 환경오염으로 인한 생물종이 소멸되고 지구온난화가 계속되게 되면 머지않아 우리 인간들 또한 멸종되게 될지 모른다. 실제로 세계 인류학자들의 연구에 의하면 환경오염으로 인해 남성의 정자 수가 급감하고 불임이 늘어 인간의 자체능력만으로 임신을 계속할 수 없어 이런 상태로 2017년까지 가면 결국 인간도 멸종에 이르게 될 것임을 강력하게 경고하고 있다고 한다. '이것이 사라지면 저것도 사라진다'는 연기법의 시간적인 표현에 입각해 보더라도 자연이 사라지면 생물종이 사라지고, 생물종이 사라지면 곧 인간도 사라진다는 결론이 도출되지 않을 수 없어 보인다.

"자연이 있기 때문에 인간이 있다"는 말은 자연과 인간이 동시에 서로를 존재하게 하는 필수적인 조건이 된다는 것을 의미하며, "자연이 사라지기 때문에 인간이 사라진다"는 말도 자연이 사라짐과 동시에 인간 또한 사라질 수밖에 없다는 것을 의미한다. 이처럼 자연의 모든 존재 하나하나는 곧 우리 인간 한 사람 한 사람과 직간접적으로 인연관계에 놓여 있다. 연기법에서 보면, 자연의 작은 한 개체가 소멸되거나 사라지게 된다는 것은 곧 머지않아 인간 또한 사라질 위험에 놓여 있다는 것을 의미한다. 세상 모든 것은 다른 모든 것과 연기적인 상의 상관성의 관계에 놓여 있기 때문이다.

한 송이 꽃으로 피어난 우주

『지구를 치료하는 법』이라는 책에 보면, 상의 상관적 연결성을 단적으로 보여주는 한 가지 예를 볼 수 있다. 책에 의하면 1950년대 보르네오 섬의 어떤 마을에 말라리아가 크게 유행했을 때 말라리아 모기를 없애기 위해 세계보건기구(WHO)에서 DDT를 뿌렸다고 한다. 모기는 모두 죽고 말라리아는 사라졌다. 그런데 그 후 여러 가지 기이한 일이 일어나기 시작했다. 우선 민가의 지붕이 너덜너덜 떨어지기 시작했는데, 그것은 민가의 지붕에 살던 말벌이 DDT로 인해 모두 죽고 굼벵이를 먹이로 하던 말벌이 사라지자 굼벵이가 크게 번식하여 갈대로 이엉을 엮은 지붕을 먹어 버렸기 때문이다.

정부에서는 양철판 지붕으로 바꾸었지만 열대지방의 맹렬한 소나기인 스콜이 양철지붕을 때리는 소리에 주민들은 잠을 이룰 수 없었다. 또한 DDT로 인해 수많은 벌레가 죽고 죽은 벌레를 먹은 엄청난 양의 뱀 또한 죽었다. 그 뱀을 고양이가 먹었는데 먹이사슬이 올라갈 때마다 DDT 농도가 농축되어 고농도 DDT를 섭취한 고양이들도 잇따라 죽어갔다. 고양이가 사라지자 쥐들이 극성을 부렸고, 쥐가 증가하자 다른 전염병들이 유행하기 시작했다. 그래서 곤경에 빠진 WHO에서는 그 해결책으로 14,000마리의 고양이를 낙하산에 매달아 하늘에서 뿌렸다는 다소 어이없는 일이 벌어졌다.

"이것이 있으므로 저것이 있고, 이것이 사라지므로 저것이 사라진다"는 연기법의 이치에 따라 자연스럽게 먹이사슬 전체에 혼란이 일어났는데 그 근본원인을 찾아 해결하려는 노력보다는 당장에 쥐를 없애기 위해 고양이를 뿌렸다는 것이야말로 얼마나 단편적인 견해이며, 일차원적인 접근이고, 모든 것이 서로 연관되어 일어나고 소멸된다는 연기법을 모르는 어리석은 결과인가.

이처럼 이 지구나 우리 생활 속의 모든 일은 여러 가지 다른 일과 영향을 주고받으며 존재하기 때문에 자연의 작은 한 가지 구성원이 사라지면 곧 그것과 연기적으로 연관되어 있는 수많은 존재들이 사라지거나 직간접적으로 위험에 놓이게 되며, 결국 그것은 사람의 목숨까지

위협하게 되는 것이다. 이처럼 연기의 세계에서는 이 세상의 모든 정신적·물질적 모든 존재는 서로가 서로에게 떼려야 뗄 수 없는 공존·공생의 상호의존 관계에 있다.

이와 같이 이 세상의 그 어떤 현상일지라도 A의 결과는 B라고 하는 단편적이고 직선적인 사고방식을 가지고 접근하면 그 현상에 대한 온전한 통찰이 어렵다. 어떤 한 가지 일이 일어나기 위해서는 수많은 원인과 조건들이 중층적이고 다차원적으로 연결되어 있고 관여하고 있음을 알아야 한다.

나무 한 그루, 꽃 한 송이를 피우는 데에도 온 우주가 동참하고 있다. 당신이 먹는 밥 한 공기, 쌀 한 톨 속에 온 우주가 담겨 있다. 바닷가에서 밀물과 썰물이 오고 가면서 내 발을 씻어주는 생생한 현실 속에도 달의 인력이며 수 억 광년 떨어진 별의 인력이 작용하고 있다.

이러한 연기법의 상호의존관계에서 볼 때, 그 모든 것들은 서로가 서로의 존재에 있어 필수적인 조건이 되기 때문에 그 어떤 것도 따로 떨어져 홀로 존재할 수는 없다. 그 말을 잘 살펴보면 이 속에는 그 어떤 존재도 실체적인 자아가 있지 않다는 말임을 알 수 있다. 인간도 인간만 따로 떨어져 홀로 존재할 수 없으며, 자연도 자연만 따로 떨어져 홀로 존재할 수 없으므로, 인간과 자연은 공존·공생의 관계이며, 그 둘은 모두 인연에 의해 존재하므로 비실체적인 것이다. 즉 고정된 실체로서의 자아가 없는 무아(無我)인 것이다.

그렇듯 일체의 모든 존재는 서로가 서로를 살려주는 뗄 수 없는 연기적 동체(同體)의 존재요, 서로가 독자적으로는 존재할 수 없으며 서로가 서로의 존재가 될 수 있는 근거를 제공해 주는 비실체적 공생의 존재이며, 그렇기에 모든 정신적·물질적인 모든 존재는 서로가 서로를 자기 몸처럼 아껴주고 도와주며 존중해 주는 자비를 실천할 수밖에 없는 존재들이다. 여기에서 우리는 연기법이 곧 무아와 다르지 않으며, 그것은 곧 동체적인 자비사상과 다르지 않음을 알 수 있다.

연기와 중도의 치우침 없는 사랑

앞에서 연기가 곧 무아이며 이는 곧 자비의 실천과 연결됨을 살펴보았는데, 이 장에서는 연기와 무아와 자비사상이 곧 중도와 다르지 않은 것임을 살펴보자.

"이것이 있으므로 저것이 있다"는 연기의 법칙은 큰 것이 있으므로 작은 것이 있고, 옳은 것이 있으므로 틀린 것이 있고, 남자가 있으므로 여자가 있고, 깨끗한 것이 있으므로 더러운 것이 있고, 이 생각이 있으므로 저 생각이 있고, 중생이 있으므로 부처가 있고, 생사가 있으므로 열반이 있고, 이런 식으로 우리가 분별하고 있는 일체의 이원론을 거두어들이고 있다. 즉 크다 작다는 분별은 사실 고정적으로 크고 작은 것이 정해진 것이 아니라 큰 것이 있으므로 그것과 견주어 비교되는 작은 것이 있다는 사실을 의미한다.

만약 어떤 사람이 태어나면서부터 무인도에서 홀로 자랐다면 자신을 제외한 그 어떤 사람도 보지 못했을 것이고 그랬다면 사람이라는 분별도 없었을 것이며, 자신이 남자인지 여자인지, 키가 큰지 작은

지, 잘생겼는지 못생겼는지, 똑똑한지 어리석은지 라는 일체의 분별도 없었을 것이다. 이런 일체의 분별은 나 혼자서는 불가능하다. 무언가 비교되고 견주어지는 다른 인연이 있었을 때만 가능한 것이다. 키가 작다는 것도 나보다 키가 큰 타인'을 말미암아' 작다는 분별이 있을 수 있는 것이다.

그렇기에 사실 크다 작다거나, 남자 여자라거나, 잘생겼다 못생겼다거나, 똑똑하다 어리석다거나 하는 두 가지 극단의 분별은 절대적이거나 고정적인 것이 아니다. 서로가 서로에 의지할 때에만 연기적으로 성립될 수 있는 것이다. 이런 양 극단의 분별은 끊임없이 상황이나 조건에 따라 변하는 것이므로 무상(無常)이고, 그러므로 크다거나 작다거나 하는 고정적인 자아라는 실체가 없으므로 무아(無我)인 것이다.

키가 큰 사람도 농구 선수들 앞에 가면 작게 느껴지고, 키 작은 사람들 앞에 있을 때는 크게 느껴지는 것이듯이 인연 따라 상황 따라 변하는 것(무상)이며 그렇기에 '큰 사람'이라고 고정적으로 말할 수 없다(무아)는 뜻이다. 이와 같이 양 극단의 분별로써 고정 지을 수 없기 때문에 중도(中道)라고 한다. 즉 연기된 모든 것은 무상하고 무아이며, 그렇기 때문에 어느 한 극단으로 판단해서는 안 되며 항상 중도적인 치우치지 않은 시선으로 대상을 바라보아야 한다는 것이다.

중도에 따르면 어떤 한 사람을 보고 크다거나, 잘났다거나, 옳다거나, 혹은 작다거나, 못났다거나, 그르다거나, 그 어떤 한 쪽으로 치우친 견해로 판단해서는 안 된다. 연기적인 진리의 시각에서는 일체 모든 사람이 완전히 평등하며 차별이 없다. 높은 사람 낮은 사람, 능력 있고 없다거나, 나에게 도움이 되고 되지 않는다거나 하는 일체의 분별이 없어지기 때문이다. 이는 곧 연기법이 곧 무분별의 실천임을 뜻한다.

그래서 부처님의 연기적인 시선에서, 또 깨달음을 얻으신 큰스님들의 시선에서 우리 모든 중생들은 똑같이 평등하고, 똑같이 사랑스러우며, 똑같은 존재로서 받아들여질 수 있는 것이다. 심지어 인간과 인간 사이에서만 그런 것이 아니라, 인간과 동물, 인간과 자연에 이르기까지 그 모든 연기적인 치우침 없는 대 평등의 시선이 가능한 것이다.

옳고 그른 것도 마찬가지다. 연기법의 세상에서는 절대적으로 옳다거나, 절대적으로 틀렸다거나 할 것이 없다. 옳고 그른 것은 상대적인 것이며, 연기적인 것일 뿐이다. 우리나라에서는 옳은 견해가 다른 나라에서는 그를 수도 있고, 우리나라에서는 선이 다른 나라에서는 악이 될 수도 있는 것이다. 우리나라에서는 일부일처제이지만, 예를 들어 무슬림은 한 남자가 네 명의 부인을 얻을 수 있고, 아프리카의 마사이족, 바쿠족, 간다족 등도 여러 아내를 얻을 수 있는 일부다처제이다. 이와는 반대로 티베트는 한 여성이 한 집안의 장남과 결혼하면 그 집안의 다른 형제들과도 결혼할 수 있고, 나이지리아의 하우사족 또한 자가(Zaga)혼인이라고 하여 남편과의 이혼 없이도 다른 남자와의 결혼이 가능한 일처다부제인 곳도 있다.

이처럼 시대와 나라가 다르면 문화나 풍습도 다르고, 성적인 윤리의식도 다를 수 있다. 옳고 그름, 선과 악이라는 것이 고정적으로 정해져 있다면 어느 나라, 어느 시대든 상관없이 다 똑같아야 하겠지만 사실은 그렇지 않다. 그런 점에서 불교의 연기적 세계관에서 보는 선악의 시각은 고정되어 있지 않으며, 상호 의존적이고, 상호 규정적이며,

상황 따라, 시대나 나라에 따라 달라질 수 있는 것으로 본다. 절대적인 선악의 차별이 있다면 거기에는 선에 대해 악을 배제하고, 강압하며, 미워하고, 심지어 폭력까지 동반될 수 있는 가능성이 남게 되지만 연기된 것으로 볼 때 선악은 유연하고 자율적이며 서로가 서로를 포용할 수 있는 화합과 평화적인 윤리의 실천이 가능하게 된다.

이처럼 연기된 것이기에 양 극단을 내세울 것이 없으므로 중도(中道)라고 하는 것이다. 중도적인 실천에서 본다면 선악으로 나눌 것도 없고, 어느 한 쪽이 옳다거나 다른 쪽이 그르다고 극단적으로 규정지을 수도 없다. 모든 것이 인연 따라 상황 따라 연기되어진 것이므로 사실은 고정적인 실체가 있는 것이 아니라 공한 것이다. 그러므로 어떤 것을 선이라고 혹은 악이라고 낙인찍어 놓고 선이 악을 없애기 위해 폭력을 저지르는 것 또한 발붙일 수 없게 된다. 연기와 중도적인 관점에서는 세상 모든 것이 상호 의존적으로 생겨나기 때문에 네가 없으면 내가 없고, 네가 존재하므로 내가 존재한다는 전체적이며 동체로서의 자비로운 통찰이 진흙 속에 연꽃이 피어나듯 피어오를 수 있는 것이다.

인因과 연緣이 만든 세상

연기법과 흔히 혼용하거나, 함께 쓰고 있는 것으로 인연(因緣)이라는 말이 있는데, 사실 연기는 인연생기(因緣生起), 혹은 인연소기(因緣所

起)의 줄인 말이다. 인과 연으로 말미암아 일어난다, 인과 연이 화합함으로 일어난다는 의미이다. 여기에서 '인'은 결과를 발생케 하는 직접적인 원인을 의미하고, '연'은 간접적이며 보조적인 원인을 뜻한다. 그래서 인은 직접적이고 연은 간접적이라는 뜻으로 친인소연(親因疏緣)이라는 말을 쓰기도 한다.

예를 들어 식물에서 본다면 식물의 직접원인인 '인'은 씨앗이 될 것이고, 간접적인 원인인 '연'은 거름과 흙과 태양과 공기와 물과 농부의 노력 등 식물을 싹틔우게 하고 열매를 맺게 하는 간접적인 일체의 원인을 말하는 것이다. 즉, 어떤 한 존재가 생겨나는 데는 그것이 아무리 근본적인 원인이었다고 하더라도, 그 한 가지 원인만을 가지고 생겨날 수는 없으며, 인과 함께 수많은 보조적이고 간접적인 연들이 무수하게 도움을 주어야만 생겨날 수 있다는 것이다. 이것을 인과 연이 화합한다고 해서 인연화합이라고 한다.

식물 하나를 싹틔우고 꽃피우는 데만도 이 우주의 지수화풍의 모든 요소와 태양과 바람과 구름과 모든 멀고 가까운 온갖 조건과 원인들이 수도 없이 많은 보조적인 원인으로 작용하는 것이다. 나아가 온 우주의 모든 존재가 식물 한 그루를 싹틔우는 보조적인 연으로써 작용했다고도 볼 수 있는 것이다.

몇 가지 예를 더 들어보자. 인연화합의 가장 대표적인 경전의 비유는 우유와 치즈의 비유를 들 수 있다. 우유를 발효하여 치즈를 만든다고 했을 때 우유가 직접적인 원인인 인이 되고, 발효과정이나 발효에 들어가는 간접적인 모든 조건들이 연이 되는 것이다.

또 다른 비유로 물의 순환을 들 수 있는데, 물이라는 것이 인연 따라 여름철 장마를 만나면 비로도 내렸다가, 겨울에 추운 조건이 형성되면 눈으로도 내리고, 또 때로는 우박으로도 내린다. 인연 따라 나무의 수액도 되었다가, 사람 몸의 피땀도 되고, 하늘의 구름도 되었다가 강이나 바다로 흘러들기도 한다. 특정하게 물이 어떤 실체가 있었다면 그렇지 않겠지만 물 또한 실체 없이 다만 인연 따라 변화해 가는 것이기 때문에 가능한 것이다. 그래서 무아이고, 공이며, 무상이고, 그 모든 것을 연기 혹은 인연이라고 하는 것이다.

　인간의 생로병사(生老病死), 존재의 생주이멸(生住異滅), 우주의 성주괴공(成住壞空)도 마찬가지다. 이 모든 것이 다만 인과 연의 화합에 의해 생성되고 머물며 변해가고 소멸되는 단계를 밟고 있는 것이다. 작게는 나라는 존재도 아버지와 어머니라는 인과 두 분의 사랑, 결혼이라는 연에 의해 생겨나고, 또 다시 수많은 사람들과 우주적인 도움을 받아 인연 따라 성장하고 늙어 가다 죽는 것이며, 모든 존재의 생주이멸도 그러하고, 우주의 성주괴공도 예외가 될 수는 없다.

　별의 탄생 또한 독자적으로 어느 순간 탄생된 것이 아니라, 별과 별 사이의 성간물질이라고 하는 '인'이, 빛과 탄소와 그로 인한 수축 등의 다양한 '연'을 만나 핵융합 반응을 하면서 인연 따라 만들어지는 것이며, 모든 별들은 만들어졌다가 머무는 단계를 거친 뒤에는 어김없이 핵융합 반응의 원료인 수소를 다 쓰게 되어 소멸될 수밖에 없다. 태양만 보더라도 과학에서는 현재 50억 년 정도 핵융합 반응을 통해 성주(成住)의 과정을 거쳤고, 앞으로 50억 년 뒤에는 수소 핵융합 반응의 원료인 수소를 다 소모하게 되어 태양의 일생도 괴공(壞空)의 단계로 갈 수밖에 없다고 한다. 이처럼 이 우주의 모든 생성된 것들은 크든 작든 다 인연화합의 법칙에 적용을 받는다. 누군가가 창조한 것도 아니고, 우연처럼 생겨난 것도 아니며, 모든 것이 인과 연의 화합에 따라 만들어지고 소멸될 수밖에 없는 것이다.

인연법, 창조론과 진화론을 다시 쓰다

모든 것은 본래 텅 비어 있는 공이었지만, 인과 연을 만나면 생성되는 것이다. 이렇게 말하면 사람들은 의심한다. 아무것도 없는 것이 어떻게 인과 연을 만난다고 해서 결과를 발생케 할 수 있느냐는 것이다. 아무것도 없는 공이지만, 무이지만, 인연을 만나면 결과를 이룬다는 이 사실에 대해 단적으로 설명해 줄 수 있는 비유로 불의 비유가 있다.

여기에 나무와 나무가 있다고 했을 때, 이 나무와 나무[因]를 인위적으로 비벼줌[緣]으로써 우리는 여기에서 불[果]을 얻을 수 있다. 본래 나무와 나무 사이에 불이 있었던 것은 아니다. 그렇다고 공기 중에 불이 있었던 것도 아니고, 비벼주는 손에 불이 있었던 것도 아니다. 그러나 우리가 나무라는 인(因)에 힘을 가하여 비벼 주는 연(緣)으로 인해 결과인 불[果]을 만들어 낼 수 있다. 불이 만들어 진 것은 나무 때문만도 아니고, 공기 때문만도 아니며, 비벼주는 손 때문만도 아니다. 다만 나무와 공기와 손, 그리고 습도며 주변 여건 일체가 인연 화합하여 모일 때에만 불이라는 결과를 생(生)하게 할 수 있는 것이다. 모든 존재 또한 이와 마찬가지로 인연생기(因緣生起)하여 나타나며 인연이 다

되면 소멸(消滅)하는 것이다.

우리는 흔히 생명의 탄생에 대해 창조론이냐 진화론이냐를 가지고 논쟁하지만, 불교적인 관점에서 본다면 이와 같은 인연법, 연기법으로 설명될 수 있다. 모든 존재는 신이 만들어 낸 것이 아니라 다만 인연 따라 생겨나고 인연이 다하면 소멸된다는 이치이다.

불이라는 것은 본래 어디에도 없었다. 손에도, 공기 중에도, 나무 안에도 불은 없었지만, 그 모든 인과 연의 조건이 화합하는 순간 불이 탄생할 수 있었던 것이다. 이것을 가지고 불이 창조되었다거나 진화되었다거나 할 수는 없는 것이다. 다만 인연 따라 생겨났을 뿐이다.

세상 모든 것이 마찬가지다. 모든 것은 다만 인연이 모이면 생성되고 인연이 다하면 흩어지는 것이다. "이것이 생하므로 저것이 생하고, 이것이 멸하므로 저것이 멸한다"는 인연법, 연기법의 이치에 따라 생성과 소멸되는 것일 뿐이다. 그래서 경전에서는 "유(有)는 원래 스스로 무(無)인데, 인연의 이룬 바이다"라고 했다. 본래부터 존재가 형성되어 있는 것이 아니라, 본래는 모든 것이 텅 빈 무이며, 공이었고, 무아였지만, 다만 인연이 화합하는 순간 인연 따라 신기루처럼, 꿈처럼, 환영처럼 잠시 만들어지는 것일 뿐이다.

이러한 인연법은 존재와 사물의 생멸에만 작용하는 것이 아니라 우리 인간들의 삶에도 적용되는 가르침이다. 아무리 태어나면서부터 부자로 태어나는 '인'을 부여 받았더라도 모두가 다 성공하고 그 부유함을 계속 유지시킬 수 있는 것은 아니다. 태어나면서부터 가난하고 장애인으로 태어나는 '인'을 부여받았더라도 스스로 그 현실을 받아들이며 충분한 노력을 기울이는 등의 연을 쌓는다면 오히려 성공적인 삶을 살 수도 있는 것이다. 본인 스스로 어떤 노력을 하고, 어떻게 살아가느냐에 따라 더욱 좋은 연들을 많이 만날 수도 있지만, 좋지 않은 연들을 만남으로써 실패를 맛보게 될 수도 있다.

이처럼 이 세상은 A라는 근본 원인이 그대로 a라는 결과만을 똑같이 가져다주는 곳이 아니다. 그 근본 원인에 또 다른 무수한 어떤 연이 화합되느냐에 따라 수많은 결과를 가져올 수도 있는 것이다. 그러니 우리가 생각하는 것처럼, 열심히만 살면 똑같이 성공해야 한다거나, 똑같이 노력했는데 왜 저 사람은 되고 나는 안 되는가 생각한다거나, 저 사람은 이기적으로 사는데도 성공하고, 나는 이타적으로 살아도 실패를 맛보아야 하는가 하는 점들이 단순하게 원인과 결과에 대한 단일적이고 일차원적인 결과만을 놓고 판단할 것이 아니라, '인'과 '연'이라는 수많은 복잡다단한 부수적이고 간접적인 연까지 전체적으로 연기적으로 보아야 하는 것이다.

어떤 사람에게는 A는 a가 되는데, 나에게는 왜 A가 c가 되느냐고 억울해 할 것이 아니라, 그 A라는 근본원인에 타인과 내가 어떤 부수적이고 간접적인 연들에 대한 차이가 있었는가를 잘 살필 수 있어야 하는 것이다. 같은 A라는 원인을 지었어도 선업이 많고, 복이 많으며, 인간관계에서 선한 인연을 많이 심어 놓은 사람의 결과는 그렇지 않은 사람과는 전혀 달라질 수밖에 없을 것이다.

인과업보,
끌어당김의 법칙과 균형의 법칙

연기법을 원인과 결과의 상관성의 측면에서 살펴본 말로 인과, 인과율 혹은 인과응보라는 말이 있다. 원인이 있으면 그 원인에 대한 필연적인 결과가 있게 마련이며, 결과가 있다는 것은 곧 그에 대한 원인이 있게 마련이라는 의미다. 또한 선을 행하면 선의 결과를 받고 악을 행하면 악의 결과를 받는다고 하여 선인선과 악인악과(善因善果 惡因惡果)라고 불리기도 한다.

그러나 이러한 인과법이 그대로 연기법과 동일한 것은 아니다. 인과율이 연기법에 포함되기는 하지만 연기와 인과가 동일한 개념은 아니다. 즉 '이것이 있으므로 저것이 있다'는 연기의 설명은 '이것'으로 인해 '저것'이 있고, 또한 '저것'으로 인해 '이것'이 있다는 상의 상관적 관계이며, 서로가 서로의 존재에 의지해 있고 도움을 주고받고 있다는 것을 의미하는 데 반해, 인과라는 것은 '이것'이 있으므로 '저것'이 있을 수 있다는 직선적이고 시간적인 인과율을 의미하는 것이다.

앞에서 씨앗이라는 '인'에 다양한 '연'이 화합함으로써 열매라는 '과'를 맺을 수 있다고 했는데, 이것이 바로 인과법칙의 좋은 비유가 될 수 있다. 씨앗이라는 인(因)과 흙과 거름과 물 등의 연(緣)이 화합하여 열매를 맺고(果) 그 열매를 우리가 먹음으로써 생명을 유지시켜 나갈 수 있다. 이처럼 인연이 화합하면 그에 따른 결과인 과(果)를 맺는다. 인과에서 본다면 직접적인 원인인 인과 간접적인 원인인 연이 모두 어떠한 결과를 맺는 원인으로 작용했으므로 이 두 가지를 다 '인'이라고 볼 수 있다. 그렇기에 씨앗이라는 '인'으로 인해 열매라는 '과'를 맺은 것도 인과이며, 농부의 노력이라는 '인'으로 열매라는 '과'를 맺은 것도 인과인 것이다. 이처럼 인과는 인간과 사물 간에도 작용하고, 존재와 존재 사이, 존재와 사물 사이 등 모든 생명 있고 없는 존재들에게 해당되는 자연 법칙인 것이다.

그런데 특별히 인간의 의지적인 노력과 그에 따른 결과라는 인과를 별도로 업보(業報)라고 설명하기도 한다. 즉 인간의 의지적인 행위라는 원인(因)을 '업'이라고 부르며, 그러한 의지적인 업에 따른 필연적인 대상의 반응을 '보'라고 한다. 이것을 업인과보(業因果報) 혹은 인과업보(因果業報)라고도 부른다. 이것이 바로 뒤에서 설명될 십이처 교리에 입각한 주체적인 인간의 육근과 객관적인 대상이라는 육경 사이의 법칙인데, 인간이 눈·귀·코·혀·몸·뜻으로 능동적이고 의지적인 작용을 일으키면(因) 색·성·향·미·촉·법이라는 대상은 필연적으로 그에 따른 반응(果)을 보인다는 것이다.

이처럼 인간과 대상 사이에 인과의 법칙이 존재하는데, 그 대상은 일반적으로 자연물을 말하고 있지만 인간과 인간 사이에서도 인과의 관계는 성립된다. 선인선과 악인악과가 말해주듯이 내가 상대방에게 선으로 대하면 선의 결과가 돌아오지만, 악한 행위를 하면 악의 결과가 돌아오는 것이다.

이러한 인과업보의 법칙은 요즘 균형의 법칙이라는 표현으로 잘 알려져 있다. 영화『아바타』에서 여주인공 네이티리가 했던 말 "에이와(신)는 누구의 편도 들지 않아. 다만 삶의 균형을 맞출 뿐이지"라고 했던 것이 바로 균형의 법칙을 설명하고 있는 쉬운 예다.

　균형의 법칙은 쉽게 말해, 내가 누군가의 돈을 훔치면 이 우주는 그 두 사람 사이의 균형을 맞추는 쪽으로 흐르기 때문에 나에게서 돈을 빼앗아 가고, 욕을 하면 욕을 얻어 먹을 일이 생겨나며, 칭찬을 하면 칭찬 받을 일들이 생겨난다는 인과업보의 원리를 설명하고 있다.

　또한 세계적으로 한창 베스트셀러가 되었던 책 『시크릿』에서는 이러한 균형의 법칙과 인과업보를 '끌어당김의 법칙' 혹은 '유인력의 법칙'이라고 설명하고 있다. 그러나 끌어당김의 법칙이라는 표현은 우주의 균형을 맞추는 작용 가운데 '내보내는 것'보다는 '받는 것'에 중점을 둔 표현이다. 인(因)보다는 과(果)에, 업(業)보다는 보(報)에, 원인보다는 결과에 무게 중심을 둔 것이다. 당연히 사람들은 "좋은 원인, 좋은 업을 지으라"는 말보다는, "좋은 결과를 얻을 수 있다"는 표현방식에 더 열광하게 마련이다. "부자가 되려면 많이 베풀어야 한다"는 좋은 업을 짓는 가르침보다, "당신은 부자가 될 수 있다"는 식으로 장밋빛 희망을 얘기할 때 누구나 더 끌리게 마련이다.

　불교에서 2,500년 동안 인과업보를 설명했지만, 세계는 별 반응이 없다가 표현방식을 바꾸었더니 세계가 반응하기 시작한 것이다. 그러나 끌어당김의 법칙은 어쨌든 무관심한 사람에게 좋은 먹잇감이 될 수는 있지만, 좋은 과보를 끌어당기려면 어쨌든 다시 인과 업에 대한 설명이 뒤따르지 않을 수 없다. 결국 다시 불교의 인과업보로 돌아올 수밖에 없는 것이다.

　불교는 사람들을 솔깃하게 하여, 상업적으로 성공하려는 데는 별 관심이 없다 보니, 다소 지루하고, 당장에 실천하기 싫더라도, 정공법으로 좋은 업을 지으라고 말한다. 내가 무엇을 실천해야 하는지, 어떤 삶을 살아야 하는지에 대해서 관심을 두는 것이다.

그래서 불교적으로 말하면, 끌어당김의 법칙은 곧 '내보냄의 법칙'이다. 좋은 업을 내보내야 좋은 과보를 끌어당길 수 있기 때문이다. 신·구·의(身口意) 즉 몸과 말과 생각이라는 삼업으로 어떤 행위를 내보내는지가 더 중요한 것이다. 내보내는 것이 곧 끌어당겨지는 것이기 때문이다. 주는 것이 곧 받는 것이다.

연기법의 생활 실천

감사와 찬탄

연기법은 이 세상의 그 어떤 존재도, 그 어떤 사건도 독자적으로 일어나는 것이 아니라 "모든 것은 서로 연결되어 있다"는 사실에 대한 이해를 보여 준다. 이와 같은 연기법에 입각해 보면, 쌀 한 톨이 존재하기 위해서도 좁게는 농부와 상인, 태양과 흙과 물과 바람과 각종의 영양분들의 도움을 받아야 하며, 넓게는 나아가 이 우주 만물, 우주 법계의 일체 모든 존재들이 직간접적으로 쌀 한 톨의 생명을 돕지 않으면 도저히 만들어질 수 없다.

나라는 존재가 이렇게 이 자리에 존재하기까지는 내 발 아래의 작은 꽃 한 송이의 눈물겨운 노력이 있었기 때문에 가능했으며, 흙과 바람과 구름과 햇살이 어머니의 품이 되어 나를 보살펴 주고, 이 세상 모든 이웃들의 도움이 있었기 때문에 가능했던 것이다. 어디 그뿐인가. 시간을 거슬러 옛 조상님들을 비롯하여 그야말로 '일체 모든 존재'들이 있기에 내가 있을 수 있다. 그들이 있기에 내가 있고, 또한 내가 있기에 그들이 있다. 이러한 연기적인 세상에서 우리들이 실천해야 할 첫 번째 실천의 덕목은 무엇일까?

그것은 바로 감사와 찬탄이다. 어찌 나를 이끌어준 이 우주 법계의 모든 존재들에게 감사하지 않을 수 있겠는가. 연기법의 세계를 살아가는 모든 이의 삶의 방식은 찬탄과 감사의 연속이 아닐 수 없다. 내가 잘나서 이렇게 성장하고 잘 자랐다고 생각하는 것처럼 오만한 생각이 있을까. 내가 능력이 있어서, 내가 성격이 좋아서, 내가 잘나서 이 자리까지 온 것이 아니다. 삼라만상 일체의 존재들이 나를 돕고, 나를 살려주었기 때문에 내가 있는 것이다. 그들이 어머니의 품처럼 나를 품어주지 않았다면 지금의 나는 이 자리에 존재할 수 없다.

이 우주의 모든 존재를 공경스런 마음으로 찬탄하라. 삼라만상의 모든 존재에게 감사와 외경의 예를 올리라. 이 우주의 모든 존재들이 서로 연결되어 있으면서 도움을 주고받는다는 이 대 우주의 자비로운 오케스트라에 감사하고 찬탄을 보내는 것이야말로 이 은혜와 은총에 보답하는 유일한 길이다.

보시, 자비로운 나눔

이와 같이 일체 모든 존재들이 바로 나를 키워주었고, 자비로운 보살핌으로 나를 살려주었다면 그들에게 우리가 할 수 있는 것은 무엇일까? 이 우주 법계의 은혜에 보답하는 것이며 그 보답의 실천이 바로 보시, 나눔이다.

사실 우주에 대한 보답이라고 하지만, 사실 엄격히 따진다면 보답이라는 말도 필요 없다. 그들이 있기에 내가 있고, 이 우주가 있기에 내가 있다면 이 연기적인 삶에 나와 너라는 분별은 이미 사라지고 없다. 내가 곧 너이고 네가 곧 나이며, 내가 곧 우주이고 우주가 곧 나일 수밖에 없는 동체(同體)적인 한 생명의 드라마가 펼쳐지는 것이다. 이처럼 연기되어진 모든 것들은 서로가 서로를 살려주고, 서로가 서로의 존재 이유가 되는 한 몸, 한 생명인 것이다.

이와 같이 일체 만유가 모두 한 몸이요, 한 생명이라면 어찌 나와 너라는 나뉨이 있을 수 있겠는가. 나와 네가 없다면 내 것과 네 것이라는 분별도 사라진다. 네가 아픈 것이 곧 내가 아픈 것이며, 네가 굶는 것이 곧 내가 굶는 것일 수밖에 없다. 연기적인 관점에서 본다면, 이 세상의 그 어떤 사람이 기아와 가난에 허덕인다면 그것은 곧 내가 기아와 가난에 허덕이는 것과 다르지 않다. 너의 가난이 곧 나의 가난일 수밖에 없다. 그러니 어찌 베풀지 않을 수 있겠는가. 어찌 나누고 보시하지 않을 수 있겠는가.

내가 상대방에게 보시를 행할 때 사실은 내가 나 자신에게 보시하는 것과 다르지 않다. 상대방을 비난하고 욕한다는 것은 사실은 자기 자신에게 욕하고 비난하는 것과 다르지 않다. 이와 같이 상대방에게 '주는 것'은 곧 내가 '받는 것'이다. 빼앗는 것은 곧 빼앗기는 것이다. 때리는 것은 곧 맞는 것이다. 너와 내가 둘이 아니기 때문이다.

이러한 동체대비(同體大悲)야말로 연기적인 자각 속에서 꽃피어나는 상(相) 없는 자비이다. 연기적인 자각 속에서 베푸는 것은 동체대비요, 베풀었다는 데 머물지 않는 무주상보시(無住相布施)이다. 내 것, 네 것이 따로 없으니 내 것을 너에게 준다는 관념 또한 생길 수 없는 것이다.

우주의 것이 인연 따라 내게도 오고 너에게도 가는 것이다. 그러니 우리는 인연 따라 필요한 곳에 필요한 것이 있도록 하는 것 외에는 할 것이 없다. 상대에게 그것이 필요하면 그것을 내어 줄 뿐이다. 그렇게 내어 주고 나서도 내가 상대에게 주었다는 상을 낼 이유가 없다. 그것은 다만 인연 따라 있어야 할 자리에 간 것일 뿐이다. 그러니 이러한 연기의 세계에서 보시는 보시가 아니다. 보시를 하고서도 보시했다는 상이 생길 여지가 없다. 이러한 보시야말로 연기적인 보시요, 동체대비의 깨달음에 입각한 보시인 것이다.

연기를 깨달으면 이처럼 동체대비의 보시행이 저절로 삶의 방식이 된다. 그러나 연기를 깨닫지 못했더라도 반대로 상 없는 무주상보시를 끊임없이 행하면 보시의 실천행 속에서 연기적인 자각이 꽃피어난다. 그러니 보시행, 자비로운 나눔이야말로 연기법을 실천하고, 연기를 깨닫는 데 있어 중요한 실천적인 요소가 될 수밖에 없는 것이다.

수용, 받아들임

연기법의 세계에서 모든 존재는 우연이나 운명론적으로 이루어진 것이 아니다. 모든 존재, 또한 존재가 만들어 내는 현상들은 모두가 그럴 만한 인과 연에 의해 인연 따라 연기되어진 것이다. 또한 그 모든 것들은 원인에 따른 분명한 과보를 받게 마련이다.

그렇다면 현재 나에게 주어진 현실은 어떠할까? 나에게 주어진 현실 또한 엄연한 인과응보의 결과일 뿐이다. 현실이라는 결과 또한 과거의 내 인연들이 원인이 되어 현재에 받는 것이다. 언뜻 보기에는 억울한 것 같고, 불평등한 것 같고, 이해할 수 없는 현상일지라도 그것은 엄연한 인과의 법칙 속에서 벌어진 일들이다. 이 세상이야말로 완전한 평등의 진리가 꽃피어나는 곳이다. 다만 우리의 눈에는 일부분만을 볼 수 있기 때문에 불공평한 것처럼 보일 뿐이다.

이러한 연기와 인과의 법칙을 믿는다면 우리가 할 수 있는 일은 우리 앞에 펼쳐진 그 모든 것들을 통째로 받아들이는 것밖에 없다. 그 어떤 현실도 원인 없이, 이유 없이 나타날 수는 없다. 바로 지금이라는 현실이 내가 그 결과를 받아야 할 순간이기 때문에 나타난 것이다. 그 모든 것은 인과의 법칙에 따라 꼭 필요한 일이 필요한 만큼의 크기로 나타나는 것일 뿐이다.

그 현실은 누가 만들어냈는가? 그것은 바로 나다. 내 스스로 만들었기 때문에 내 앞에 나타나는 것일 뿐이다. 지을 때는 복도 짓고 죄도 짓지 않았는가. 그동안 우리는 살면서 선도 행하고 악도 행하며 살아왔다. 그러니 우리 안에는 선업과 악업이 항상 공존하고 있다. 언제든 현실에서 발현되기만을 기다리다가 인연에 맞는 때가 오면 바로 그 순간에 선업이든 악업이든 현실로 튀어나오는 것이다. 그렇기에 우리의 삶을 보면 좋은 일도 있고 나쁜 일도 있게 마련이다. 지을 때는 선행과 악행을 함께 지어 놓고 받을 때는 선행의 결과만 받고자 한다는 것이 얼마나 어리석은 일인가.

내 앞에 펼쳐진 그 모든 현실을 받아들이라. 거부하지 말라. 받아들인다는 것, 수용한다는 것이야말로 연기를 이해하는 모든 수행자들의 지혜로운 삶의 방식이다. 즐거운 일은 과거에 지어 놓은 선의 결과를 받는 것이니 즐겁게 받아들이고, 괴로운 현실은 과거에 지어 놓은 악업의 결과를 받는 것이니 이 또한 받아들임으로써 악업을 녹일 수 있는 절호의 기회를 맞는 것이다. 업이 올라오는 순간에 완전한 긍정으로 크게 받아들이고 수용하면 올라오는 대로 녹아내린다.

받아들인다는 말은 이 세상의 모든 것은 본질적으로 좋고 나쁨, 옳고 그름, 선과 악 등의 이분법적인 분별이 붙을 수 없다는 사실에 대한 이해를 바탕으로 하고 있다. 절대적인 선과 절대적인 악은 어디에도 없다. 다만 분별이 온갖 극단을 스스로 만들어 낼 뿐이다. 모든 경계를 다만 있는 그대로 분별없이 바라보면 받아들임의 지혜가 생겨난다. 좋고 나쁜 것이 없으니 좋다고 집착할 것도, 싫다고 거부할 것도 없이 모두 받아들일 수 있는 것이다. 받아들임이야말로 곧 무분별과 무집착과 극단에 치우치지 않는 중도의 실천이며, 연기의 실천인 것이다.

무집착, 내려놓음

연기의 가르침에 의하면, 이 세상 그 어떤 것도 실체적이거나 고정되게 존재하지 않는다. 세상 모든 것은 다만 인연 따라 끊임없이 변화하는 것일 뿐이다. 이러한 연기적인 세상에서 영원한 것은 어디에도 없다. 붙잡을 만한 것은 그 어디에도 없다. '내 것'으로 만들 수 있는 것은 어디에도 없다. 그런데도 불구하고 사람들은 끊임없이 '내 것'으로 붙잡는다. 내 깃이라고 붙잡아 집착하고 나서는 인연이 다해 그것이 소멸될 때 괴로워하며 아파한다. 언젠가 떠날 것이 분명하다면 붙잡아 집착할 이유가 무엇인가. 그런데도 사람들은 붙잡는다. 사람들이 인생을 살아가는 목적이 어쩌면 끊임없이 내 것으로 붙잡아 집착함으로써 '내 소유'를 늘려 나가는 데 있다고 해도 과언이 아니다.

연기법이 끊임없이 설하고 있는 사실이 바로 집착할 것이 없다는 자각이다. 인연 따라 잠시 생겨난 것을 내 것이라고 붙잡으면 남는 것은 괴로움뿐이다. 연기적인 삶이란 방하착이요, 집착을 버리는 삶이다. 인연 따라 잠시 생겨난 것은 인연이 다하면 사라질 뿐이니, 오면 오는 대로 받아들이고 가면 가는 대로 받아들이되, 자유롭게 오고 갈 수 있도록 놓아줄 수 있어야 한다.

오고 가는 모든 것을 허용하라. 잠시 스쳐 지나가는 모든 것들을 그냥 내버려 두라. 세상 모든 것들이 나를 스쳐 흘러갈 수 있도록 나를 활짝 열어주라. 세상의 모든 여행자들이 잠시 왔다가 몸을 쉬어 미련 없이 떠날 수 있도록 자비로운 객사(客舍)가 되어 주라. 세상 모든 존재가 잠시 들러 쉬었다 떠날 수 있는 간이역이 되라. 내게 와서 머물러 있기를 바라지 말라. 종착역으로 나에게 오기를 바라지 말라. 세상 그 어떤 존재도 나에게 종착할 수는 없다는 것을 기억하라. 모든 것은 잠시 머물다가 떠날 뿐이다. 그것을 거역하지 말라. 잠시 왔다가

가야 할 때가 되면 떠나게 내버려 두라. 수행자에게 방하착, 놓아버림 이야말로 모든 괴로움을 여의는 축복 같은 선물이다.

관, 깨어있는 관찰

부처님께서는 어떻게 연기법이라는 이치를 깨닫게 되셨는가? 이 세상이 상의 상관적으로 모든 것이 연관되어 있고 연결되어 있다는 것을 어떻게 깨닫게 되셨을까? 그것은 이 세상에 대한 철저한 관찰, 관조(觀照)에 있다. 나와 나를 둘러싼 모든 세상에 대한 객관적이고도 치우침 없는 관찰에 있다. 이 세상의 이치를 바로 깨닫기 위해서는 치우침 없는 시선으로 '있는 그대로를 있는 그대로' 볼 수 있는 관행(觀行)이 필요하다. 뒤에서 팔정도와 사념처에서 별도의 설명이 있을 것이므로 여기에서는 간단한 소개만을 하고자 한다.

지금까지 연기법에 대해 자세히 설명하였지만 설명만으로는 연기법을 온전히 이해할 수도 없고 실천할 수도 없다. 연기법이 그대로 내 삶의 방식이 되고, 내 삶이 고스란히 연기법과 하나 되기 위해서는 알음알이나 지식만 가지고는 부족하다. 연기법을 깨닫기 위해서는 철저한 수행이 필수적이다.

그렇다고 걱정할 것은 없다. 불교의 수행이라는 것은 고도의 정신적인 능력이 있는 소수의 몇몇 사람들만 실천할 수 있는 고난이도의 고행이나 묘기가 아니다. 연기법을 깨닫기 위한, 지혜에 대한 깨달음을 위한 수행은 바로 관(觀)에 있다. 관 수행이야말로 나와 내 밖의 우주에 대한 지혜로운 통찰을 가져다 준다.

'있는 그대로를 있는 그대로 지켜보는 것', 이것이야말로 얼마나 쉬운 일인가. 그러나 이것은 아무나 행할 수 있는 것이 아니다. 사람들은 있는 그대로의 현실을 있는 그대로 보지 못하고 자기 식대로 왜곡해서 보고 편견과 선입견을 투영해서 본다. 똑똑한 지식인일수록 오히려 현실을 바라볼 때 자기가 알고 있는 온갖 지식과 견해라는 색안경으로 투영해서 보기 쉽다. 그러나 아는 것이 없는 사람, 순수한 사람일수록 왜곡해서 볼 내 안의 견해와 판단이 없다. 옳고 그른 것을 뚜렷하게 구분할 수 있는 자기만의 가치관이 뚜렷하거나, 세상일을 판단해 낼 수 있는 가치판단이 분명한 사람일수록 오히려 자기만의 생각과 견해에 빠져 세상을 있는 그대로 볼 수 없다. 편견과 선입견, 지식과 아집이야말로 이 공부에서 버려야 할 첫 번째 것들이다.

아무런 편견과 선입견도 없이, 순수하게 세상을 있는 그대로 지켜보라. 난생 처음 바라보는 것처럼 천진난만한 어린아이의 눈으로 세상을 보라. 옳고 그르다거나, 선악이라거나 하는 일체의 분별을 비워버리고 다만 지켜보기만 하라. 한 번도 지켜본 적이 없는 것처럼 내 몸의 움직임을 지켜보고, 내 마음과 느낌, 감정들을 지켜보라. 세상에 처음 태어나 첫 호흡을 내 쉬는 갓난아이처럼 천진한 비춤으로 호흡을 지켜보라. 나와 내 밖의 세상이 어떻게 마주치며, 접촉하고, 느끼고, 흘러가는지 다만 바라보기만 하라. 이렇듯 분별없이 다만 바라볼 때, 연기의 이치가 드러난다. 온 존재가 연기를 이해하게 된다.

공존, 조화로운 삶

현대의 환경문제와 기상이변 등의 근본적인 원인은 인간과 자연을 둘로 나누고, 인간이 자연보다 우월하다는 인간중심주의에 따라 인간의 편리를 위해 자연을 함부로 훼손하는 것이 정당화되면서부터 시작된 것이다.

이러한 토대 위에서 발전해 온 현대의 과학기술의 발전과 산업의 발달, 도시화 등은 이제 온갖 문제를 양산해 내고 있음이 분명해 졌다. 온갖 환경위기와 기상이변을 가져왔고, 우리의 몸을 이루고 지구를 이루는 지수화풍 사대(四大)의 오염을 가져왔다. 지대(地大)와 관련하여 토양 오염과 토지 사막화를, 수대(水大)는 수질 오염과 물 부족 문제를, 화대(火大)에서는 에너지 오염과 오존층 파괴, 지구온난화와 그로 인한 각종의 기상이변을, 풍대(風大)는 대기 오염과 황사 등의 문제를 가져왔다. 그로 인해 전 지구가 앓고 있으며, 전 세계의 모든 사람들과 생명들이 앓고 있고 죽어가고 있다.

이제 결론은 분명해졌다. 인간과 자연을 둘로 나누고 인간에 의한 자연 파괴를 정당화하는 그 어떤 사상·종교도 지금의 현실을 극복해 낼 수 없다. 현재의 재앙적인 환경문제를 극복할 수 있는 사상은 인간과 자연이 둘이 아니요, 물질과 정신이 둘이 아니며, 신과 인간, 붓다와 인간, 그리고 나와 너, 나라와 나라, 인종과 인종이 둘이 아니며 서로가 서로를 살려주고 보살펴주는 상의 상관적이며 상호 존중하는 동체대비의 존재로서 다르지 않다는 자각의 가르침이 필요하다.

"이것이 있으므로 저것이 있고, 이것이 소멸하면 저것도 소멸한다"는 상의 상관적 연기의 가르침 안에서는 인간이 자연을 소외시키거나 파괴시킬 수 없고, 자연을 파괴하는 것이 곧 인간을 파괴하는 것이라는 동체적이고 상의 상관적 지혜가 생겨날 수밖에 없다. 이것이 소멸되면 저것이 소멸된다. 인간이 자연을 파괴하는 바로 그 행위가 곧 인간이 인간 자신을 죽이는 것과 다르지 않다.

그러므로 연기법의 실천은 자연과의 공존이요 교감이고, 자연의 변화에 맞춰 함께 따라 흐르는 조화로운 삶이요, 친환경적인 삶이라고 할 수 있다. 사실 자연이야말로 부처님 진리가 고스란히 펼쳐져 있는 진리의 세계 곧 법계(法界)다.

'자연(自然)'이라는 이 한마디 말 속에 온 우주의 진리가 고스란히 녹아 있다 해도 과언이 아니다. 자연은 '스스로 그러한' 성품으로써 인위적이지 않고 억지스럽지 않은 말 그대로 자연스러움을 의미한다. 그래서 자연을 다른 말로 무위(無爲)라고 풀어 쓸 수 있다. 함이 없이 행하는 것, 머무는 바 없이 행하는 것, 집착 없이 행하는 것, 자연스럽게 행하는 것, 그것이야말로 자연의 이치요, 진리를 따르는 삶이다. 온 우주의 모든 존재는 무위로써 자연으로써 저마다 '스스로 그러한' 성품으로써 자연스럽게 온 우주의 다르마적 장엄한 연주에 동참하고 있다. 자연스럽게 자신의 삶을 영위하고 있는 모든 자연은 자신만의 독창성을 잃지 않으면서도 우주적이고 상호의존적인 조화와 공존에 참여하고 있는 것이다.

그렇기에 불교를 공부하고, 참선 수행을 실천하며, 마음을 비우고 번뇌와 욕망의 흐름을 거스르는 삶을 살게 되면 저절로 자연에 대한 찬탄과 경외의 탄성을 쏟아내지 않을 수 없다. 마음의 온갖 때와 집착을 비우면 그 텅 빈 공간에 대자연의 아름다운 조화가 깃든다. 내 공부가 아름답게 익어가고 있는가를 보려면 산과 숲과 나무와 꽃들이 내 안에서도 아름답게 만개하고 있는가를 보면 된다.

계절의 변화에 깊숙이 교감하라. 자연의 소리에 내면의 소리가 공명하는 것을 지켜보라. 새 소리, 풀벌레 소리, 바람 소리, 파도 소리, 계곡의 물소리와 나뭇잎 서걱이는 소리가 내게 전해주는 진리의 소식에 흠뻑 젖어들라.

겨울 들녘을 뚫고 올라오는 봄꽃 한 송이에서, 봄비를 온몸으로 받아들이며 수액을 초록으로 물들이는 수런수런 녹빛의 여름 숲 속에서, 쏟아지는 가을밤의 별빛 아래에서, 한 여름을 아름답게 수놓고 막바지 생명을 불태우는 가을 단풍나무 아래에서, 모든 것을 버리고 텅 빔으로 돌아가는 겨울 숲 속에서 자연불(自然佛)이 내리는 준엄한 법문을 들으라.

자연과의 조화로운 삶이 작위적이지 않고 자연스럽게 흐를 때 내가 곧 자연이 되고, 내가 곧 연기(緣起)가 되며, 내가 곧 진리였음이 소리 없이 찾아 들 것이다. 자연을 내 몸처럼 아끼고, 나와 자연이 둘이 아님을 알며, 자연의 소리 없는 법문을 듣는 자연과의 조화와 공존이야말로 연기법을 실천하며 사는 수행자의 길이다.

감사와 사랑의
호흡관

연기법은 이 세상 모든 것이 서로 연결되어 있으며, 홀로 일어나는 것이 아니라 수많은 인연들이 화합함으로써 연하여 일어난다는 이 세상의 법칙이다. 우리가 먹는 쌀 한 톨조차 그 안에는 무수히 많은 유정 무정의 모든 존재들이 돕고 참여했기에 가능한 것이다. 하물며 지금의 나라는 존재는 어떠한가? 그 또한 조금 깊이 연기적으로 사유해 보면 일체 모든 사람들과 하늘·바람·구름·햇살을 비롯한 이 우주법계 전체가 어머님의 품처럼 나를 돌보며 먹여 살리고 있는 것이다.

그렇기에 연기법을 이해하는 이라면 마땅히 이러한 연기적인 우주의 도움을 매 순간 감사하며 고맙게 여기고 살아야 한다. 그러한 '감사'의 삶이야말로 우리가 우주의 은혜에, 법계의 도움에 보답하는 삶인 것이다.

모든 것에 대해 감사하라. 만나는 모든 존재, 모든 사람, 모든 상황에 대해 감사한 마음을 느끼라. 그것이 어렵다면 그저 '감사'를 외치라. 그저 '감사합니다' 하고 말하라. 진언을 외듯이 '감사합니다'라는 말을 하루에 100번에서 1,000번 정도 반복해 외우라. 모든 상황에서 '감사합니다'라는 진언을 관세음보살 염불하듯, 아미타불 염불하듯 할 수 있는 모든 순간 외치라. 이 작은 외침이 우리 삶에 경이로운 변화를 가져다 줄 것이다.

그래야 하는 이유가 있다. 우주법계는 항상 나를 돕기 위한 일만을 준비하고 있기 때문이다. 우주법계의 본질적인 에너지는 언제나 넘치는 자비와 사랑이다. 겉으로 보기에는 그것이 괴로운 상황이고, 꼬이는 상황이고, 답답하고 힘겨운 상황일지라도 법계에서는 나의 업장을 소멸시켜주기 위해서, 혹은 나를 조금 더 성숙시켜 주기 위해서 그 일을 벌인 것이다! 아무리 힘들고 괴롭고 답답한 상황일지라도 사실은 우주가 그것을 통해 나를 돕기 위해 만들어 놓은 인생의 오묘한 장치임을 완전히 대 긍정으로 받아들이라. 그러한 대 긍정의 받아들임의 표현이 바로 '감사합니다'라는 외침이다.

여기에서 아주 중요한 또 하나의 배움이 있다. 감사해야 하는 이유가 바로 사랑과 자비라는 바탕이기 때문이라는 점이다. 이 우주의 바탕, 깊은 차원의 근원을 이루는 에너지는 끊임없이 넘쳐흐르는 자비와 사랑의 에너지 파장에 있다.

오랜 불교 경전인 『숫타니파타(Sutta-Nipata)』에서도 이러한 자비의 중요성을 간파하여 자비심을 연습하는 수행법으로 자비관(慈悲觀)을 말하고 있다. 이것이 바로 자비와 사랑을 연습하는 오랜 방법이다. 이 세상 모든 존재를 향해 "행복하라, 안락하라, 평안하라" 하고 외치는 것이다. 세상을 향해, 모든 존재를 향해 자비심을 연습하는 것이다.

이 오랜 자비관을 삶 속에서 연습하고 실천하는 아주 쉬운 방법 중의 하나가 바로 '사랑합니다' 하고 외치는 것이다. 살아있는 모든 존재에게 '사랑합니다' 하고 외치라. 어머니가 외아들을 바라보는 마음으로 온 우주를 향해 '사랑합니다'라고 외치라. 위로 아래로 옆으로 원한도 적의도 없는 무한한 사랑을 외치라. 잠들지 않고 깨어있는 한 이 사랑의 외침을 실천하라.

'감사합니다'라고 외치는 것처럼 '사랑합니다'라고 외치면 된다. 모든 상황에, 모든 사람에게, 눈 뜨고 있는 모든 순간에 '감사합니다', '사랑합니다'라고 외쳐보라. 이 두 가지 단어야말로 이 우주의 진리를 우리 삶의 한복판으로 끌어당기는 특별한 에너지를 가진 참된 말, 진언(眞言)이다. 우주의 법칙에서 중요한 것은 보내는 것대로 받는다는 점에 있다. 나에게서 나가는 것을 고스란히 받는 업보의 원리에 의하면, 감사를 내 보내면 감사할 일들이 넘쳐나고, 사랑을 내 보내면 사랑할 일들이 많아진다.

이 우주의 근원적인 진리의 에너지 파장을 담고 있는 핵심적인 언어인 '감사'와 '사랑'의 진언을 조금 더 수행과 연결 지어 쉽게 실천할 수 있는 아름다운 방법이 있다. 그것은 바로 '호흡관(呼吸觀)'이다. 숨이 들어올 때 '감사합니다' 하고 외치고, 숨이 나갈 때 '사랑합니다' 하고 외치는 것이다. 이름하여 '감사와 사랑의 호흡관'이다. 호흡관이란 호흡이 들어오고 나가는 것을 관찰함으로써 마음을 호흡에 모아 집중하고 관찰하는 오랜 수행방법이다.

호흡을 관찰하는 이 수행법은 불교에서뿐만 아니라 모든 명상법에서도 필수적이면서도 근원적인 수행법으로 잘 알려져 왔다. 들어오고 나가는 호흡을 알아차림으로써 온갖 망상과 번뇌를 비우고, 탐진치 삼독을 비우고 지금 이 순간이라는 현재에 깨어있는 수행법이다. 호흡은 오직 '지금 여기'에서의 일이며 과거나 미래의 일이 아니다. 호흡을 관찰함으로써 우리는 과거나 미래로 끊임없이 끄달리는 마음을 다스려 지금 이 순간이라는 본질로 통하는 통로와 연결될 수 있다.

호흡은 언제나 자연스럽게 우리 삶과 연결되어 있다. 살아있는 동안은 언제나 호흡과 함께 한다. 그렇듯 자연스럽게 삶과 연결되어 있는 호흡에 우리의 의식의 빛을 쏘아 줌으로써 의식적으로 호흡을 알아차리는 것이다. 바로 이 수천 년을 이어 온 수행의 전통인 호흡관에 감사와 사랑의 진언을 연결시키는 수행법, 그것이 바로 '감사와 사랑의 호흡관'이다. 숨을 들이쉬면서 '감사합니다'라고 말하고, 숨을 내쉬면서 '사랑합니다'라고 말하는 것이다. 혹은 숨을 들이쉬면서 '감사'라고 짧게 말하고, 숨을 내쉬면서 '사랑'하고 짧게 말해도 좋다. 호흡이 들어올 때 '감사합니다', 호흡이 나갈 때 '사랑합니다'라고 말하며 지금 이 순간의 호흡에 집중하여 관찰하는 것이다.

이렇게 호흡에 집중할 때 우리는 '지금 여기'에 온전히 존재한다. '지금 여기'라는 텅 빈 명상의 장에 머물면서 우주와 연결된 그 현재의 순간을 통해 감사와 사랑의 파장을 우주로 보내는 것이다. 감사와 사랑의 호흡관을 통해 우리는 '지금 여기'라는 명상의 장과 연결되고, 또한 감사와 사랑이라는 우주적인 아름다운 파장과 연결되는 것이다.

이것이야말로 근본법과 방편법을 아우르는 수행법이다. 본질적인 진리에 다다르는 수행법이자, 삶을 풍요로운 감사와 사랑의 에너지로 가득 차게 만드는 현상계와 본체계를 아우르는 수행법인 것이다.

숨을 들이쉬면서 '감사합니다'라고 외치라. 숨이 들어오면서 이 단순한 숨을 들이마시는 것조차 무한한 감사로써 들어온다고 느끼는 것이다. 숨을 내뱉을 때 '사랑합니다'라고 외치라. 숨이 들어왔다가 내 몸을 스치고 내 밖으로 나가면서 모든 존재를 향한 사랑으로 나가는 것이다. 단순한 공기, 호흡 한 자락조차 나에게 들어올 때는 감사함으로 들어오고 나를 스쳐 나갈 때는 사랑으로 나가는 것이다.

이 호흡관을 통해 호흡만 감사함으로 들어오고 사랑으로 나가는 것이 아니라 모든 것이 감사로 들어오고 사랑으로 나가도록 하는 것이다. 물질이든, 음식이든, 호흡이든, 말 한마디든, 행동이든, 생각이든, 그것들이 나에게 들어올 때는 '감사'한 마음으로 받아들이고, 내 존재와 함께 파도치고 흘러 나갈 때는 무한한 '사랑'으로 내 보내는 것이다. 음식을 먹을 때도, 밥 한 공기, 물 한 모금을 먹을 때도 그냥 먹는 것이 아니라 감사하게 먹고 음식을 통해 힘과 에너지를 쌓은 뒤 그 힘으로 세상에 사랑과 자비의 일을 행함으로써 내보내는 것이다.

잠시 모든 것을 멈추고, 호흡에 맞춰 시작해 보라. 들어오는 숨을 지켜보며 '감사합니다', 나가는 숨을 지켜보며 '사랑합니다'.

원하는 삶을 만드는 방법

인과나 업보는 모두 원인이 되는 씨앗인 행위 즉 업이 있고 나서 어느 정도 시간이 흘러 그 업이 무르익은 뒤에 필연적인 과보인 결과의 열매가 있음을 시사한다. 원인과 결과 사이에는 시간이라는 장애물이 놓여 있는 것이다. 그러나 반드시 그래야만 하는 것일까? '시간'은 필수 불가결한 당위일까?

그렇지 않다. 시간은 환상이며 신기루에 불과하다. 시간이란 우리의 의식 속에서 스스로 만들어 낸 것일 뿐, 본래 시간이란 없다. 그렇다면 결론적으로 인과응보라는 것 또한 원인과 결과, 업(業)과 보(報) 사이에 시간이 반드시 필요한 것은 아니라는 결론이 나온다.

우리가 생각하듯 시간은 직선적으로 흘러가야만 하는 것이 아니다. 현재 속에 사실은 모든 것이 있다. 원인도 결과도, 과거도 미래도 '지금 여기'에 존재한다. 큰스님들은 업을 지으면 과보를 즉각 받는다는 이야기가 이러한 무시간성을 암시하고 있다. 그러나 깨달은 도인만 그런 것이 아니다. 사실은 본래 진리가 그런 것이기에, 누구에게나 해당되는 말인 것이다. 아인슈타인 또한 "시간은 보이는 것과 전혀 다르다. 시간은 한 방향으로만 흐르는 것이 아니라, 미래와 과거가 동시에 존재한다"고 말하고 있다.

그렇기에 우리는 무언가가 되고 싶거나, 어떤 것을 가지고 싶고, 이루고 싶을 때, 과거의 방식대로, 무지의 방식대로 인과업보와 시간의 방식에 얽매여 원인이나 잘 지으면 언젠가 이룰 수 있겠지 하고 생각할 필요가 없다. 내가 그렇게 생각하면 반드시 그렇게 된다. 그것을 이루는 데는 시간이 필요하다고 여기면 그 사람에게는 시간이 반드시 필요해진다. 그러나 꼭 그럴 이유는 없다. 직선적인 시간의 굴레에 자신을 애써 속박시킬 필요는 없는 것이다.

보통 우리가 열심히 선업을 쌓으면 우주법계는 적절한 시간적 때가 되었을 때 그에 걸맞는 과보를 보내준다고 믿어왔지만, 시간을 뛰어넘어 곧바로 창조하는 이 방식을 취했을 때는 반대의 작용이 일어난다. 내가 먼저 즉각적으로 결과를 만들어 내면 우주법계는 그 원인을 뒤이어 제공해 준다. 완전히 거꾸로 된 것이다.

좀 더 쉽게 예를 들어보자. 우리는 행복해지고 싶고, 부자가 되고 싶으며, 사랑받고 관심 받고 싶다. 행복해지려는 전통적 방식은 먼저 원인을 열심히 지어야 했다. 열심히 일하고 돈 벌고 자식 낳고 키우며 노후 자금으로 쓸 돈도 두둑해야 한다. 물론 때때로 나눔도 실천해야 한다. 모든 원인을 지어놓고 나면 인과응보에 따라 언젠가 행복해질 수 있으리란 희망을 품는 것이다.

그러나 넌서 결과를 만들어내는 방식에서는, 행복의 씨앗을 뿌려둔 뒤에 행복을 기다리는 것이 아니라, 지금 여기에서 먼저 행복해지는 것, 먼저 결과를 만들어 내는 것이다. 그렇게 되면 우주법계에서는 결과적으로 행복해져 있는 당신을 위해 그 결과인 행복의 원인들을 만들어 내 준다. 더 행복할 일들, 더 행복한 이유들을 만들어 내 줌으로써 당신의 행복을 증명해 주는 것이다. 원인과 결과 사이에 시간은 무의미해질 수 있지만 인과업보라는 원칙은 지켜져야 하기 때문이다. 원인 없는 결과는 없지 않은가! 그러니 내가 결과를 만들면 우주는 원인을 제공해 주고 내가 원인을 만들면 우주는 결과를 만드는 것이다.

부자가 되고 싶은가? 그렇다면 부자가 되려는 무수한 노력, 이를테면 미친 듯이 돈 벌고, 경제 기사를 스크랩하고, 주식 동향을 살피고, 아파트 값에 민감하게 반응하며, 안 쓰고 저축하는 등등의 원인을 만드는 방식에만 빠져 있지 말고, 먼저 결과를 만들어 내 보라.

먼저 충분히 부와 풍요를 느끼고 만끽해 보는 것이다. 돈을 많이 벌면 당신의 기분은 어떨까? 결핍감은 사라지고 풍요를 느낄 것이다. 그렇게 되면 돈 때문에 아웅다웅하며 쩔쩔매지는 않을 것이며, 필요한 이웃에게 어려움 없이 나누어 줄 수도 있고, 충분히 그 풍요를 만끽하게 될 것이다. 가난과 결핍에서 오던 많은 행동양식은 변하게 될 것이다. 또한 쌓기만 하고, 축적하기만 하면서도 계속 '더! 더!'를 외치던 마음이 사라지고 비로소 누리고 만족하게 될 것이다. 결과로써 먼저 풍요로워진다는 것은 더 많은 것을 바라는 것이 아니라 더 많이 감사해하며 만족한다는 것이다. 만원 짜리 옷을 입으면서도 충분히 그 옷을 입을 수 있음에 감사하고 만족할지언정 10만원 짜리 옷을 갈구하거나 다른 사람의 값비싼 옷을 부러워하지 않는 것이다. 그것이 바로 풍요의 방식이다.

먼저 결과로써 풍요로워지라. 그러면 그 원인은 우주법계에서 제공해 준다. 먼저 마음속에 풍요가 자리 잡고 있어야 외부적인 부가 따라 붙는 것이다. 마음이 결핍되어 있으면 딱 그 결핍된 마음만큼의 물질과 돈만 생길 뿐이다. 무언가가 되고 싶거나 얻고 싶다면 먼저 이미 그것이 되거나 얻은 것처럼 행동해야 하는 이유가 여기에 있다.

결과를 삶 속에 먼저 가져와라. 이미 그것이 되었다면, 얻었다면 당신은 어떤 삶을 살 것인가? 주저하지 말고 먼저 그 삶을 살아보라. 이미 얻은 것처럼, 되어 있는 것처럼 마음을 써 보라. 먼저 행복해지고 먼저 풍요로워지며 먼저 자비와 사랑을 나누어 보라. 내가 결과적으로 먼저 되어 있으라.

2장

삼법인

참된 진리의 기준은 있을까?

요즘 세상을 보면, 불교 안에도 비불교적인 요소들이 불교라는 이름으로 자리 잡고 있거나, 온갖 사이비적인 사상과 이단 종교와 가르침들이 난무하는 사상이 혼탁한 시대이다 보니 정법인지 사법인지를 구분하기 어려운 요소들이 많아졌다. 온갖 명상 단체들이 난립하고 있고, 어떤 곳에서는 수십, 수백, 수천만 원을 요구하며 깨달음을 사고파는 행위들도 버젓이 일어나고 있다.

그런데 의외로 너무나도 많은 사람들이 '쉽고 빠른' 그런 단체의 수련법에 유혹당하고 매료당한다. 그러나 필자에게 상담을 요청한 수많은 사람들 중에는 온갖 명상수련단체에서 수많은 돈과 시간을 들여 수련한 결과 깨달음을 얻었다고 인가(?)까지 받았지만, 결국 정신장애를 겪거나 정신분열을 일으키는 분들도 많았고, 사기를 당하거나, '이게 아니다' 싶어 다시 불교를 찾는 이들도 적지 않았다.

이런 복잡다단한 사상의 혼탁을 경험하는 현대인들에게 있어서 그것이 정법인지 아닌지, 불교인지 아닌지, 옳은 것인지 그른 것인지를 판단할 수 있는 근거와 기준이 그 어느 때보다도 간절히 요청되고 있다. 삼법인이야말로 그것이 진리인지 아닌지를 알려주는 불교에서 말하는 정법의 기준점이다.

　그러면 먼저 삼법인이란 말의 의미를 살펴보면, '세 가지 법의 도장', '세 가지 진리의 표지(標識)'라는 뜻을 가진다. 법인(法印)이란 말 그대로 '법의 도장', '진리의 도장'이라는 의미다. 우리가 도장을 찍어 줄 때는 확실하고 틀림없다는 것을 확인시켜 주기 위한 것이고, 인간사의 모든 일들은 아무리 입으로 이렇다 저렇다 해 봐야 결국에는 도장을 찍어 주고 나야 그것이 제 힘을 발휘하기 시작한다. 즉 도장을 찍어준다는 것은 분명하고 확실한 것에 대한 종지부를 찍는 일이다. 이처럼 삼법인이라는 것은 이 세 가지 진리야말로 분명하고 확실하며 틀림없는 진리라는 종지부를 찍는 진리의 마침표이다. 그렇기 때문에 예로부터 삼법인은 '불교의 징표', '진리의 기준', '진리의 근거'가 되어 왔다. 즉 이 가르침이 불교인가 아닌가, 정법인가 사법(邪法)인가가 궁금하다면 삼법인이라는 기준에 맞는지 틀리는지를 살펴보면 된다.

　앞 장에서 언급한 연기법에 따르면, 이 세상 우주는 아무렇게나 아무 법칙도 없이 그냥 존재하는 것이 아니라 연기라는 진리의 법칙에 따라 움직이는 법계(法界)임이 드러난다. 그렇다면 이러한 연기의 진리에 의해 운행되는 우주법계는 어떤 특성을 가지고 있을까? 일체 모든 존재의 속성이기도 하며, 이 우주에 존재하는 모든 것들의 일반적인 특성이기도 한 것, 그것이 바로 삼법인(三法印)이다. 삼법인은 연기법의 또 다른 이름이요, 또 다른 표현이라고도 할 수 있다. 이 세상 모든 것이 연기된 존재이기에, 그로 인해 삼법인의 특성이 나타나기 때문이다. 즉 연기된 모든 것은 세 가지 공통된 일반적인 특성을 가진다.

　삼법인은 세 가지로 나타나는데, 그 내용에 있어 남방 상좌부 전통의 불교와 북방의 대승불교 전통에서 말하는 내용에 한 가지 차이가 있다. 남방 상좌부 불교에서는 삼법인을 제행무상(諸行無常), 일체개고(一切皆苦), 제법무아(諸法無我)라고 하지만, 북방의 대승불교에서는 제행무상, 제법무아, 열반적정(涅槃寂靜)을 삼법인의 정형으로 보고 있다. 혹은 사법인(四法印)이라고 하여 제행무상, 일체개고, 제법무아, 열반적정을 모두 포함시키기도 하고, 때로는 오법인이라고 하여 여기에 제법개공(諸法皆空)을 포함시키기도 한다.

경전에서는 이상의 네 가지 진리의 법인을 사유함으로써 모든 괴로움에서 벗어날 수 있다고 말하고 있다.『증일아함경』에서는 "비구들이여, 죽음을 면하고자 한다면 네 가지 진리의 법인을 사유하라. 네 가지란 무엇인가? 첫 번째는 제행무상이며, 두 번째는 일체개고, 세 번째는 제법무아이며, 네 번째는 열반적정이다. 비구들이여, 이 네 가지 진리의 법인을 사유하라. 왜냐하면 그로써 생로병사, 근심, 슬픔, 번뇌 등 모든 괴로움에서 근본적으로 벗어날 수 있기 때문이다. 그러므로 비구들이여, 이 네 가지 진리를 성취하라"고 말하고 있다.

죽음을 면한다는 것은 곧 사고팔고라는 근본적인 괴로움에서 벗어난다는 의미다. 생로병사와 근심, 슬픔, 번뇌 등 모든 괴로움에서 벗어날 수 있는 방법이 바로 삼법인, 사법인을 사유하는 것이라고 말하고 있다. 우리 인간이 겪고 있는 그 모든 괴로움을 벗어나는 길, 그 길이 바로 사법인의 사유에 있다.

그러면 사법인에 대해 하나하나 살펴보도록 하자.

제행무상 諸行無常

● 모든 것은
변한다

　제행의 '제(諸, sarva)'는 '일체', '모든'의 뜻이고, 행(行, samskara)은 sam이라는 '함께', '~모여서'라는 말과 kara라는 '만들다', '행하다'는 의미가 합쳐져 만들어진 말로, '함께 모여 만들어진 것', '지어진 것'이라는 의미로 여러 가지 원인과 조건들이 모여 어떤 존재를 만들고 어떤 일을 행한다는 의미를 지닌다.

　아무 원인과 조건 없이, 아무런 이유 없이 하는 행이나 존재가 아니라 어떤 원인과 조건에 따라 만들어진 존재나 어떤 이유나 목적을 가지고 의도적으로 하는 행위를 말하는 것이다. 우리가 일반적으로 '유위(有爲)', 즉 유위행(有爲行)과 유위법(有爲法)을 아울러 말하는 것이다. 여기에서 유위법이라고 할 때 '법'은 '존재'를 나타낸다. 좀 더 쉽게 유위라는 것은 '인연 따라 만들어지는 모든 것'이다. 우리가 하고 있는 모든 행위도, 모든 일도, 모든 생각도, 또 이 우주에 존재하는 모든 존재도 앞서 언급한 연기법에 의하면 어느 것 하나 인연 따라 만들어지지 않은 것은 하나도 없다. 그렇기에 우리가 세상 속에서 행하는 모든 행은 유위행이요, 이 세상에 존재하는 모든 존재는 다 유위법인 것이다.

그래서 제행이란 '인과 연이 화합하여 만들어 낸 모든 것', '일체의 만들어진 모든 것', '인연화합에 의해 만들어진 모든 존재와 행위'를 의미한다고 할 수 있다. 아주 쉽게 말하면 '모든 것', '모든 존재', '모든 행'이라고 말할 수 있다.

무상(無常)이란 말 그대로 '항상함이 없다', '항상하는 것은 없다'는 뜻이다. 즉 제행무상은 이 세상 모든 것은 항상하지 않는다는 의미이다. 모든 존재(有爲法)도 항상하지 않고, 존재가 만들어 내는 행위(有爲行) 또한 항상하지 않는다. 나라는 존재도 항상하지 않고, 내가 사랑하거나 미워한다는 행위 또한 항상하지 않는다.

제행이라는 일체 모든 존재는 모두가 유위로써 인과 연에 따라 이루어진 것이기 때문에 인연이 소멸하면 함께 따라서 소멸할 수밖에 없는 것이다. 인연 따라 만들어진 것은 인연 따라 소멸된다. "이것이 있으면 저것이 있고, 이것이 생하면 저것이 생하며, 이것이 없으면 저것이 없고, 이것이 소멸하면 저것도 소멸한다"는 연기의 이치에 따라 만들어진 모든 것은 항상 하지 않고 언젠가는 변해 사라지는 무상한 것이다. 즉, 이와 같이 제행무상이라는 이치는 연기법의 기초 위에 세워진 것이다. 이 세상의 모든 존재는 연기하기 때문에 무상일 수밖에 없는 것이다.

항상하지 않는다는 말은 곧 끊임없이 변화하고 있다는 말과 다르지 않으며, 끊임없는 흐름 속에 있다는 의미를 뜻한다. 인과법에 의하면 원인을 지으면 결과를 받는다고 하지만, 사실 엄밀히 말하면 그 결과라는 것도 결정론적이거나 결론적인 결과가 아니다. 어떤 한 측면에서는 결과이면서 또 다시 다른 것의 원인이고, 결과처럼 보이는 순간에도 끊임없이 흘러가는 과정 속의 한 장면이기 때문이다.

그래서 제행무상은 연기법에 대한 시간적인 해석을 의미한다고 볼 수 있다. 연기법을 시간적인 측면에서 보았을 때 제행무상이라는 존재의 특성을 보인다는 것이다. 지금 내 눈에는 변하지 않고 항상할 것 같은 모든 것들이 언젠가 시간이 흘러 세월이 흐르고 나면 어김없이 변화된 모습을 보여줄 수밖에 없다. "이것이 생하면 저것이 생하며, 이것이 사라지면 저것도 사라진다"는 연기법의 시간적인 관점을 제행무상은 보다 선명하게 보여주고 있다.

이처럼 제행무상의 이치는 우리가 흔히들 말하는 '인생무상'이라는 표현에서 보는 허무주의적이고 공허한 것을 의미하는 것이 아니다. 무상하기 때문에 허무한 것이 아니라, 무상하기 때문에 아름다운 것이다. 무상은 이 세상에 대한, 우리의 삶에 대한 지극히 공평무사한 통찰일 뿐이다.

우리의 삶은 무상하기 때문에 그 어떤 가능성도 활짝 열려 있는 변화무쌍한 삶의 희망을 품어볼 수 있다. 변화하고 흐르면서 진화하는 것이야말로 삶의 본질이다. 무상하지 않다면 가난한 자는 언제까지고 가난해야 할 것이며, 능력 없는 사람은 언제까지고 능력이 없을 수밖에 없을 것이지만, 무상하기 때문에 나의 모든 가능성이 활짝 열려 있는 것이다. 무상하기 때문에 우리는 부자도 될 수 있고, 좋지 않던 성격도 바꿀 수 있으며, 없던 능력도 계발해 낼 수 있고, 심지어 중생이 부처가 될 수 있는 가능성도 열려 있는 것이다. 무상하기 때문에 이 세상은 아름답고도 희망차다.

업도 운명도 변한다

이러한 제행무상의 이치를 설하지만 혹자는 그래도 이미 지어 놓은 업은 어쩔 수 없는 것이 아니냐고 반문한다. 이미 내게 주어진 업장은 어쩔 수 없으니 그 업을 다 받기 전에는 꼼짝 못하는 것이 아니냐고 좌절할 수도 있다.

참된 수용, 참된 섭수, 참된 받아들임이란 정해진 것을 받아들이는 것이 아니라, 제행무상을 받아들이는 것이다. 변화를 받아들이라는 것이다. 고정된 것을 받아들이는 것은 정해진 것에 얽매이고 집착하는 것밖에 되지 못한다. 내 삶이 어떻게 변화하더라도 그 모든 것을 마땅히 다 받아들이겠다는 자세야말로 참된 받아들임인 것이다.

내 업이 원래 가난하기 때문에 나는 한평생 가난 속에서 살 수밖에 없다거나, 내 업이 원래 병에 시달릴 수밖에 없기 때문에 평생 병을 달고 살 수밖에 없다고 믿는 사람들이 있다. 물론 이 말이 전적으로 틀린 것은 아니다. 그러나 전적으로 옳지 않다는 것 또한 분명한 사실이다. 모든 사람들은 전생의 업인(業因)에 따라 자기만의 삶의 모습을 갖고 태어난다. 어느 정도의 부를 축적하고 살 것인지, 어느 정도의 학벌과 능력과 외모를 가지고 살아갈 것인지, 어디에서 어떤 일을 하며 얼마 정도의 행복을 누리다가 언제쯤 죽게 될 것인지에 대해 누구나 태어나면서부터 어느 정도 정해진 업력(業力)을 받고 태어난다.

그러나 그렇다고 해서 내 전생의 업을 그대로 받을 것이니 이번 생은 내가 아무리 발버둥치더라도 절대 그 업을 벗어날 수 없다고 생각한다면 큰 오산이다. 뿐만 아니라 일생 일대의 가장 큰 실수를 저지르게 되는 것이다.

업(業)이라는 것이 무엇인가. 우리가 말로 행동으로 생각으로 행하는 행위이다. 전생, 또 오랜 전생을 이어오며 지어왔던 온갖 행위들이 지금 내 안에서 기본적으로 이번 생을 어떻게 펼쳐나가게 될지에 대해 결정짓게 되는 것이다. 그렇다면 그 결정의 원인은 내 과거의 행위에 있다.

그러면 결론은 무엇인가? 결론은 내 현재의 행위에 따라 또 다시 내 미래가 바뀔 수밖에 없다는 지극히 당연한 결론이다. 달라질 수 있는 정도가 아니라 끊임없이 우리 삶은 그 괘도를 수정해 나가고 있다.

그것을 운명이나 숙명이라고 이름 짓지 않고 업(業)이라고 이름한 데는 그만한 이유가 있는 것이다. 운명이나 숙명은 바꿀 수 없는 것인데 반해 업이라는 것은 언제든 바꿀 수 있으며, 바꿀 수 있는 정도가 아니라 순간순간 변화하는 특성을 가지기 때문이다.

오늘 힘겹게 살아가는 소년 소녀 가장을 만나 따뜻한 마음을 나누어 주고, 필요한 것들을 나누어 주었다면 바로 그 한 번의 행위가 1년 뒤 파산할지 모르는 업연을 2년 뒤로 늦춰줄 수도 있다. 오래도록 마음속에 응어리져 있던 미워하는 원수에 대한 불 같은 화를 다스리고, 마음 깊은 곳에서 용서를 해 주었다면 몇 달 뒤에 닥칠지 모를 화병이 소멸될 수도 있다.

　지금 이 순간 나는 어떤 행위를 하고 있는가. 지금 이 순간 내가 하는 행위에 따라 운명이라고 생각했던 나의 업은 엄청난 변화를 겪는다. 제행무상이라는 이치에 따르면 그 어떤 것도 정해진 것은 없다. 업이라는 것 또한 끊임없이 변하는 것이다. 우리의 행위가 매일매일 달라진다는 것은 받아야 할 업의 과보 또한 끊임없이 달라지고 있음을 의미한다.

미시와 거시세계도 변한다

　현대 과학에서는 과연 이 무상의 이치를 어떻게 볼까? 미시와 거시의 현대 물리학을 살펴보면 놀랍게도 불교의 제행무상의 이치를 고스란히 증명해 주고 있다.

　이 세상이 무상하다는 이치를 증명해 보일 수 있는 가장 좋은 방법은 이 세상을 쪼개고 쪼개서 가장 작게 쪼개어질 수 있는 물질의 최소단위에 대해 무상을 입증해 보이는 것과 이 세상을 넓히고 넓혀서 가장 넓게 확장했을 때의 전 우주가 무상하다는 이치를 입증해 보이는 방법이 있다.

　그러면 먼저 현대 물리학의 미시의 세계로 들어가 보자. 일반적으로 불교의 극미(極微)라는 단어와 견줄 수 있는 물질의 최소단위를 과학에서는 일찍부터 원자(原子)라고 했다. 그런데 후대에 물리학이 더욱 발전되면서 원자는 양성자와 중성자, 그리고 전자로 이루어져 있음을 알았고, 또한 이 양성자와 중성자도 궁극적인 물질이 아니라 다시 수없이 많은 미립자로 이루어져 있다는 것을 알았다.

그런데 이 무수한 미립자들은 순간순간 생성과 소멸을 반복한다는 것이 현대물리학에서 밝혀진 사실이다. 이 미립자들의 전형적인 생명은 10(-23승)초이다. 이렇게 이야기 하니 잘 이해가 안 될 것인데, 쉽게 말해 미립자의 생명과 1초와의 비는 1초와 약 300조 년의 비와 같다고 한다. 300조 년은 지구 역사의 60만 배이며 우주 역사의 20만 배나 되는 긴 시간이다. 그야말로 찰나 동안 무수한 미립자들은 생성되고 소멸되기를 반복하는 것이다. 아니 이 정도면 생성과 동시에 소멸한다 해도 지나친 말이 아닐 것이다.

이처럼 삼천대천세계와 그 안의 구성요소인 모든 것들은 겉으로 보기에는 그 모습 그대로를 항상 유지하는 듯 보이지만 지금 이 순간에도 끊임없이 찰나로 생멸하고 있는 것이다. 이처럼 현대 과학에서조차 물질의 최소 단위로 알려진 미립자들이 끊임없이 생성과 소멸을 반복하는 제행무상의 이치대로 운행된다는 것을 증명해 주고 있다.

그러면 거시세계에 대해서 살펴보자. 우선 태양 주위에는 지구를 포함한 8개의 행성이 있고 각각의 행성 주위에 위성이 있으며 이들 전체를 태양계라고 부른다. 수소를 헬륨으로 바꾸는 핵융합 반응을 하면서 스스로 빛을 내는 천체를 항성 혹은 별이라고 부르는데, 태양계에서 별은 태양 하나뿐이다. 이 태양계의 바깥에는 '우리 은하'라는 별의 집단이 있는데, 여기에는 태양을 비롯하여 약 3천억 개의 별이 원판 모양의 형태로 배열되어 있다. 내가 지리산에 갔을 때 처음으로 선명한 은하수를 보고 한동안 잠을 이룰 수 없었던 기억이 있는데, 우리가 잘 알고 있는 은하수라는 것이 바로 우리 은하 안에 있는 별들의 모임이다.

좀 더 나아가 우리 은하에서 가장 가까운 은하는 안드로메다 은하로 약 200만 광년의 거리에 있다. 이 안드로메나 은하와 우리 은하를 포함하여 20여 개의 주변 은하가 하나의 지역군을 형성하고 있는데, 이를 '우리 지역군'이라고 부른다. 이 우리 지역군에서 6,000만 광년 정도 떨어진 곳에 버고 은하단이 있으며, 이 안에는 약 2,500개 정도의 은하가 포함되어 있다. 버고 은하단은 다시 버고초 은하단의 일부가 되며, 버고초 은하단의 근처에는 이보다 더 큰 코마초 은하단이 존재한다.

여기까지가 현대 과학이 파악하고 있는 우주의 대략적인 모습이다. 물론 이것으로 우주를 다 파악했다고 할 수는 없다. 아직도 과학의 영역과 우리의 상상력까지도 초월할 만한 무량광 무량수의 우주가 있을 것임은 분명해 보인다.

그러면 이런 우주는 과연 변하지 않고 항상하는 것일까? 현재 과학에서 밝혀진 사실에 입각해 본다면 그렇지 않다. 우주는 끊임없이 변화해 가며 성주괴공(成住壞空)의 단계를 거친다. 우주의 성주괴공을 간단히 살펴보면, 별과 별 사이의 성간물질은 우주 공간에 균일하지 않게 분포하여 있으며, 각 부분의 밀도는 끊임없이 변화해 간다. 그렇기에 이 성간물질은 언뜻 보면 아무것도 없는 것 같지만 이 성간물질에서부터 모든 것이 시작되고 생성된다. 이 성간물질이 어느 정도 이상의 밀도로 모이고, 별에서 오는 빛에 의해 광압이 가해지면 성간물질의 덩어리는 밀집되는 경향을 갖게 된다. 이러한 밀집과 수축이 가속화되면 내부의 압력과 온도가 계속 올라가고 1,000만 도 이상 온도가 상승하면 핵융합 반응을 시작하며, 이 때 에너지가 빛의 형태로 우주 공간으로 방출된다. 즉 이것은 스스로 빛을 발하는 항성, 별이 탄생했다는 것을 의미한다.

이처럼 성간물질이라는 공(空)의 단계에서 별이라는 성(成)의 단계가 진행되는 것이다. 이렇게 만들어진 별은 한동안 크기와 빛의 밝기가 대략 일정하게 유지된다. 이것이 성주괴공의 주(住)의 단계다. 그러나 주의 단계라도 변함없이 유지되는 것이 아니라 별의 내부에서는 끊임없이 수소원자가 헬륨원자로 바뀌는 핵융합 반응은 계속 일어난다. 그러면서 결국 핵융합 반응의 원료가 되는 수소를 다 쓰게 되면 결국 빛은 소멸되고 별의 일생은 끝나게 된다. 이것이 성주괴공의 괴(壞)의 단계인 것이다. 그리고 나면 다시 공이 되고, 다시 성·주·괴·공을 끊임없이 반복하는 것이다.

우리가 살고 있는 태양계의 태양도 이미 생성되고 나서 50억 년 정도 핵융합 반응을 하며 성주의 단계를 거치고 있으며 다시 50억 년 후가 되면 수소가 다 소멸되어 괴공의 단계로 접어들 것이라고 하니, 미시세계와 같이 거시세계인 우주 또한 항상하는 것이 아니라 끊임없이 변화하는 것으로서 제행무상인 것임이 밝혀졌다.

변화를 받아들이라 :
제행무상의 생활 실천

이 세상 모든 존재는 항상하지 않고 끊임없이 변한다. 또한 모든 존재가 만들어 내는 그 모든 행위나 사건 또한 끊임없이 변한다. 사람도 변하고, 사람의 마음도 변하며, 사람의 행위 또한 끊임없이 변한다. 변화할 뿐만 아니라, 어떻게 변화될지 한 치 앞도 분명하게 알 수 없기에 삶은 언제나 불확실하며, 불안정하게 느껴진다.

그러나 진리를 깨닫고자 한다면 변화라는 진리를 거부해서는 안 된다. 삶의 역동적인 변화와 불확실성을 두려워할 것은 없다. 변화한다는 것, 확실하지 않다는 것은 매우 자연스럽고 진리다운 현상이다.

우리의 모든 괴로움은 변화를 받아들이지 않는 데서 온다. 변화되는 것은 두렵다. 지금 이 모습이 그대로 지속되길 바란다. 이 몸이 지속되길 바라고, 이 행복의 느낌이 지속되길 바라며, 내 돈과 명예, 권력, 지위, 가족, 친구, 사랑 이 모든 것이 지속되길 바란다.

우리는 '변화'한다는, 무상이라는 진리를 받아들이지 못하면서 '지속'과 '안주'를 바란다. 지속됨과 안주 속에 행복이 있을 것이라고 착각한다. 그러나 이 세상 그 어디에도 언제까지고 지속되는 것은 없다. 오직 변화만이 있을 뿐. 변화한다는 사실이야말로 온전한 진리이다.

만약에 우리 삶이 변화와 불확실한 것이 아닌, 고정되어 있고, 미래가 보장되어 있다면 거기에는 나만의 자유의지를 펼칠 가능성도 사라지고, 그런 삶은 생기를 잃고 말 것이다.

사실 우리의 미래는 불확실하고 불안정하기 때문에 살아 움직이는 역동성과, 무한한 발전이라는 변화 가능성이 있다. 변화와 불확실한 미래는 불안정을 의미하는 것이 아니라, 무한한 성장의 가능성을 시사한다. 그리고 우리가 인간으로 태어난 것은 정해진 길을 따라 그저 뻔한 스토리를 체험하기 위해 온 것이 아니다. 불확실성과 변화라는 진리의 토대 위에서 역동과 혁신, 새로움과 생경한 삶을 경험함으로써 자기다운 삶의 성숙과 깨달음을 얻고자 온 것이다. '변화와 고(苦)를 통한 배움'이야말로 인간계라는 인생학교에서 깨달음이라는 학점을 딸 수 있는 가장 보편적인 수업방식이다.

삶의 곳곳에 내재된 위험과 혼란, 역경과 돌발 상황들이 있기에 오히려 삶은 흥미롭고도 박진감 넘칠 수 있는 것이다. 우리 삶의 드라마에 역동적이고 스릴 넘치는 장치가 없다면 인생은 얼마나 재미없고 진부해 질 것인가. 또 그런 진부한 통속적 방식을 통해서는 한 단계 뛰어넘는 삶의 성숙을 이룰 수가 없다.

매 순간 변화의 가능성을 열어 두어 보라. 지속되고 안주하며 안정적인 순탄한 삶만 이어지기를 바라는 마음을 내려놓고 변화와 불확실성을 받아들여 보라.

변한다는 진리를 변하도록 그냥 놓아두라. 제행무상이라는 변화의 흐름을 타고 함께 따라 흐를 수 있어야 한다. 변하지 않는 것은 어디에도 없는 이 세상에서 우리 삶의 목적이 '변치 않음'을 추구한다는 것은 얼마나 어리석은 일인가. 이 세상을 그냥 놓아두라. 어떤 것도 붙잡지 말라. 다만 변화하도록 그대로 두라. 부처님의 말씀은 오직 이것이다. 그저 푹 쉬기만 하면서 변화의 흐름에 온 존재를 내맡기라.

제법무아 諸法無我

● 실체적 자아는 없다

앞에서 제행무상의 '제행'이 '모든 존재', '모든 행'을 말한다고 했는데, 제법무아의 제법 또한 '모든 존재'라는 비슷한 의미를 지닌다. 여기 제법(諸法)에서 법(法, dharma)은 '존재', '일체 모든 존재'라는 의미로 쓰이고 있다. 일반적으로 법이라고 하면 '진리', '진리의 가르침' 정도로 이해하는 경우가 많은데, 불교에서 '법'이라는 용어는 이외에도 '존재', '일체 모든 존재'라는 의미로도 쓰여 진다. 예를 들어 삼법인에서 '법'은 '진리'를 의미하며, 제법무아에서 '법'은 '존재'를 의미한다.

무아(無我)는 '내가 없다'는 의미이다. 여기서 '나'라는 것은 나라는 개인뿐 아니라, 모든 인간을 넘어서 일체 모든 존재를 의미하는 것이다. 여기에는 고정된 실체로서의 본질적인 나라는 것도 포함된다. 즉 이 우주법계에 존재하는 일체 모든 존재는 고정된 실체로서 존재하는 것이 아니며, 우리가 생각하는 본질적인 자아 또한 사실은 실체가 없는 것임을 의미한다.

여기에 이렇게 분명히 나라는 존재가 살아 움직이고 있음에도 왜 무아라고 하는가. 앞서 설명했듯이 일체 모든 존재는 인연 따라 만들어졌다가 인연이 다하면 소멸할 수밖에 없으며, 항상하지 않고 끊임없이 변할 뿐이다.

항상하지 않고 끊임없이 변한다면 지금의 '나'라는 존재는 무엇인가? 이 또한 잠시 잠깐 인연 따라 이런 모습으로, 이런 성격으로, 이런 몸뚱이를 받아 이번 생에 나왔을 뿐이다. 지금 나의 모습이 고정되어 있는 것이 아니다. 인연 따라 끊임없이 변해가는 억겁의 세월 가운데 찰나의 모습에 불과하다. 그러니 이처럼 연기법으로 운행되는 세상에서 제행이 무상한 가운데 피어나는 모든 존재는 무아일 수밖에 없는 것이다. 연기하기 때문에 무상이며 무아인 것이다.

어떤 이들은 무아라고 하니 말 뜻 그대로만 보고 무아를 '나' 혹은 '사람'에게만 한정하여 해석하는 경우도 있고, 혹은 나아가 유정물 정도로 확대하여 해석하는 경우가 있는데, 무아에서 '아'라는 것은 그야말로 이 우주법계의 일체 모든 것들을 의미하는 것이라고 보아야 한다. 즉 생명 있고 없는 모든 존재를 포함하여 그 존재의 행위나 그 존재가 만들어내는 일, 감정, 사건 등을 모두 포함하는 의미라고 볼 수 있다.

그야말로 '일체 모든 것'이 고정된 실체를 갖지 않는다는 말이다. 사람이나 생명 있는 모든 존재도 무아이며, 나무나 풀이나 돌이나 지구, 태양, 우주 또한 고정된 실체가 아닌 무아이고, 세상에서 벌어지는 모든 일들, 사건들, 사람들이 만들어 내는 온갖 일과 사람들의 감정들까지 모든 것이 고정적인 실체를 갖지 않는 것이라는 의미다.

이러한 제법무아는 연기법에 대한 공간적인 해석을 의미한다고 볼 수 있다. 제행무상은, 연기법을 시간적인 측면에서 보았을 때, 지금 보기에는 항상할 것 같던 모든 존재들이 시간이 흐르고 나면 언젠가 소멸될 수밖에 없는 실상을 보여주는 가르침이었다면, 제법무아는 지금 이 자리에서 공간적으로 살펴보더라도 모든 존재는 실체적인 것이 아니며, 공한 것이라는 가르침을 보여주고 있다. 이 세상의 모든 존재는 저 홀로 독자적으로 존재할 수 없으며, 서로 다른 모든 존재들과의 상호연관과 연기적인 도움을 통해서만 그 자리에 그렇게 존재할 수 있기 때문이다. "이것이 있으므로 저것이 있고, 이것이 없으면 저것도 없다"는 연기법의 공간적인 관점을 제법무아는 보다 선명하게 보여주고 있다.

● '나'는 이렇게 있는데 왜 무아지?

여기에서는 조금 더 구체적으로 내가 '나'라고 생각하는 존재가 왜 무아인지에 대해 조금 더 살펴보자.

보통 우리가 '나다'라고 하는 데는 먼저 '내 몸', 즉 육체를 가지고 있기 때문에 나라고 생각한다. 그리고 이어 '내 것이다'라고 하는 내 소유물에 대해 나라고 생각하고, 또한 '내가 옳다'고 하는 내 생각, 내 가치관, 내 견해나 사상 등을 나라고 생각한다. 이 외에도 '내 느낌',

'내 감정'이나 '내 성격'에 대해 나라고 느끼기도 한다.

보통 사람들이 "그 사람 어떤 사람이야?" 하고 물으면 우리의 대답은 그 사람의 성격이나 외모, 경제력이나 능력 등을 말하곤 하는데 그것이 바로 그런 것들을 '그 사람'의 정체성이라고 생각하고 있다는 반증이다. 그 모든 것들을 포함한 것을 '나다' 혹은 '그 사람이다'라고 하는 것이다. 그러면 과연 그 모든 것들이 나인가? 내 몸이나 소유물이나 생각이나 성격이나 감정이 과연 실체적인 나인가?

먼저 내 몸이 나인가? 사람이라는 정체성, 남자라는 혹은 여자라는 정체성이 나인가? 나를 규정짓는 외모나 재능이 나인가? 내가 존재하기 위해서는 태양과 흙과 바람과 비와 구름과 풀과 나무와 물과 부모님, 형제, 이웃들이 있어야지만 나 또한 존재할 수 있는 것임을 앞에서 살펴보았듯이, 나라는 존재 또한 독자적으로 존재할 수 있는 것이 아니라 우주적인 연기의 화합이 있어야지만 존재할 수 있는 것이다. 아침에 먹은 음식물과 지난 과거에 먹었던 것들로 인해 지금의 내 몸은 인연 따라 유지되고 있는 것일 뿐이다.

또한 이번 생에 잠시 지난 생의 업과 인연에 따라 사람으로 태어났을 뿐이며, 남자로 태어났을 뿐이고, 건강한 몸으로 태어났고, 부잣집에 태어났고, 능력 있게 태어난 것일 뿐이지, 내가 어떻게 이번 생을 살아나가느냐에 따라 다음 생에는 사람이 아닌 동물이나 천신으로 태어날 수도 있으며, 여자로 혹은 가난한 사람, 능력 없는 사람으로 태어날 수도 있는 것이다.

그러니 지금의 나를 규정짓는 요소들, 이를테면 '사람'이라거나 혹은 '남자' 혹은 '외모'나 돈과 명예, 능력이나 재능 등이 나를 대변하는 실체적인 요소라고 볼 수는 없다. 이런 요소들은 끊임없이 변해 가는 것일 뿐이며, 지금의 내 모습이나 외모는 단지 억겁의 윤회 속에서 잠깐 동안 빌려 쓰고 있는 껍데기에 불과한 것이다.

또한 우리가 나라고 생각하는 것에는 '내 것이다'라고 하는 내 소유에 대한 것들도 있다. 우리는 내가 가진 것들, 내가 소유한 것들을 나와 동일시하는 데 주저하지 않는다. 내가 부자이거나, 좋은 차를 타고 다니거나, 좋은 집에 살거나, 소유한 것들이 많거나, 많은 통장 잔고 등은 나를 드러내는 아주 중요한 정보 가운데 하나다. 그러나 소유물들 또한 인연 따라 나에게로 오고 가는 것일 뿐이다. 그것들은 항상하지 않는다. 길어야 100년도 소유하지 못하고는 다 버려야 할 것들일 뿐이다.

그러면 '내가 옳다'는 내 견해가 나인가? 내 생각, 내 견해, 내 사고방식, 내 가치관, 내 세계관이 나인가? 그것들도 다만 살아가는 주변 환경과 사회적인 조건 속에서 인연 따라 생겨나는 것일 뿐이다. 해적의 자식에게는 해적 두목이 되는 것이 최고의 삶의 목적이라고 하듯이, 우리의 견해나 가치관은 내가 살아 온 사회적인 조건 속에서 만들어지는 것들일 뿐이다. 그것이 아무리 견고한 '내 생각'이며, 견고한 '진리'라고 생각할지라도 그것은 어디까지나 '내 생각'이거나 '내 것'이 아니라 인연 따라 그렇게 믿고 있는 것일 뿐이다.

그래서 부처님께서는 부처님 진리에도 집착하면 그것은 더 이상 진리가 아니라고 했다. 100% 순수한 '내 생각'이 어디에 있는가. 그것은 모두 배워 온 것이거나, 들은 것이거나, 책에서나 학교에서 얻어 들은 것들일 뿐이다. 그럼에도 불구하고 우리는 그 생각이 '내 생각'이며,

'내 가치관'이라고 여기고, 거기에 집착을 하지만 그것은 내 것이 아니며, 그것이 나인 것도 아니다. 인연 따라 다만 수많은 생각이 일어나고 사라질 뿐이다. 그래서 그 어떤 사람도 절대적으로 선하거나, 절대적으로 악할 수는 없다. 인연 따라 어떤 상황에서는 선하고, 어떤 상황에서는 악할 뿐이지 절대선이나 절대악은 없다.

그러면 내 성격이 나인가? 그 또한 그렇지 않다. 성격도 끊임없이 변한다. 악하던 사람도 어떤 계기를 통해 개과천선하여 선하고 진중한 수행자로 거듭날 수 있고, 아무리 선하던 사람도 스스로 자신을 돌아보지 않고 삶의 성숙을 위해 노력하지 않는다면 부끄러운 죄인으로 변할 수도 있다.

그렇다면 내가 느끼고 있는 감정이나 느낌은 실체적인 것일까? 그것 또한 실체적인 것은 아니다. 슬픔, 기쁨, 우울, 아픔, 증오, 행복 등의 감정 또한 실체가 아니다. 인연 따라 수많은 감정들이 일어나고 사라지기를 반복할 뿐이다. 사랑하는 사람이 생기면 '사랑'의 감정이 생겼다가, 그 사랑이 이루어지면 '행복'의 감정이, 또 그 사랑이 떠나가면 '슬픔', '아픔' 등의 감정으로 바뀌었다가, 그 사랑이 다른 사람에게로 떠나가면 '질투'와 '증오'로 바뀌고, 그런 아픔에 사로잡혀 머물게 되면 심각한 우울을 경험하기도 한다.

이처럼 제법무아의 실천은 나에 대한 집착, 견해에 대한 집착, 존재에 대한 집착, 물질에 대한 집착, 소유에 대한 집착, 심지어 감정과 성격과 현실에 대한 모든 집착에서 벗어나도록 이끈다. 그 어떤 것도 고정된 실체가 없다는 사실을 알게 되면 어떤 것에도 집착할 필요가 없다는 것을 깨닫기 때문이다. 내가 그동안 '나'라고 생각해 왔던 이상과 같은 모든 것들은 사실은 인연 따라 잠시 거짓으로 '나인 것처럼' 보여졌을 뿐이지 실체적인 나는 아닌 것이다.

무아를 통해 얻게 되는 것들

이 세상 모든 존재가 실체적인 것이 아닌 무아로서 진짜가 아니라면 그것에 대해 좋다거나 나쁘다고, 맞다거나 틀렸다고 분별하거나, 차별하거나, 심판할 이유가 없어진다. 분별한다는 것은 분별하여 인식한다는 것이고, 그것은 곧 대상에 실체성을 부여하는 것이다. 그러나 실체로서 존재하지 않는 것에 어떻게 실체성을 부여할 수 있겠는가. 진짜가 아닌 가짜이며, 환영에 불과한 무아의 대상을 두고 좋아한다고 애착하거나, 싫어한다고 미워할 아무 이유가 없다. 실제로 존재하지 않는 환영을 두고 서로 가지려고 남들과 싸우거나, 혹은 그 대상이 한 비난이나 욕설 한마디에 휘둘려 괴로워할 필요도 없어진다.

무아를 통해 우리는 삶을 너무 과도하게 심각하게 여기지 않게 된다. 과도한 중요성을 떨어뜨리게 된다. 무엇이든 과도하게 중요하게 느껴진다는 것은 곧 집착을 의미하기 때문이다.

진짜가 아닌 환영이기에 그저 삶이라는 연극에서 주어진 역할을 할 뿐, 그 역할이 경영인이라고 돈 버는 일에 과도하게 집착하거나, 그 역할이 운동선수라고 심각하게 금메달에 목맬 필요는 없는 것이다. 성공을 해도 좋고, 실패를 해도 크게 심각해질 필요는 없다. 돈을 많이 벌든 적게 벌든, 좋은 대학을 가든 못 가든, 남들에게 인정을 받든 안 받든 사실 그 결과에 그렇게 신경질적으로 예민해질 필요는 없다. 무아를 알면 삶 속에서 삶을 살아가면서도 한 발 물러나 초연하게 바라보게 되며, 어떤 한 가지 대상이나 주제에 깊이 함몰되거나 속박되지 않게 된다.

이처럼 이 세상 모든 것은 비실체적인 무아이기에 분별하거나 차별할 것도 없으며, 집착하거나 미워할 것도 없다. 그러니 좋다거나 나쁘다고, 옳다거나 그르다고, 아름답거나 추하다고, 신성하거나 속되다고 하는 양 극단의 분별 또한 사라지고 만다. 무아이기에 무분별이 되고, 무집착이 되며, 나아가 중도를 실천하지 않을 수 없게 되는 것이다. 무아와 중도의 실천은 곧 크게 동요되지 않는 초연함과 크게 휘둘리지 않는 자유로움, 그리고 심각해지지 않는 삶에 대한 유머 감각을 갖게 만들어 준다.

이처럼 심각해 하지 않고, 과도한 중요성의 에너지를 낮추게 되면, 오히려 순수한 열정과 깨어 있음이 피어난다. 너무 힘을 주지 않으면서도 평정심으로써 여여하고도 자연스럽게 일이 되어지게 된다. 거기에는 오히려 힘이 붙는다.

과도하게 애를 쓰면 힘만 들 뿐 우주적인 자연스러운 삶의 흐름을 타지 못하게 된다. 과도한 중요성의 에너지를 낮추되 순수한 최선을 다할 수 있다. 욕망하지 않고 단지 원할 수도 있다. 욕망은 실패에 대한 두려움을 내포하지만 순수한 바람은 단순한 의도일 뿐 결과를 두려워하지 않는다.

삶에 대한 중요도를 조금 낮추면 삶은 더없이 자유롭다. 과도하게 중요한 것이 없을 때 가볍고도 자연스럽게 삶이 흘러간다. 무아에 대한 관찰은 삶의 무게감을 덜어 주고, 심각성과 중요도를 낮춰줌으로써, 가볍고도 힘 있는 삶을 가져다 준다.

내가 작아지는 즐거움 : 제법무아의 생활 실천

우리가 사는 이유가 무엇인가? 평범한 우리들이 살아가는 삶의 목적이 무엇일까? 아마도 그것은 나를 확장시키는 데 있다고 해도 과언이 아닐 것이다. '나'라는 것이 실체가 있는 무엇이기 때문에 나라는 진짜배기 실체를 확장시키려는 것이 아니라, 단지 '나라고 생각하는 상', 즉 허상을 강화시키고 확장시키려는 것일 뿐이다.

내 돈, 내 소유를 늘리고자 내 집, 내 차, 내 사람, 내 사랑, 내 명예, 내 권력을 늘리고자, 나아가 내 학식, 내 고집, 내 사상, 내 종교, 내 가족, 내 나라, 온갖 '내 것'이라는 아상을 늘리고 확장하고 확대시키고자 하는 것이야말로 우리가 살아가는 중요한 의미를 부여해 주는 것처럼 보인다. 그래서 돈을 많이 벌거나, 유명세를 타거나, 명예나 지위가 높아지거나 하는 것 등을 통해 자신이 '더 높아진 것' 같은 착각을 가지게 된다.

그러나 연기와 무아의 가르침에 의하면, 부자가 되거나 명예나 지위나 계급이 높아지는 것이 곧 '나'가 높아지는 것은 아니다. 그런 것들은 다만 인연 따라 무상하게 잠시 온 것일 뿐이며, 언젠가는 사라질 수밖에 없는 것들이다. 그것은 진짜 '나'가 아니다. 그러나 사람들은 그것들을 나와 동일시하기 때문에 부나 명예나 지위가 소멸될 때 '나'까지 소멸되고 붕괴되는 것 같은 괴로움을 느낀다.

불교에서는 아이러니하게도 세상 사람들이 확장하려고 하는 아상을 오히려 타파하라고 말한다. 사실은 아상이 무한히 확장되는 순간이 인생에서 가장 절박한 순간이요, 위기의 순간이다. 아상이 확장될 때, 집착과 욕망도 함께 확대되며 우리는 우리 안에 잠재적인 괴로움의 크기를 한껏 부풀리고 있는 것이기 때문이다. 반대로 아상이 축소될 때, 아상이 꺾이고 좌절될 때, 바로 그 때가 인생에서 가장 중요한 기회의 순간이요, 영적인 성장을 도모하고, 삶에서 한 단계 정신적인 도약을 할 수 있는, 아주 중요한 깨달음의 순간이 될 수 있다. 여기에 삶의 놀라운 반전이 있다.

제법무아를 깨닫게 되면, 우리가 그렇게 확장하려고 여기던 '나'라는 상은 언젠가는 축소되고, 소멸된다는 사실을 자연스럽게 받아들이게 된다.

사람들은 돈을 많이 벌거나 대박이 나는 것만을 즐거워하지만 돈을 못 벌고 가난할지라도, 혹은 부자였다가 사업이 망하게 되었을지라도 그것 자체가 절대적인 괴로움인 것은 아니다. 어쩌면 그것은 또 다른 기회이자, 정신적인 진보와 깨달음으로 발전될 가능성을 안고 있다. 무아를 모르는 이들은 사업이 망했다는 중립적인 하나의 사건에 절망, 패배, 실패라는 평가와 판단을 함으로써 불행으로 삼지만 지혜로운 이는 그것 또한 자연스러운 인연이 다한 때임을 받아들인다. 모든 것은 무상하고 무아임을 알기에, 그것은 언젠가는 올 것으로 예견되어 있었으며 단지 그 때가 온 것임을 겸허히 받아들인다. 또한 사업의 실패를 '나'의 실패로 여기지 않는다. 오히려 그것을 새로운 영적 성장의 기회로 받아들임으로써 삶의 전환을 삼을 수도 있다.

내 명예와 명성과 인기가 떨어지더라도 거기에 기죽고, 풀죽어 있을 필요가 없다. 그것이야말로 아상의 축소요, 그것이야말로 모든 성자가, 수행자가, 현자들이 기뻐한 일이다. 일부러라도 세상의 명예와 명성을 피해 은둔했던 옛 현자들의 삶을 생각했을 때, 이렇게 여건이 저절로 마련되어진다는 것은 어쩌면 법계가 나를 위해 마련한 공부의 때일 수도 있는 것이다.

사실 아상의 축소든 확대든 모든 상황이나 사건은 어떤 분명한 하나의 가르침과 삶의 의미를 담고 있다. 그것을 지혜로운 이는 바로 보고 거기에서 얻을 것을 얻지만 어리석은 이는 외적인 현상만 보고 판단함으로써 고통을 얻을 뿐이다.

모든 위기의 순간, 모든 아상 축소의 순간은 외적으로는 고통인 대신에 그 내면적으로는 또 다른 차원의 성스러운 배움의 기회와 성장의 기회를 동시에 내포하고 있다는 것을 항상 기억하라. 성숙한 이는 아상의 축소를 결코 두려워하지 않으며, 오히려 감사한 때로 받아들인다. 아상이 축소되고, 내가 작아질 때야말로 법계가 나에게 주는 자연스러운 제행무상과 제법무아라는 성스러운 법문을 설해 주는 순간이다. 그 사실에 즐거워하라.

일체개고 一切皆苦

● **무상·무아는 곧 괴로움이다**

괴로움 혹은 즐거움이란 것이 무엇인가? 내 뜻대로 모든 것이 순조롭게 진행될 때 우리는 즐거움을 느끼고 내 마음대로 되지 않을 때 괴로움을 느낀다. 내가 원하는 대로 잘 되면 행복, 안 되면 불행한 것이다. 그런데 우리는 어떤 것을 원하는가? 항상하는 것을 원한다. 나라는 존재가 항상하는 것을 원하고, 내 소유가 항상하는 것을 원하며, 내 가족이 항상하는 것을 원한다. 내가 빨리 죽기를 원하거나, 내 소유와 지위와 권력과 또 내 이웃들이 항상하지 않고 빨리 없어지기를 원하는 사람은 없을 것이다. 그런데 항상하기 위해서는 그 모든 것들이 고정된 실체가 있어야 한다. 변하지 않고 실재적으로 존재해야만 한다. 그래야만 언제까지고 내 곁에 붙잡아 둘 수 있을 것이기 때문이다.

그런데 제행무상과 제법무아에서 살펴보았듯이 이 세상 그 어떤 것도 항상하거나, 고정된 실체로서 존재하는 것은 없다. 세상 모든 것은 인연 따라 생겨났다가 인연이 다 하면 사라질 수밖에 없으며, 끊임없이 인연 따라 변해갈 수밖에 없는 것들이다. 그렇기에 우리는 괴롭다. 내 마음대로 될 수 있는 것이 없기 때문에 괴롭다.

괴로움이란 내 뜻대로 되지 않는 상태를 말한다. 우리는 무상(無常)이 아닌 상(常)을 원하고 무아(無我)가 아닌 아(我)를 원한다. 그런데 세상의 기본적인 속성은 무상이고 무아이기 때문에 우리는 어쩔 수 없이 괴로울 수밖에 없는 존재다.

물론 이렇게 말하면 항변할 것이다. 그래도 세상에는 내 뜻대로 되는 것도 많고, 즐거운 일들도 많은데 왜 하필 불교에서는 부정적인 부분만 부각시키고 있는가. 물론 세상에는 내 뜻대로 되는 것도 많고 즐거운 일들도 얼마든지 있다. 그러나 삼법인의 가르침은 그런 개별적인 사건들을 두고 하는 말이 아니라 삶 전체를 놓고 설해진 가르침이다. 우리 삶의 수많은 즐거움들을 무시하자는 것이 아니라 본질적으로 삶 전체를 놓고 냉정하게 생각해 보자는 것이다.

우리는 사랑하는 이성을 만나 행복해질 수 있다. 또한 대학에 합격하거나, 멋진 직장에 취직하거나, 진급을 하거나, 좋은 친구를 사귀거나, 많은 돈을 벌거나, 좋은 집을 살 수도 있다. 우리 삶에서 행복하고 즐거운 것들은 넘쳐난다. 그러나 그 어떤 것도 그 순간 즐거움을 전해줄 수는 있지만, 그 즐거움을 언제까지고 계속된 즐거움으로 가져갈 수 있는 사람은 없다. 그 모든 것들은 끊임없이 변해가고 언젠가는 소멸되고 만다. 그것은 어쩔 수 없는 이 세상의 법칙이다.

사랑하는 사람을 만나 물론 행복한 순간을 누릴 수도 있지만, 헤어질 수도 있고, 그 사랑이 변할 수도 있으며, 심지어 배신과 질투와 증오의 결말을 맞을 수도 있다. 물론 결혼을 해서 행복하게 살 수도 있겠지만 그렇다고 하더라도 100년도 안 되는 짧은 시간 안에 우리는 삶과 죽음이라는 이별의 강을 건너지 않을 수 없다. 돈도, 명예도, 권력도, 직장도, 집도, 차도, 친구도 모든 것들은 다 변하며 변화의 끝은 이별이고 소멸이다. 사람은 생로병사하고, 물질은 생주이멸하며, 우주도 성주괴공할 수밖에 없는 것이 이 우주의 이치이자, 삼법인의 법칙이기 때문이다. 그러니 결국 우리 모두는 괴로움을 맞이하지 않을 수 없는 것이다.

우리가 느끼는 여덟 가지 괴로움

이처럼 무상하고 무아인 것은 언제나 고일 수밖에 없다. 그렇다면 우리가 느끼는 괴로움이란 어떤 것들이 있을까? 대표적인 괴로움을 불교에서는 사고(四苦), 팔고(八苦)로 분류하고 있다. 즉, 사고(四苦)란 나고 늙고 병들고 죽는 생로병사(生老病死)라는 인간의 근원적인 괴로움을 말하고, 여기에 다시 애별리고(愛別離苦), 원증회고(怨憎會苦), 구부득고(求不得苦), 오음성고(五陰盛苦)를 포함시키면 여덟 가지의 괴로움인 팔고가 되는 것이다. 사고팔고를 하나하나 살펴보자.

생고(生苦) - 태어남의 괴로움

첫째는 생고(生苦)로, 언뜻 생각해 보면 태어나는 것이 어떻게 괴로움일까 싶지만 가만히 사유해 보면 생(生)이야말로 노병사의 직접적인 원인이 된다는 것을 알 수 있다. 즉, 태어나기 때문에 존재의 모든 괴로움이 시작되는 것이다. 태어남이야말로 육도윤회라는 중생세간의 원인이요, 노병사의 직접적인 원인이 아닐 수 없다.

이렇듯 노병사를 비롯해 팔고 중 나머지 일곱 가지 괴로움의 직접적인 원인이라는 데에도 생의 괴로움이 있지만 태어남 그 자체 또한 고통임을 경전에서는 말하고 있다. 『중아함경』「분별성제품」에서는 "태어남의 고통이란, 이른바 중생이 태어날 때 온몸과 마음으로 고통을 받고 두루 느낀다는 것으로, 태어날 때는 몸과 마음이 뜨겁게 번뇌하며 근심하면서 두루 고통을 받고 느낀다. 이것이 태어남의 고통을 말하는 이유이다"라고 설하고 있다. 이처럼 태어나는 순간 몸과 마음은 열과 번뇌와 근심으로 큰 고통을 두루 받고 느낀다.

『농부와 산과의사』라는 책에서는 요즘 산부인과가 분만을 할 때 과도한 촉진제 및 진정제 투여, 옥시토신 투여, 마취제 투여, 회음수술, 제왕절개와 같은 의료적 개입으로 인해 오히려 자연스러운 분만을 어렵게 만들며, 태아에게 있어서도 그러한 산업적 출산의 문제점들은 너무나도 큰 탄생의 괴로움을 안겨준다고 말하고 있다. 이처럼 현대의학이 발전하고 산업적인 출산이 계속되면서 오히려 탄생은 더욱 큰 괴로움으로 변해버렸다.

노고(老苦) - 늙는 괴로움

둘째는 노고(老苦)로, 늙는 것은 괴로움이라는 뜻이다. 역사 이래로 수많은 사람들이 늙지 않으려고 애를 써 왔고, 불로장생의 꿈을 꾸어

왔지만 인류 역사상 단 한 사람도 늙음에서 벗어난 사람은 없다. 그런 사람들의 늙지 않기 위한 염원을 반영하듯, 세상에서는 온갖 의학과 과학적 지식을 총 동원하여 늙지 않는 방법을 연구하고 온갖 노화방지 약품과 물질들을 선보이고 있으며, 나아가 젊어지기 위한 온갖 종류의 성형수술까지 마다하지 않고 있다.

이 모든 것들이 늙지 않으려는, 늙는 괴로움에서 벗어나려는 피나는 노력이겠지만 그 모든 노력은 삼법인이라는 진리 앞에서 허망한 짓이 되고 만다. 누구나 늙을 수밖에 없고, 나이 들어 갈 수밖에 없으며, 우리는 그 사실을 받아들이지 않을 수 없다. 이 세상 모든 것은 무상하여 변화할 수밖에 없으며, 그 어떤 사람에게도 젊음은 고정되어 있지 못하다는 것이 무아의 이치이다. 삼법인의 진실을 받아들이는 자는 늙음을 자연스럽게 받아들이지 않을 수 없다. 그에게 늙어간다는 것은 아주 자연스럽고도 진리다운 여법한 삶의 모습이다.

사실 늙어가는 것, 썩어가는 것은 아름다운 것이다. 늙고 썩지 않는다면 얼마나 끔찍하겠는가. 사람은 늙어가고, 물질은 썩어가고 부식되고 부패되어 감으로써 이 세상은 순환에 따른 조화로운 아름다움을 유지하며, 우리들 또한 새로운 삶의 준비를 위해 다음 발을 내디딜 수 있는 것이다.

이 세상의 진리는 무상과 무아라는 이치를 벗어날 수 없다. 그렇다면 우리에게 주어진 가장 지혜로운 삶의 방식은 늙어가는 것을, 변해가는 것을 있는 그대로 받아들이고 인정하며 완전히 수용하는 것이다. 존재의 소멸을 인정하고, 나이 듦의 지긋한 향기를 즐기는 것이다.

앞에서 어리석은 중생의 눈에는 일체개고가 지혜로운 부처의 눈에는 열반적정으로 바뀐다고 했다. 어리석은 중생의 눈으로 보면 늙어가는 것은 분명 괴로움이지만, 지혜로움에 눈뜬 수행자의 눈에 늙어가는 것은 지극히 자연스러운 것이며, 애써 거부해야 할 것이 아니다.

내 삶에 가장 중요한 때는 바로 지금이지 다른 때가 아니다. 이미 지나간 과거의 젊음도 아니요, 아직 오지 않은 미래의 부유한 노후도 아닌 다만 지금 이 순간이야말로 내 삶의 가장 빛나는 순간이다. 수행자에게 늙음은 없다. 다만 매 순간 순간 새롭고 빛나는 삶이 있을 뿐이고, 우리는 날마다 그 새로운 순간을 새롭게 살아내면 될 뿐이다.

병고(病苦) - 병드는 괴로움

병고란 말 그대로 병으로 인한 괴로움이다. 몸이 아프다는 것은 늙는 것보다도 더욱 직접적인 괴로움과 고통을 가져다 준다. 『중아함경』 「분별성제품」에서는 병에 대해 "병이란 이른바 두통, 눈·귀·코의 통증, 얼굴의 통증, 입술의 통증, 치통, 혀의 통증, 잇몸의 통증, 목구멍의 통증, 숨찬 병, 기침, 구토, 목경색, 간질, 종기, 경일, 객혈, 고열, 마르는 병, 치질, 설사 등의 각종 병이 접촉에서 생겨 마음을 떠나지 않고 몸 속에 있는 것을 말한다"고 언급하고 있다.

여기에서는 온갖 병이 접촉(更樂觸)에서 생긴다고 함으로써 우리 몸과 몸의 각종 기관들이 각각 그 기관에 상응하는 대상, 환경을 접촉함으로써 병이 생겨남을 설하고 있다. 우리 몸의 눈·귀·코·혀·몸과 몸의 각종 기관들이 그에 상응하는 대상을 비정상적으로 접촉하는 데서 병이 생겨나며, 나아가 우리의 마음이 생각의 모든 대상을 접촉할 때 스트레스와 번뇌 등의 방법으로 접촉하게 될 때 마찬가지로 병이 생겨나는 것이다.

물론 병고는 과거와 요즘이나 차이 없이 누구에게나 해당되는 고통이지만 특히 요즘처럼 우리 몸이 접촉하는 대상인 환경이 급속하게 오염되어 있을 때는 더욱 오염된 환경과의 접촉을 통해 수많은 병고가 생겨날 수밖에 없다.

일본의 암 및 알레르기 전문의인 슈토 히로시 박사는 이를 '생활환경병'이라고 규정했는데, 이는 곧 생활환경의 악화가 결국 사람들의 건강을 해치고 각종 질병을 유발하는 원인이라는 것이다. 예를 들어 요즘 유행처럼 어린이들 사이에서 번지고 있는 아토피성 피부염이나 새집 증후군, 화학물질 과민증, 만성피로 증후군 같은 것들이 현대인을 병고에 시달리게 하고 있으며, 비료·농약·제초제로 키워진 야채나 성장촉진제·호르몬제·항생제 등으로 키워진 가축의 고기 또한 우리 몸에 축적되면 각종의 생활환경병에 영향을 준다.

이처럼 병고는 태어난 모든 이들이라면 공통적으로 겪어야 하는 대표적인 괴로움이다. 물론 사람에 따라서 몸과 마음의 건강을 위한 노력 여하에 따라 조금씩 그 강도가 달라질 수는 있지만 병고 없이 생을 마감하는 사람은 드물 수밖에 없다. 특히 이상에서 살펴본 것처럼 요즘 현대인들은 인간에 의해 고안된 개발과 발전의 풍요 속에서 오히려 더욱 큰 병고를 겪고 있다. 의료기술은 나날이 발전하고 있지만 그보다 더 빠른 속도로 온갖 질병이 생겨나고 있으며, 질병으로 인해 죽어가는 인구도 늘어가고 있다. 예를 들어 매년 600만 명의 유아 사망의 직접적인 원인이 되고 있는 영양실조 비율을 보면, 1950년에는 세계인구 25억 명 중 20%가 영양실조였던 데 반해 현재는 세계인구 65억 명

중 57%가 영양실조라고 한다.

　이처럼 예나 지금이나 병의 괴로움은 언뜻 보기에는 의료기술의 발전으로 더 나아진 듯하지만 사실은 더욱 악화되고 있는 실정이다. 그러니 어찌 병드는 것을 괴로움이라 하지 않을 수 있겠는가. 누구나 태어나면 늙고 병들고 결국 죽음을 맞이할 수밖에 없는 것이니, 이러한 현실을 어찌 '일체개고'라고 하지 않을 수 있겠는가.

사고(死苦) - 죽는 괴로움

　죽는다는 것이야말로 인간 최대의 괴로움이다. 내 몸이 소멸되는 것뿐 아니라, 살아 있는 동안 만들어 놓은 재산 등의 온갖 소유물이나 사랑하는 사람, 가족 등과의 영원한 이별을 의미하는 죽음을 괴로움이라고 생각지 않는 이는 없을 것이다. 아마도 다른 모든 고통은 참을 수 있다고 하더라도 죽음을 앞두고 괴롭지 않은 사람은 없을 것이다.

　특히 옛날에는 자기 명대로 살다가 죽은 사람들이 많았다면, 요즘에는 온갖 사고와 재난 즉, 교통사고와 질병과 환경적 재앙으로 인해 죽어가는 이들이 폭발적으로 증가하고 있다. 코넬 대학 David Pimentel 교수와 연구팀이 휴먼 에콜로지 저널에 발표한 바에 따르면, 수질 오염 증가로 학질모기가 증가하여 매년 120만 명에서 170만 명의 인구가 사망하며, 스모그 및 다양한 화학물질로 인한 공기 오염으로 300만 명이, 비위생적 거주환경으로 매년 500만 명이 사망하고 있다고 보고했다. 또한 유엔식량농업기구(FAO)에 따르면 세계 인구 중 만성적인 영양실조에 걸려 있는 인구가 약 8억이며 이 중 2억은 어린이들이다. 개발도상국의 경우에는 지금도 매일 3만 명 이상의 어린이들이 설사, 폐렴, 말라리아, 영양실조 등 충분히 예방할 수 있는 병으로 죽어가고 있다.

일각에서는 과학과 의학 기술의 발달로 사람들의 수명이 연장되고, 출산시 사망률도 많이 낮춰졌다고 하지만, 반대로 의학의 발달로 인해 낙태가 시작되면서 이 세상에 고개조차 내밀어 보지 못하고 죽어간 태아의 수는 태어난 아이의 수를 넘어서고 있다. 국제가족계획연맹의 보고에 의하면 한 해 전 세계 신생아 수는 9천만이고 그 중 낙태로 죽는 태아는 5천 5백만~7천만 명 정도로 추정되고 있으며, 낙태수술을 받다가 사망한 여성만도 20만 명에 이른다. 이처럼 현대는 역사 이래로 유래 없는 대규모의 사망이 진행되고 있다.

이상에서처럼 태어나고 늙고 병들고 죽는 생로병사, 이 네 가지야말로 인간고의 전형이다. 연기에 대한 자각, 무아에 대한 자각, 제행무상과 제법무아에 대한 자각이 선행되지 않는다면 이 네 가지는 언제까지고 우리에게 괴로움일 수밖에 없다. 그러나 연기법과 무아를 깨닫게 된다면 이러한 괴로움의 현실인 '일체개고'가 '열반적정'이라는 대자유의 소식으로 전환될 수 있다.

애별리고(愛別離苦) - 사랑하는 것과 이별하는 괴로움

앞의 네 가지 생로병사의 괴로움이 몸의 괴로움이라면 애별리고와 원증회고, 구부득고는 정신의 괴로움이라고 할 수 있다. 애별리고는 좋아하는 것과 떨어져야 하는 괴로움이다. 사랑하는 사람이나 좋아하는 사물 등 자신을 즐겁고 안락하게 해 주며 삶을 풍요롭게 해 주는 여러 가지 조건이나 상황, 사물이나 사람들과의 헤어짐 혹은 이별에서 오는 고통을 말한다.

좋아하는 것을 가지고 싶고, 좋은 사람과는 늘 함께 하고 싶은 것이 사람의 마음이다. 그러나 좋아하는 것이 생기면 곧 애욕과 집착이 생기고, 애욕과 집착은 우리를 얽어맨다. 물론 언제까지고 애착하는 것을 가질 수 있다면 상관없겠지만, 제행무상의 모든 것은 변화한다는 이치에 따르면 그 어떤 것도 언제까지고 내 것으로 소유할 수 있는 것은 없다. 물질도, 사람도 언젠가는 떠나가게 마련이다. 한 번 만난 것과는 반드시 이별을 고하는 날이 찾아오게 마련이다. 그러나 사람의 마음에서는 그것이 괴롭다. 집착이 있으니 괴로움이 생기는 것이다. 좋아하고 사랑하며 애착하는 것과 헤어져야 하는 데서 오는 괴로움, 이 괴로움을 느껴보지 않은 사람이 어디 있으랴. 애착이 있는 곳에 반드시 애별리고가 있다.

사랑하는 사람과의 이별로 인해 자살까지 하는 사람이 있는 것을 보면 어떤 이에게 애별리고는 죽음보다 더한 고통일 수도 있는 것이다. 이성뿐 아니라 부모, 자식, 형제, 친구들과의 이별 또한 우리를 괴로움으로 몰고 간다. 자식을 잃은 부모님의 고통을 생각해 보라. 이것은 늙고 병들고 죽는 것 이상의 고통이다. 그뿐 아니라, 정치인들의 명예와 권력에 대한 집착과 손에 움켜쥔 권력에서 멀어질 때의 괴로움, 자신의 직장이나 직업 혹은 일터에서 어쩔 수 없이 퇴직하거나 물러나야 하는 데서 오는 괴로움, 좋아하던·사랑하던·애착하던 모든 것들과의 이별에서 오는 괴로움은 결코 노병사의 괴로움보다 하찮은 것이 아니다. 물론 이 또한 애착을 버리고 무집착을 실천한다면 애별리고는 더 이상 고가 아니다. 사람을 만나고 사귀고 사랑하되 거기에 머물지 않는 마음을 낼 수 있다면, 금강경의 사구게 중 하나인 응무소주 이생기심, 마땅히 마음을 내되 머무는 바 없이 마음을 낼 수 있다면 애별리고는 없을 것이지만, 아직 깨닫지 못한 중생의 입장에서 애별리고는 죽을 때까지 우리를 따라다니며 우리를 괴롭힌다.

원증회고(怨憎會苦) - 미워하는 것과 함께하는 괴로움

원증회고는 애별리고와 반대되는 괴로움으로 싫어하는 것이나 싫어하는 사람과 어쩔 수 없이 만나야 하는 괴로움을 말한다. 싫어하는 것을 해야 하는 것, 싫어하는 사람과 함께 있는 것이란 얼마나 큰 괴로움인가. 싫은 것, 나쁜 것, 보고 싶지 않은 것, 더럽고 추한 것, 하기 싫은 것, 춥고 더운 것 등의 온갖 싫어하는 것과 함께하는 것이야말로 인간 정신이 느끼는 가장 큰 괴로움일 것이다.

군 생활이나 직장 생활을 예로 들어 보자. 군대에서 정말 싫고 미운 선임병과의 생활이 얼마나 많은 이들을 괴로움으로 몰아넣고 있는가. 직장 생활에서도 마찬가지다. 밉고 증오스러운 직장 상사일지라도 어쩔 수 없이 먹고 살기 위해서는 함께 생활해야 하고, 잘 보이려 애써야 하고, 심지어 집에 있는 처자식을 생각하면 어쩔 수 없이 고개 숙이고 때로는 아부도 떨어야 하는 자신의 모습을 볼 때 고통을 넘어 자괴감까지 생겨난다.

싫어하는 사람뿐 아니라, 싫어하는 직장 생활, 싫어하는 직업, 싫어하는 공부, 싫어하는 상황과 인연으로 인해 고통 받는 이들도 있다. 에티오피아, 소말리아, 인도, 아프리카, 북한 등의 제3세계 국가에서는 전쟁과 기아와 굶주림으로 인해 하루에도 3만 5천 명가량의 다섯 살

미만 어린아이들이 죽어간다고 한다. 끝없이 전쟁의 고통과 함께 해야 하고, 하루하루 먹고 살 끼니 걱정에 시달려야 하며, 전염병과 각종 질병의 고통에 고스란히 노출되어 있고, 자연환경적으로도 풀 한 포기 나지 않는 저주받은 땅에서 아무리 싫어도 버텨내야 하고, 아무리 괴로워도 살아내야 하는 그런 이들의 원증회고는 그야말로 죽음과 다름없는 고통일 수밖에 없을 것이다.

이상에서처럼 원증회고란 우리 삶에서 다양한 방향으로 나타나 우리 삶을 고통스럽게 만든다. 어쩌면 일상적인 삶에서 가장 표면으로 드러나는 대표적인 괴로움의 형태가 바로 원증회고일 것이다.

구부득고(求不得苦) - 얻지 못하는 괴로움

구부득고는 구하고자 하지만 얻지 못하는 괴로움이다. 인간의 욕구는 끝이 없다. 한 가지 바라는 것이 이루어졌으면 그것에 만족하기보다는 또 다른 바라는 바를 만듦으로써 만족보다는 욕구를 선택한다. 좋아하는 사람, 물건, 재산, 명예, 권력, 지위, 출세, 행복, 건강 등 나의 이상을 확인시켜 주고 달콤하며 편안한 모든 것들을 얻고자 하고 바라지만 마음대로 구할 수 없는 데서 괴로움은 시작된다. 그야말로 끊임없는 인간 욕구를 다 채울 수 없다는 것은 괴로움이다.

사람들의 욕망은 끊임없이 새로운 것을 구하며 얻고자 한다. 한 가지 욕망이 충족되면 거기에 대한 만족은 잠시뿐이고 또 다른 새로운 욕망이 새로운 것을 구하고자 한다. 이러한 욕망은 죽을 때까지 계속되다가, 결국 단 한 번도 얻고자 하지 않았던 죽음의 순간이 찾아온다. 죽기 직전까지 욕망 추구의 삶은 계속된다.

이 세상은 사람이 얻고 싶다고 다 얻을 수 있는 곳이 아니다. 저마다의 수많은 사람들의 욕망은 끝도 없는데, 이 세상은 한정되어 있으니 어찌 구하고자 하는 것을 다 이룰 수 있겠는가. 그러면서도 사람들은 끝까지 구하는 것을 포기하지 못한다. 어찌 되었든 죽음을 무릅쓰고서라도 더 많이 얻고, 더 많이 가지려고 애쓴다. 그 모든 구하고자 하는 욕망은 아상(我相)에서 온다. 아상과 아집이 있는 이상, 인간의 욕망 추구의 삶은 끝나지 않는다. '나'라는 존재가 있고, '내 것'이라는 아집이 있는 이상 '내 것'을 늘려 나가려는 욕망은 멈출 수 없다. 그러나 '내 것'을 늘려나가려는 끝없는 욕망이 있는 이상 구부득의 괴로움은 계속될 수밖에 없다는 것이 진리의 모습이다.

우리의 얻고자 하는 욕망이 얼마나 모순된 것인지를 보라. 인간은 건강한 삶을 추구하면서 동시에 건강하지 못한 생활습관과 식습관에 길들여져 있다. 건강한 몸을 이루고자 하면서 입맛에만 길들여진 잘못된 식욕을 절제하지 못하고 있다. 튼튼한 몸을 꿈꾸면서 몸을 움직이기 싫어 운동도 노동도 포기하고 만다. 깨달음을 얻고자 하면서도 정작 자기집착과 욕심을 버리지 못한다. 맑고 청량한 공기와 자연환경을 얻고자 하면서 동시에 물질적인 풍요와 개발과 발전에서 오는 문명의 이기를 포기하지 못한다. 숲을 보호해야 한다고 하면서 동시에 산을 깎아 아파트를 짓는 것에 쉽게 동의한다. 지역경제를 살리고, 농촌을 살려야 한다고 하면서 동시에 대형할인매장이 들어오는 것을 한 단계 높아진 문화생활이라고 열광한다. 서로 상반된 두 가지를 동시에 얻고자 하는 어리석은 욕망의 실체를 보라. 이 얼마나 어리석은 생각들인가. 인간은 두 가지 모두를 얻고자 하지만 현실은 그 두 가지를 모두 가질 수 없게 되어 있다. 이런 모순을 알면서도 결코 그 두 가지를 포기하지 못하는 어리석음이 구부득고를 더욱 부채질하고 있다.

구하고자 하는 것은 모두 괴로움이다. 지금 이 자리에서 현재 나에게 주어진 것에 만족하고 자족하지 않는 이상 구부득고는 계속될 것이다. 구한다는 것은 곧 지금은 부족하다는 결핍을 의미한다. 그것은 곧 고통일 수밖에 없다.

사실은 지금 이 자리야말로, 지금 내가 가진 것 그대로, 지금 이 상황 이 소유 그대로야말로 최고의 순간이며, 최선의 선택이고, 법계라는 진리의 부처님께서 나에게 맡기신 최상의 순간이라는 것을 받아들일 수 있어야 한다. 그것을 받아들이지 못하는 이상 구부득고는 언제까지고 나를 괴롭힐 것이다.

오음성고(五陰盛苦) - '나'에 집착하는 괴로움

경전에서는 인간의 괴로움을 사고팔고라고 하여 여덟 가지로 나누어 놓고 있으나, 생로병사 네 가지와 애별리고, 원증회고, 구부득고라는 앞의 7가지 괴로움을 요약하여 종합하면 결국 오음성고라는 한 가지로 귀결된다고『증일아함경』「사제품」에서는 말하고 있다. 앞의 생로병사는 육체적인 괴로움이며, 애별리고·원증회고·구부득고는 정신적인 괴로움인 반면에 오음성고는 육체적·정신적인 괴로움 모두를 포함하고 있다.

오음에 대해서는 뒤에서 다시 자세히 살펴볼 것이므로 여기에서는 간략하게만 살펴보자. 오음이란 오온을 말하는 것으로 색·수·상·행·식이며, 이 세계를 이루고, 나를 이루는 다섯 가지를 말한다. 쉽게 말해 여기에서 말하는 오음은 '나'를 구성하는 요소를 말한다. 즉 사고팔고의 모든 괴로움은 결국 '나'라는 집착, 아집에서 나온다는 것을 의미한다.

'나'가 있기 때문에 내가 늙는 것이 괴롭고, 내가 병들고 죽어가는 것이 괴로운 것이다. 또한 내가 사랑하는 사람과 헤어지며, 미워하는 사람과 만나는 것도 나다. 구하는 것을 얻고자 하는 주체도 나인 것이다. 이렇듯 모든 괴로움은 '나'라는 데 대한 집착에서 시작되는 것이다.

삼법인에서 살펴보는 것과 같이 오온, 즉 '나'는 무아이며, 고정된 실체로서 존재하는 것이 아니다. 그러나 우리는 내가 실체하는 것으로 착각하기 때문에 바로 그 나에 대한 집착, 즉 '나라는 아상이 무성하게 올라오는 데서 오는 괴로움' 즉 오음성고를 느끼는 것이다.

이와 관련하여 『중아함경』 「분별성제품」에서는 다음과 같이 말하고 있다. "현자들이여, 오음성고를 설하는 이유는 무엇인가. 이른바 색·수·상·행·식 그 자체는 이미 괴로움이라는 것이다. 이런 까닭에 오음성고를 설하는 것이다." 즉, 오온(五蘊) 그 자체가 곧 괴로움이라는 의미다. 자기 존재로 취해진 색·수·상·행·식이 각각 괴로움이라는 것으로, 이는 다시 말하면 자기 존재가 곧 괴로움이라는 의미이다.

생로병사의 괴로움도 결국은 '나'라는 존재가 나고 늙고 병들고 죽는다는 생각에서 비롯된 것이며, 애별리고와 원증회고, 구부득고 또한 '나'라는 존재가 좋은 것을 만나고 싶고, 나쁜 것에서 멀어지고 싶으며, 원하는 바를 얻고 싶다는 생각에서 비롯된 것이기에 이 모든 앞의 7가지 괴로움은 결국 '나'라고 하는 치성하는 오온(五蘊)에서 생겨나는 것이다.

괴로워서
고마워

괴로움의 종류에 대해 살펴보았지만, 사실 우리가 이러한 괴로움에 대해 한 가지 알아야 할 사실이 있다. 괴로움이 생기는 것이 문제가 아니라 괴로움이 생기는 것을 문제라고 여기는 바로 그 마음이 가장 큰 괴로움을 가져 온다는 사실이다. 괴로움 없는 삶이야말로 사실은 가장 큰 문제다. 우주법계는 다양한 삶의 괴로움들을 통해 우리를 깨어나게 한다. 괴로움이 생기는 유일한 목적은 오로지 당신을 깨닫게 하기 위함이다.

큰 괴로움이 생겼을 때 업장이 두텁다고 여기며 스스로 자책할 필요는 없다. 업보는 단순한 구조적 요소일 뿐, 그 이면의 진실은 당신이 깨닫기를 바라는 무한한 자비에 있기 때문이다. 업보가 많아서 괴로운 일이 나에게만 생기는 것이라고? 그건 인과응보적 발상이기는 해도, 표면적인 이해일 뿐이다. 더 큰 의미는 따로 있다. 당신은 업보가 많아서 괴로운 것이 아니다. 그런 걱정일랑 할 필요가 없다. 당신에게 괴로움이나 문제가 오는 유일한 이유는 당신에게 이제 비로소 삶을 깨닫고 배우기 위한 기회를 주고자 하는 것이다. 그것이 가장 깊은 모든 문제와 고(苦)의 이유다.

이 우주법계는 당신이 생각하는 것처럼 그렇게 두려운 곳이 아니다. 당신은 당신이 생각하는 것처럼 그렇게 나쁜 존재가 아니다. 당신이 나쁜 사람이기 때문에 당신에게 괴로운 일들이 자꾸만 생겨나는 것이 아니다. 그런 고민을 부여잡고 두려워하던 마음을 이제 가볍게 내려놓고, 완전히 안심해도 좋다. 사실, 우리 삶에는 아무런 문제도 고(苦)도 없다. 내가 괴로움을 문제라고 문제 삼기 전까지는.

내가 가진 해결해야 할 괴로운 문제들을 한번 적어 보라. 골칫거리들과 생각만 해도 괴로운 것들을 적어 보라. 그 모든 괴로움의 목록을 유심히 살펴보다 보면, 사실은 내 바깥에 실제로 괴로움이 있는 것이 아니라, 내 안에서 그것들을 괴롭다고 '인식'했을 뿐임이 밝혀질 것이다. 중요한 사실은 내가 괴롭게 해석해서 보면 그것은 내게 와서 괴로운 경계가 된다는 점이다.

이런 방식으로 그동안 우리는 스스로의 문제들을 만들어 내고 있었던 것이다. 괴로운 문제의 목록을 향해 가볍게 소리쳐 보라. 심각해 하지 말고, 그저 가볍게 말이다.

"왔나? 친구! 또 무엇을 가르쳐 주려고 왔지? 네가 누구인지는 모르겠지만, 있을 만큼 있다가 가고 싶을 때 가도록 해! 내 존재 위를 오고 가는 것을 허락해 줄게."

우리는 단지 흥미로운 마음으로 그것이 내게 가져다 줄 깨달음과 배움과 교훈들을 농부의 마음으로 수확하기만 하면 된다. 물론 그 배움과 깨달음의 학습은 일종의 게임과 같아서 잘 풀릴 때도 있지만 잘 안 풀릴 때도 있고, 겉으로 보기에 괴로울 때도 있다.

그러나 부처님께서 우리에게 가르쳐 주신 귀한 가르침은, 거기에 속지 말라는 것이다. 그건 단지 '그렇게 보이는 것일 뿐'이지, 진짜로 그런 것은 아니다. 괴로움, 고통, 아픔 그게 뭐라고 그 가짜를 받아들이지 못해 안달복달하며 심각하게 괴로워하는가 말이다. 그건 잠시 스쳐

지나가는 우리 인생의 박진감 넘치는 장치들일 뿐이며, 게임의 요소들일 뿐이다.

인생에서 심각하게 괴로워할 것은 아무것도 없다. 다 가짜이기 때문이다. 모두가 무상한 것이고 무아인 것이 아닌가. 계속되는 괴로움이 아니라 잠시 스쳐가는 것일 뿐이며, 더욱이 실체적인 진짜 괴로움이 아니다.

그러니 이제부터는 괴로움이 생겨날 때, 가만히 마음을 살펴보라. 그것을 '괴로움'이라고 낙인찍고 있는 순간을 발견해 보라. 이제부터는 바로 그 순간, 미소를 지으며, '이것은 나에게 어떤 교훈을 주려고 왔을까?' 하고 흥미롭게 받아들여 보라.

바로 그러한 습관적인 문제 양산에서 받아들임으로의 '대 전환의 순간' 당신의 내면에서는 웃음이 터져 나올 것이다. 우주법계가 함께 파안대소할 것이다. 이것이 바로 이 우주법계가 우리를 깨닫게 하는 방식임을 이제서야 눈치 챈 것이다!

이것이야말로 '지혜'를 주기 위한 '자비'의 계획이다. 붓다는 바로 '지혜'와 '자비'를 깨달은 분이 아닌가. 우주는 고해(苦海)라는 인간계의 반어적 구조를 통해 아이러니하게도 지혜와 자비를 씨뿌리고 있는 한없이 자비로운 법신이요, 법계다. 그 모든 삶의 괴로움에도 불구하고, 이제 그만 '안심'하고, 분별없이 모든 것을 진리에 내맡기고 수용해 보라. 바로 그 괴로움 속에서 지혜와 자비를 깨달으라. 그것이 바로 괴로움이 내게 온 목적이니.

무집착 :
일체개고, 삼법인의 생활 실천

앞에서 언급한 것처럼 일체개고, 즉 인간이 괴로운 이유는 나라는 오온에 집착하기 때문이다. 여덟 가지의 괴로움이 결국에는 '나'라는 아집(我執), 오온의 집착에서 생겨난다. 내가 늙지 않고 싶은 것에 집착하고, 병들고 싶지 않은 건강한 몸에 집착하고, 죽고 싶지 않은 데 집착하며, 사랑하는 이와 늘 함께 하고자 하는 데 집착하고, 미워하는 이와는 멀어져야 한다는 마음에 집착하고, 얻고자 하는 것을 얻어야 한다는 집착을 가지고, 결과적으로 '나'라는 오온에 집착하기 때문에 괴로운 것이다.

이처럼 우리의 모든 괴로움은 바로 집착에서 온다. 일체개고라는 현실의 통찰은 바로 모든 인간이 집착하고 있다는 전제 속에서 진리인 것이다. 인간은 누구나 나라는 것에 집착하고 그렇기 때문에 그런 집착이 남아 있는 동안은 누구나 '일체개고'일 수밖에 없는 것이다.

그렇다면 일체개고라는 괴로움의 현실을 넘어 고가 타파된 영원한 즐거움에 이르려면 어떻게 해야 하는가. 그것은 간단하다. 바로 집착을 놓아버리면 된다. 그래서 모든 스승, 역대의 조사스님들께서는 한결같이 '놓아버려라', '비우라'고 하면서 끊임없이 '무집착', '방하착(放下着)'을 역설했다. '붙잡아서 괴롭다면 놓아버려라' 이 얼마나 단순하고도 명쾌한 가르침인가. 놓아버리면 모든 문제가 해결된다.

그러면 문제는 끝났는가. 모든 괴로움을 없앨 수 있는 분명한 가르침이 주어졌으니 이제 행복한가. 그렇지 않다. 여기에서 아주 중요한 문제가 하나 발생한다. 집착을 놓아버려야 하는 것은 알겠는데, 도대체 '어떻게' 집착을 놓아버릴 수 있는가 하는 문제다.

아주 기본적으로, 집착을 놓아버리려면 먼저 내가 집착하고 있던 바로 그 집착의 대상이 '그다지 집착할 만한 것이 아닌 것'이 되면 가능해 질 것이다.

집착하면 무언가가 나올 줄 알고, 그로 인해 나에게 아주 좋은 것이 있을 줄 알았는데, 알고 보니까 그것이 집착할 만큼 매력적인 것이라거나, 집착할 만큼 그렇게 오래도록 항상하는 것이 아니었다는 것을 알게 되면 당장에 그 집착을 버릴 수 있을 것이라는 말이다. 안 그런가? 집착할 아무 이유도, 매력도, 가치도 없는 것에 어느 바보가 집착을 한단 말인가.

그러면 어디 한 번 생각해 보자. 현재 내가 집착하고 있는 것들이 내가 생각하는 것처럼 정말로 과연 집착할 만한 가치가 있는 것들일까? 내가 집착하고 있는 대상은 여러 가지가 있을 수 있다. 사람에 대한 집착, 사랑에 대한 집착, 물질에 대한 집착, 생각에 대한 집착, 종교에 대한 집착, 나에 대한 집착, 생명에 대한 집착, 돈과 명예, 권력, 지위 등에 대한 집착 등 아주 다양하다. 내 생각에 그런 것들이 '집착할 만한 가치가 있는 것'이었기 때문에 내가 그것에 그렇게 집착을 하고 있었던 것이다.

이런 집착의 대상들이 사실은 집착할 만한 것이 아니라는 사실을 사유해 보기 위해 이 모든 것들의 특징을 한번 살펴보자. 이상에서 언급했던 집착의 대상들은 어떤 특징을 가지고 있을까? 바로 제행무상과 제법무아라는 특징을 가지고 있다.

먼저 가장 큰 첫 번째 특징은 제행무상이다. 모든 집착의 대상은 언젠가는 소멸되어 없어진다는 말이다. 집착이란 언제까지고 내 것으로 만들고 싶어 하는 마음이다. 그런데 그 모든 집착하는 것들은 언제까지고 내 곁에 있어주지 않는다. 여기에서 바로 아주 중요한 삶의 본질이 드러난다. 우리가 집착하는 모든 것은 변하며(제행무상), 그렇기에 우리가 무언가를 집착한다는 것은 곧 괴로움을 동반할 수밖에 없다는 사실(일체개고)이다. 집착은 반드시 괴로움을 몰고 온다. 이것이야말로 영원한 진리이다.

두 번째 특성은 제법무아로, 집착하고 있던 대상들은 '고정된 실체가 없다'는 점이다. 우리가 어떤 것에 집착하는 이유는 그것이 우리에게 무언가를 가져다 준다고 믿기 때문이다. 예를 들어 어떤 높은 명예나 지위에 집착하고 있다면 내가 그 지위에 오르는 순간, 우리는 나와 그 지위를 동일시하곤 한다. 나의 정체성이 바로 그 지위가 된다고 착각한다. 그리고 그 지위라는 정체성이 나를 높여준다고, 나에게 많은 것을 안겨준다고 착각을 하게 된다. 그럼으로써 우리는 '나 자신의 어떤 실체성'을 경험하게 된다. '내가 진짜로 있다'는 경험을 하게 되는 것이다.

그러나 애석하게도 거기에 나라는 어떤 실체적인 것은 없다. 그런데도 우리는 그것을 '나'라고 착각한다. 예를 들어 내가 사장이나 국회의원이 되었다고 생각해 보자. 그 때 우리 안에는 '사장'이요, '국회의원'이라는 자기정체성이 생겨나고, 나와 '사장'을 동일시하며, 나의 실체성이 '사장' 혹은 '국회의원'이라고 착각하게 된다. 내가 어떤 그럴싸한 직업을 가진 사람이며, 내가 어떤 위치에 오른 사람이라고 스스로를 동일시하게 된다. 그러나 사장이라는, 국회의원이라는, 선생님이라는, 성직자라는, 부자라는 그 이름에 어떤 실체성은 없다. 그것은 다만 이름일 뿐이고, 하나의 상징일 뿐이다. 그저 그렇게 이름붙이기로 약속했을 뿐인 것이다. 그렇게 약속했다고 해서 그것이 내가 되는 것은 아니다.

우리가 어떤 대상에 집착하는 이유는 그것이 어떤 고정된 것이어야 하고, 실체적인 것이어야 하며, 그로 인해 우리에게 실질적인 어떤 것을 안겨 주어야 한다. 고정된 실체가 없는 대상이라면 그야말로 아지랑이 같고, 환영 같으며, 신기루 같아서 겉만 그렇게 보일 뿐 실제로는 그렇지 않은 것인데 거기에 집착할 이유가 있겠는가? 없다!

사실 우리가 지금까지 지키려고 애써왔고, 가지려고 애써왔으며, 목숨 걸고 지켜왔던 그 모든 집착의 대상들은 이러한 제행무상과 제법무아라는 두 가지 속성을 가지고 있다. 삼법인의 가르침에서 보면 제행무상과 제법무아인 모든 것들은 일체개고일 수밖에 없다. 그런데도 사람들은 무상과 무아인 대상에 대해 집착을 함으로써 고(苦), 괴로움을 만들어 내고 있는 것이다. 이것이 바로 삼법인이라는 가르침의 핵심이다.

내가 그동안 집착하고 있던 것이 무엇이었는지를 삶 속에서 살펴보라. 그리고 낱낱이 그것의 무상성과 무아성을 사유해 보라. 무상과 무아를 사유하게 되면 저절로 그것에 집착하는 것은 곧 괴로움이라는 것이 증명될 것이다. 이렇게 해서 그것이 사실은 집착할 만한 것이 아니었음이 증명되면 저절로 그동안 붙잡고 있었던 것들을 놓아버릴 수 있게 된다.

열반적정 涅槃寂靜

•
괴로움이 진리인가?
열반이 진리인가?

앞에서 삼법인에 대해 살펴보았다. 앞에서 살펴본 제행무상과 제법무아는 모든 존재에 대한, 나아가 이 우주에 대한 기본적인 통찰이요, 특성임을 알았다. 그렇기 때문에 제행무상과 제법무아를 삼법인에서 제외시키는 경우는 없지만, 세 번째 법인이 무엇이냐 하는 점에서는 엇갈리곤 한다. 열반적정을 넣자니 일체개고 또한 빠질 수 없는 법인이라 삼법인을 넘어 사법인(四法印)을 설하게 된 것이다. 그러면 과연 이 두 가지, 열반적정과 일체개고는 어떤 관계인가? 결론적으로 말하면 무상과 무아라는 두 가지 법인에 대한 깨달음과 통찰의 유무에 의해 나뉜다고 볼 수 있다.

무상과 무아라는 진리를 깨닫지 못한 중생들은, 대상이 항상하며 실체적인 것으로 여기기 때문에 그 대상에 집착하고, 집착하기 때문에 괴로움이 생겨난다. 이렇듯 무상과 무아를 깨닫지 못한 중생들에게는 이 세상이 곧 '일체개고'가 되는 것이다. 그러나 무상과 무아를 분명히 깨달아 안 사람은 그 어떤 대상도 항상하지 않고 고정된 실체가 아니라는 것을 알기 때문에 집착하지 않는다. 그는 이제 모든 속박, 구속, 번뇌, 집착, 욕망으로부터 자유롭다. 바로 이렇게 무상과 무아를 바로 깨달아 모든 욕망과 번뇌, 구속에서 벗어날 때 우리는 고요한 적정(寂靜)의 상태인 열반(涅槃)에 이를 수 있는 것이다.

그러니 이처럼 일체개고와 열반적정은 서로 다른 특성이라기보다는, 앞의 두 가지 법인인 무상과 무아에 대한 바른 이해와 깨달음의 유무와 관련된 법인인 것이다. 무상과 무아를 깨닫지 못했을 때는 일체개고일 수밖에 없고, 무상과 무아를 완전히 깨달았을 때 열반적정의 특성이 드러나는 것이다.

세 가지만 없으면
열반

열반이란 무상과 무아를 완전히 체득한 경지다. 그런데 연기되어진 모든 것은 곧 삼법인의 특성을 가진다. 그렇다면 열반이란 무상과 무아를 완전히 체득한 경지이면서 동시에 연기법을 완전히 체득한 경지를 말한다고 볼 수 있다.

연기와 무상과 무아를 깨닫는다는 것은 무엇인가? 그것은 이 세상은 끊임없이 인연 따라 변화하는 비실체적인 것들의 모임이라는 것을 깨닫는 것이다. 그러나 우리 눈에는 그것이 실재하는 것처럼 보이고,

항상하는 것처럼 보일 수도 있다. 당장에 세상은 그렇다 치더라도, 이렇게 살아 숨쉬며 생각하고 느끼고 행동하며 말하는 생생한 '나'라는 존재가 있지 않은가. 사실 우리는 '나'라는 어떤 고정적인 실체가 있다고 생각하니까 '나'에 집착하고, '내 것'에 집착하며, '내 생각'에 집착하는 등 끊임없는 아상(我相)과 아집(我執)에 사로잡혀 있는 것이다. '나'라는 상을 내세우고 집착하는 것이야말로 모든 문제의 시작이다.

아상과 아집은 모든 번뇌의 근본인 탐진치(貪瞋痴) 삼독(三毒)을 가져온다. 탐내고, 성내고, 어리석은 세 가지 독소를 우리에게 가져온다. '나'와 '내 것', '내 생각'에 집착하기 때문에 탐욕과 집착이 생겨난다. 내 것을 더 많이 늘리려 하고, 쌓아나가려 하는 탐심이 생겨난다. 또한 모든 것을 내 맘대로 하고 싶어 하는 생각과 견해에 대한 탐심도 늘어난다. 뿐만 아니라 내 것으로 소유하고 싶지만 그렇게 되지 않을 때, 내 생각대로 하고 싶지만 그렇게 되지 않을 때, 나에게 누군가가 욕을 하거나 비난을 할 때도 내 안에서는 불길처럼 화가 들끓는다.

이처럼 아상과 아집이 있을 때 우리 안에서는 진심(瞋心)이라는 화가 일어난다. 이처럼 무아를 모르는 데서 아상이 생겨나는데 이렇게 실체적인 자아가 없다는 무아의 이치를 모르고 '나', '내 소유', '내 생각' 등이 있다고 고집하는 그것이 바로 치심(癡心) 즉 무지(無智)이다.

이렇게 연기와 무상과 무아의 진리를 깨닫지 못하면 어리석은 치심이 일어나고 치심은 곧 탐심과 진심을 가져온다. 이렇게 탐진치 삼독이 생겨나고 이렇게 생겨난 삼독은 더욱 더 우리를 옭아매며, 구속하고, 괴롭히는 것이다.

우리 삶의 모든 문제를 살펴보라. 탐진치 삼독에서 비롯되지 않은 것은 없다. 모든 문제며 괴로움이며 아픔이며 슬픔들은 모두 탐진치 삼독이 원인이 되어 일어난다. 그리고 그 탐진치 삼독의 원인은 바로 연기와 무상과 무아에 대한 무지이다. 그래서 『상윳따 니까야』에서는 말하고 있다. "탐심의 소멸, 진심의 소멸, 치심의 소멸, 이것을 열반이라고 한다."

열반은 어떤 상태일까?

열반적정은 열반이 적정하다는 뜻으로, 열반은 적정과 동의어다. 열반은 니르바나(Nirvana)라는 말을 음역(音譯)한 것으로 타오르던 불길을 '확 불어서 꺼뜨린 상태'를 의미한다. 우리 중생들에게는 끊임없이 내면에 탐진치 삼독의 불길이 활활 타오르고 있다. 이 탐진치 삼독의 활활 타오르는 불길을 일시에 '훅 불어서 꺼뜨린 상태'가 바로 열반적정의 상태다. 연기법과 무상과 무아를 깨달아 모든 탐욕이 사라지고, 성냄이 사라지고, 어리석음이 사라진다면 그 상태는 과연 어떤 것일까. 그 곳에는 지고의 안온과 평화와 고요가 저절로 피어난다. 다툼이 없는 완전한 무쟁(無爭), 분별이 없는 완전한 고요, 나뉨이 없는 완전한 평화의 상태가 될 것이다. 이처럼 아무런 괴로움도 없고, 투쟁도 없고, 분별도 없는 완전한 고요의 상태, 이것을 '적정(寂靜)'이라고 하는 것이다. 이것이 바로 열반적정의 상태다.

지금까지 배운 가르침을 바탕으로 조금 더 열반적정이 과연 어떤 상태인지를 유추해 보자. 열반적정은 무상의 이치를 깨달아 그 어디에도 머물러 집착하지 않는 자유로운 상태이다. 세상 모든 것은 언제까지고 머물러 있는 것이 없으며 끊임없이 변한다는 이치를 알기에 어디에도 집착하지 않으며, 어떤 것도 붙잡지 않고, 어디에도 머물러 안주하지 않는다. 변화에 몸을 맡기고 다만 함께 따라 흐를 뿐이다. 그렇기에 항상 생기롭고 변화에 민감하게 대응할 줄 알며, 어디에도 갇혀 있지 않다. 그때그때 상황에 따라 마음을 내되 머무는 바 없이 마음을 낸다. 일으킨 어떤 마음에도 집착하지 않고 걸리지 않는다.

또한 무아의 이치를 깨달아 '나다' 하는 아상이 완전히 소멸한 상태이다. 나에 집착하지 않으므로 생사에 걸림이 없고, 높고 낮은 직책이나 명예에 걸림이 없으며, 남들의 칭찬과 비난에도 휘둘리지 않는다. 칭찬 받을 나도 없고 비난 받을 나도 없는데 남들의 말에 휘둘릴 것이 무엇인가. 내가 잘 되고자 남들을 짓밟는 것도 관심 밖이다.

나라는 아상이 없기에 나와 상대가 둘로 나뉘지 않는 자비로움이 움튼다. '내 것'이라는 내 소유에 대한 집착도 없다. 모든 소유물도 실체가 없으며, 그 소유물을 소유하는 주체인 나 또한 텅 비어 있음을 알기 때문이다. 순간순간을 100% 누리고 만끽하며 살 뿐이다. 또한 내 생각이나 내 견해에 대한 고집도 없이 세상 모든 견해에 활짝 열려 있다. 모든 종교, 모든 사상, 모든 사람들의 가치관을 편견 없이 다 받아들일 준비가 되어 있으므로 그 어떤 다툼도 없고 성냄도 없다.

또한 연기법의 이치를 완전히 깨달아 인연 따라 펼쳐지는, 내 삶에 주어진 모든 것들을 온전히 받아들이며, 그 어디에도 집착하지 않는다. 내 앞에 펼쳐지는 모든 일들이, 사건이 모두 인연 따라 내가 짓고 내가 받는 것임을 안다. 그 어떤 문제가 오더라도 거부하지 않고 인연에 순응하며 받아들인다.

또한 이 세상 모든 것은 서로 연결되어 있음을 알기에 나라는 존재가 있기 위해서는 온 우주의 도움이 있음을 안다. 내 이웃과 풀 한 포기와 나무 한 그루 또한 나를 살아있게 하기 위해 조화로운 도움을 주었음을 알기에 모든 존재를 향한 자비로운 감사와 찬탄이 매 순간 이어진다. 또한 연기되어진 모든 존재들과 조화로운 공존의 삶을 살아나가고 나아가 나와 이 우주의 모든 존재가 서로 다르지 않다는 동체(同體)와 불이(不二)의 자각을 통한 자비와 사랑이 꽃피어난다. 매 순간 동체대비의 사랑으로 모든 이들에게 평등한 나눔과 보시를 베푼다는 상 없이 베푼다.

‘비움’과 ‘내맡김’의 실천 : 열반적정의 생활 실천

열반이란 쉬운 말로 표현하면 ‘완전한 행복’ 정도로 표현해 볼 수 있을 것이다. 그러면 그런 행복은 어디에 있는가. 행복이란 어떤 상태를 말하는가? 돈이 많고, 집도 있고, 차도 있고, 높은 지위에, 수많은 온갖 소유물들이 넘쳐나는 그 상태를 행복이라고 할 수 있을까? 그렇지 않다. 세계 제일가는 부자일지라도, 세계 제일의 권력자라고 할지라도 그 사람이 행복한가, 열반이라는 큰 고요의 적정 속에 있는가는 별개의 문제다. 행복이란 외부적인 조건이나 어떤 특정한 상황 속에 놓여 있는 것이 아니다. 똑같이 연봉 3,000만원을 받는 근로자일지라도 어떤 사람은 그 속에서 행복을 누리고, 어떤 사람은 그 속에서 불행을 느낀다.

그러면 어디에 있단 말인가? 그것은 어디에도 있다. 어떤 특정한 상황 속에만 있는 것이 아니라, 어디에도 있다. 어떤 조건 속에 행복과 적정이 있는 것이 아니라, 사람의 마음속에 행복이 깃들 수밖에 없음을 의미한다.

문제는 우리가 어떻게 그것을 깨달을 것인가에 있다. 행복을 누리지 못하던 마음 상태에서 행복을 누릴 수 있는 마음 상태로 바꾸느냐에 있다. 열반적정이라는 완전한 행복을 보지 못하도록 막는 내 마음의 어떤 요소를 제거함으로써 지금 이 자리에서 열반적정을 경험하고 누리며 만끽할 수 있다. 행복은 추구하는 것이 아니라, 누리고 만끽해야 하는 것이다. 저 멀리 있는 깨달음을, 행복을 얻고자 애쓰고 노력하면서 추구하기만 할 것이 아니라, 지금 당장 지금 이 자리에 있는 열반을 누리고 만끽하면 된다.

이 세상에는 실체적인 그 어떤 것도 없지만, 중생의 관점에서 보면 나도 있고, 남도 있고, 물질도 있고, 소유도 있으며, 모든 것이 우리 눈에 실체로서 존재하는 것처럼 보인다. 비실체적인 무아의 세상이 우리의 눈에는 왜곡되어 실체하는 것처럼 보이는 데서 모든 문제는 시작된다. 실체하는 것처럼 보이니까 거기에 집착을 하고 탐욕을 부리며, 계산하고 따져서 어떻게 하면 나에게 이익이 될까를 생각하고, 이기심을 충족시켜 나가며, 소유와 지식을 늘려 나가고 있는 것이다.

실체하는 것들을 내 것으로 만들려면 온갖 지식과 욕심이 필요하다. 그래서 현대사회에서는 남들을 짓밟고 일어나는 것이 곧 성공이며, 남들과 함께 가는 것보다는 남들을 앞서가기 위한 온갖 지식들로 무장하도록 세뇌당하고 있다. 끊임없이 지식이든 돈이든 물질적 성공이든 무엇으로든 채워 넣어야 할 것만 같다.

그러나 사실 우리는 그 어떤 것들로 채워 넣어야 할 필요가 없다. 지금 이대로 이미 완전한 존재이다. 열반적정은 무언가를 채워 넣은 뒤에 얻을 수 있는 것이 아니라, 삼독의 소멸이라는 마음의 상태이기 때문이다. 그렇기에 중요한 것은 삼독을 소멸하기 위해, 삼독의 근원인 '나'라는 아상을 비우는 데 있다. 무아를 깨닫고자 한다면, '나'와 '나의 것', '내 생각'이라는 아집과 아상을 비워야 한다. 비웠을 때 열반이 가까워지며, 내면 깊은 곳의 무한한 지혜의 가르침이 들려온다. '나'를 비우고 내려놓을 때 내면 깊은 곳에 잠자고 있던 열반적정의 진실이 깨어난다.

우리의 삶은 두 가지의 길이 있다. 비움의 길과 채움의 길이다. 비움의 길은 진리의 길이며 붓다의 길이요, 채움의 길은 중생의 길이며 무지의 길이다. 부처님의 가르침에 귀 기울일 것인가, 아니면 아상과 욕망에 기초한 내 생각과 판단에 귀 기울일 것인가.

그렇다면 부처님의 가르침에 귀를 기울인다는 것은 무엇을 뜻하는가? 마음을 비웠을 때 찾아오는 열반과 적정의 소식은 어떤 방식으로 오는가. 그것은 일종의 직관(直觀)과도 같고, 어떤 영감(靈感)과도 같다. 우리 깊은 내면의 열반의 향기는 직관이나 영감 같은 방법으로 우리에게 삶의 지침을 매 순간 전해 주고 있다. 매 순간 완전한 진리의 다르마가 우리와 함께 하고 있다. 그 진리의 다르마는 지식이나 생각에서부터 나오는 것이 아니라, 오히려 지식과 욕망, 마음을 고요히 비웠을 때 직관과 영감이라는 방식으로 드러난다.

만약에 지식이나 정보에서 온다면 지식이 많은 사람일수록 더 올바른 삶을 살 것이지만, 올바른 삶의 방식은 정해져 있는 것이 아니지 않은가. 어느 한 가지 정해진 올바른 길이 있는 것이 아니라, 나에게 맞는 길이 있고, 타인에게는 타인마다의 자기다운 삶의 길이 있다. 그리고 그것은 자기 자신만이 선택할 수 있으며 누구도 대신해 줄 수 없다. 그러한 자기다운 나 자신의 삶의 몫은 내 안의 깊은 내면의 선택만이 나의 길을 열어보여 줄 수 있는 것이다.

어떻게 나의 길을 다른 사람이 판단해 줄 수 있단 말인가. 내가 어떤 길을 가려고 해도, 어떤 사람은 긍정할 것이고 어떤 사람은 반대할 것이다. 그것은 지식으로, 정보의 조합으로, 기억이나 생각으로 내릴 수 있는 것이 아니기 때문이다. 내 안의 열반의 자리에서 피어나는 자기 다르마만이 자기답게 피어난 자신의 길을 가도록 이끌어 줄 수 있다. 답은 언제나 내면에 있다.

다른 그 누구도 그 선택을 대신해 줄 수 없다. 마음을 비웠을 때 비로소 내 안의 진리의 가르침이 피어난다. 텅 빈 공의 마음에서 직관과 영감이 드러난다.

우리는 죽을 때까지 지식과 기억과 생각에 휩쓸리며 이리저리 갈피를 잡지 못하고 삶의 방향키를 놓치고 산다. 언제까지 그러고 살 것인가. 당장에 본질로 뛰어들어야 한다. 그것은 아주 단순하다. 생각과 지식과 욕망과 이상을 놓아버리고, 다만 단순하게 고요하게 느긋하게 여유롭게 삶을 관조하며 살면 된다. 악착같이 성공하려는 생각을 놓아버리고, 어떻게 되든 열반의 진리 그 자체가 나를 이끌고 가라는 마음으로 내 안의 근본에 나를 완전히 내맡기고 살 수 있어야 한다.

열반적정이란 그런 것이다. 열반적정이 있다면, 그리고 그 열반적정의 삶이 내 안에도 있다면 마땅히 그러한 삶을 살아야지, 어리석은 괴로움의 삶, 일체개고의 삶을 살 이유가 없는 것이다. 열반의 삶, 적정의 삶을 살기 위해서는 마음을 비우고 아집을 내려놓을 수 있어야 한다. 열반적정의 가르침에 따라 근원적 열반의 삶에 나를 완전히 내맡기고 살아갈 수 있다.

이처럼 깨달음이나 열반은 어떤 높은 곳에 있는 별다른 세계가 아니다. 바로 우리 삶 속에서 구현해 나가야 할 현실의 생생한 모습이다. 마음을 비우면 열반이 드러나고, 마음을 채우면 괴로움이 드러난다. 마음을 비우고 열반의 성품, 깨달음의 성품, 부처의 성품에 모든 것을 내맡기고 자유롭게 주어진 삶을 살라. 내가 산다는 생각을 버리고 내 안의 열반적정의 가능성이 깨어 살아갈 수 있도록 길을 터 주라. 생각과 지식에 얽매여 살지 말고 직관과 영감이라는 더 깊은 곳의 소리가 내 삶에 피어 오를 수 있도록 하라.

3장

십이처와 십팔계

일체법이란 무엇인가

앞에서 연기법과 삼법인을 살펴보며, 이 세상의 모든 법은 인연 따라 화합된 존재로서 항상하지 않으며, 고정된 실체로서의 자아가 있지 않다는 점을 살펴보았다. 우리가 '나'라고 생각하는 것은 사실 고정된 실체로서의 '나'가 아니고, 내 바깥에 있다고 생각하는 '세계', '대상'이라는 것 또한 실체로서 존재하는 것이 아니다. 내적인 '자아계'도 무아이며, 외적인 '대상계' 또한 무아인 것이다. 대승불교의 공사상으로 설명한다면 자아와 세계가 모두 텅 비어 공(空)한 것이다.

그럼에도 불구하고 우리는 '나'라는 것이 존재한다고 여기고, 내 바깥에는 '세계'가 있다고 생각하며 살아가고 있다. 그렇다면 우리는 왜 있지도 않은 '나'와 내 밖의 '세계'를 있다고 착각하며 살게 되었을까? 우리가 '있다'고 여기는 것은 도대체 무엇이며, 그것은 정말로 있는 것일까?

초기불교의 가르침에서 핵심을 이루는 가르침은 연기법인데, 연기하는 법은 앞서 살펴본 바와 같이 고정된 실체가 없는 무아이다. 무아의 가르침이야말로 부처님의 가르침을 이해하는 핵심이라고 할 수 있다. 왜냐하면 우리는 무아를 '아(我)'라고 착각하면서부터, 즉 나라는 것이 실체가 없는데 '나'가 있다고 착각하면서부터 모든 괴로움은 시작되기 때문이다. '나'가 없다면 괴로워해야 할 '나'도 없고, 나에게 괴로움을 주는 외적인 대상 또한 실체가 없다는 자각이 생겨날 것이다.

그렇기 때문에 부처님께서는 우리의 고(苦)의 문제를 해결해 주기 위해 고의 원인인 '나'라는 잘못된 착각을 타파해 주기 위해 다양한 관점에서 가르침을 설하고 있다. 그 대표적인 가르침이 바로 '일체법'이다.

일체법은 말 그대로 '일체 모든 것'을 말한다. 다시 한 번 강조하면, 여기에서 '법'은 '존재'를 말하는데, '존재'와 '법'의 차이는 존재(存在)는 '일체 모든 있는 것들'을 말하는 실체적인 개념이라면, 법(法)은 '일체 모든 있다고 생각되는 것들', '존재한다고 착각된 것들'을 의미하는 비실체적 개념이라고 볼 수 있다. 즉 일체법은 우리가 '일체 존재'라고 착각하고 있는 모든 것들을 의미한다. 우리가 생각하기에 이 세상에 '있다'고 여겨지는 모든 것들은 어떻게 구성되어져 있는지를 밝혀주는 가르침이다.

이러한 일체법에서는 우리가 생각하는 '나'와 '세계'가 어떻게 구성되어 있는지, 어떻게 분류해 나누어 볼 수 있는지를 설명하고, 그런 존재의 세계라고 착각하는 망상이 도대체 어디에서 시작되었는지를 살펴보며, 결국 우리가 생각하는 그 모든 '법'들은 실체가 아닌 것임을 설하고 있다.

이와 같이 일체법은 실체적인 세계가 어떻게 분류되는지를 설명하는 가르침이 아닌, 우리의 인식에서 실제로 존재하고 있다고 착각되고 있는 세계가 어떤 것들인지, 그리고 그것이 어떤 과정으로 생겨나게 되었는지, 즉 어떤 인연으로 연기하게 되었는지를 살펴보는 가르침이다.

여기에서 우리는 일체법이란, 우리의 인식에서 세계를 어떻게 보는지를 설명하는 가르침임을 알 수 있다. 즉, 불교의 일체법, 불교의 세계관은 곧 불교의 인식론과 맞닿아 있음을 알 수 있다. 외부에 실체적으로 존재하는 어떤 것들이 있기 때문에 우리가 그 외부의 실새적 내상을 인식하는 것이 아니라, 우리의 인식에 어떻게 인식되어지느냐에 따라 세계가 인식되고 있다는 사실을 알 수 있는 것이다.

우리가 살펴볼 대표적인 일체법에는 육근과 육경, 십이처, 십팔계, 오온 등이 있다. 육근과 육경, 십이처와 십팔계에서는 앞서 살펴보았던 연기법과 삼법인, 그 중에서도 무아의 가르침이 왜 나오게 되었는지, 왜 '나'가 이렇게 있는데도 불구하고 없다고 하는지를 살펴보고, 그러한 '나'라는 착각이 왜 나오게 되었는지, 우리의 인식에서 감지되고 있는 '나'라는 존재는 어떤 인연과 과정을 통해 '나'라는 자아로 인식되었으며, 또한 내가 감지하는 외부의 대상은 '세상'으로 인식되고 있는지를 살펴보게 될 것이다.

또한 십이처와 십팔계의 가르침을 통해, 그렇게 자아라고 인식된 '나'가 사실은 다섯 가지가 쌓인 오온일 뿐이며, 우리가 '나'라고 여기던 그 오온 또한 십이처와 십팔계를 인연으로 하여 생겨나게(연기하게) 된 허망한 존재임을 깨닫게 될 것이다.

이와 같이 일체법은 곧 연기와 무아의 가르침을 뒷받침해 주고 증명해 주기 위해 붓다에 의해 고안된 가르침들이다.

이 장에서는 일체법 중에서도 육근과 육경, 십이처와 십팔계를 먼저 살펴보고, 오온은 장을 달리하여 다음 장에서 살펴보도록 하겠다.

육근과 육경

'나'와 '내 밖'에는 무엇이 있을까?

일체법을 이해하는 데 있어 가장 먼저 알아야 할 순서는 육근(六根)과 육경(六境)에 대한 이해이다. 보통 육근은 우리 몸의 여섯 가지 감각기관이고, 육경은 각각의 여섯 가지 감각기관에 대응하여 감각되어지는 외부의 감각대상이라고 이해되고 있다. 쉽게 말하면, 육근은 '나'를, 육경은 내 바깥에 있는 대상인 세계를 의미한다.

먼저 간단히 살펴보면, 육근은 눈·귀·코·혀·몸·뜻으로 안·이·비·설·신·의(眼耳鼻舌身意)이며, 육경은 그 대상인 색·성·향·미·촉·법(色聲香味觸法)이다. 각각 여섯 가지 감각기관은 그에 따르는 감각대상을 가지고 있다. 눈[眼根]은 색[色境]을 대상으로 하며, 색(色)은 빛깔과 모양을 지닌 모든 대상을 의미한다. 사람, 산과 들, 나무와 짐승들, 달과 별 등 눈으로 볼 수 있는 모든 것이 '색'이다. 귀[耳根]는 소리[聲境]를 그 대상으로 하고, 코[鼻根]는 향기[香境]를, 혀[舌根]는 맛

〔味境〕을, 몸〔身境〕은 감촉〔觸境〕을, 뜻〔意根〕은 뜻의 대상〔法境〕을 그 대상으로 하고 있다. 눈·귀·코·혀·몸·뜻이라는 육근은 쉽게 말하면, 안근은 시각, 이근은 청각, 비근은 후각, 설근은 미각, 신근은 촉각, 의근은 마음이라고 쉽게 이해할 수도 있다.

여기에서 의근은 심근(心根)이라고도 하며 일반적으로 '마음'이라고 쉽게 이해하면 된다. 즉 마음〔意根〕으로 지각되어지는 일체 모든 것들을 법경(法境)이라고 한다. 법경은 물질적·정신적인 모든 생각할 수 있는 것들, 생각의 대상이라고 할 수 있으며, 존재와 비존재를 아우르고 있다. 앞의 다섯 가지, 안·이·비·설·신·근은 감각기관이라면 의근은 마음으로 지각하는 지각기관이라고도 할 수 있다.

이처럼 육근 가운데 앞의 다섯 가지 오근은 각기 그 인식의 대상이 다르다. 눈은 색을 보고, 귀는 소리를 듣고, 코는 냄새를 맡으며, 혀는 맛보고, 몸은 촉감을 느끼는 등 다섯 가지 오근은 각기 다른 경계를 대상으로 하고 있다. 눈이 소리를 듣거나, 귀가 맛을 보거나 할 수는 없는 것이다. 그런데 이 오근이 개별적으로 인식한 내용을 모두 다 한꺼번에 경계로 인식하는 것이 바로 의근(意根)이다. 즉, 눈은 본 것만을, 귀는 들은 것만을, 입은 맛본 것만을 대상으로 인식하지만 의근은 보고 듣고 맛본 것 등을 서로 연결하고 종합하는 역할을 한다.

예를 들어 귤이 있을 때, 눈은 귤을 보고, 귀로는 귤 까는 소리를 듣고, 코로는 귤의 향기를 느끼고, 입으로는 귤을 맛보며, 손으로는 귤의 촉감을 느낌으로써 눈·귀·코·혀·몸의 오근을 통해 총체적으로 '귤'이라고 아는 작용을 하는 곳이 바로 의근이다.

만약 식당에 플라스틱으로 만든 모조품 귤이 있다고 해 보자. 귤과 똑같이 생겼기 때문에 안근인 눈은 귤이라고 인식할 것이지만, 코로 냄새 맡아 보고, 혀로 맛보고, 손으로 만져본 뒤에 이·비·설·신·근의 나머지 네 가지 근은 귤이 아니라고 인식할 것이다. 이처럼 오근 가운데 안근에서는 귤이라고 하고, 나머지는 귤이 아니라고 할 때, 최종적으로 종합하여 '진짜 귤이 아닌 모조품 귤'이라는 결론을 도출해 내는 작용을 하는 기능이 바로 의근이요, 마음인 것이다.

초기불교에서는 심의식(心意識)은 이름만 다르지 같은 것이라고 본다. 즉 '의'와 '식'과 '마음'은 동의어라고 쉽게 이해하고 넘어 가도록 하자.

여섯 가지 감각기능

이와 같은 육근은 물론 감각기관으로서의 의미가 전혀 없는 것은 아니지만, 정확하게는 감각기능 내지는 감각활동을 의미한다고 볼 수 있다. 육근을 감각기관이라고만 이해하면 우리 몸속에 여섯 가지 실체적인 감각기관이 있어서 그 기관들이 감각기능을 수행한다고 착각하기 쉬워진다. 사실은 여섯 가지 감각기관들은 실체적으로 존재하는 것이 아니라, 감각대상이 나타났을 때 인연 따라 감각기능과 감각활동을 수행할 뿐이다.

예를 들어 눈앞에 어떤 대상들이 오고 갔을지라도 우리가 딴 생각을 하거나, 다른 상상을 하고 있는 동안에는 눈앞에 어떤 것들이 오고 갔는지를 전혀 알아차리지 못할 수도 있다. 이럴 때는 엄밀히 말하면 생각(意根)이 상상(法境)을 하고 있을 뿐, 안근과 색경은 없는 것이다. 분명 눈(眼根)도 있고 눈에 보이는 대상(色境)도 있지만 우리에게는 전혀 감지되지 않았기 때문이다. 눈이라는 보는 감각기관만을 안근이라고 한다면 안근도 있고, 색경도 있는 것이지만, 눈의 보는 기능과 보는 활동을 안근이라고 하기 때문에 눈이 있었을지라도 눈에 보이지 않았다면 그 순간 안근의 활동은 없었던 것이다.

이처럼 눈의 보는 기능과 보는 활동을 안근이라고 하며, 귀의 듣는 기능과 듣는 활동을 이근이라고 하고, 코의 냄새 맡는 기능과 활동을 비근, 혀의 맛보는 기능과 활동을 설근, 몸의 감촉을 느끼는 기능과 활동을 신근, 뜻의 생각하는 기능과 활동을 의근이라고 하는 것이다. 육근이라고 할 때 '근(根)'이라는 말도 산스크리트어 인드리야(indriya)를 번역한 말로 '능력'을 의미한다.

물론 일반적인 경우에서는 육근을 감각기관이라고 이해해도 크게 벗어나지는 않지만, 정확히 이해한다면 육근은 우리 몸의 여섯 가지 감각기능, 감각활동, 감각능력이라고 이해하면 되겠다.

경계에 끄달리지 말라

불교를 처음 공부하는 사람들 중에, '경계'가 무엇인지를 묻는 이들이 더러 있다. 스님들의 법문을 듣다 보면 늘 '경계에 끄달리지 말라'거나 '경계에 휘둘리지 말라'는 말을 듣는데, 그 경계가 무엇을 의미하는지를 궁금해 한다. 이 경계가 바로 육근의 감각대상인 육경을 의미하는 것이다. 눈·귀·코·혀·몸·뜻이라는 우리의 감각기능들이 각각의 대상인 색·성·향·미·촉·법을 대상으로 감각활동을 하는데, 각각의 감각기능들은 그 대상을 감지하면서 그 경계에 끄달리게 된다.

눈으로 무언가를 볼 때 있는 그대로 보지 않는다, 대부분 보기 싫은 것, 보고 싶은 것 등을 나누어 놓고, 보고 싶은 것이나 보기 좋은 것은 더 많이 보려고 애쓰고, 보기 싫은 것은 고개를 돌리거나 보지 않으려고 도망치기도 한다. 좋은 것은 집착하느라고 애착하는 마음에 휩싸이고, 싫은 것은 거부하느라고 미워하는 마음에 사로잡혀 제대로 보지 못하게 되는 것이다.

귀에 들리는 소리도 마찬가지다. 칭찬은 듣고 싶은데 비난을 듣게 되면 마음이 괴롭다. 외부의 소리 경계에 끄달려 마음이 휘둘리는 것이다. 이처럼 우리는 눈에 보이고, 귀에 들리고, 코로 냄새 맡고, 혀로 맛보고, 몸으로 감촉을 느끼는 모든 것에서 외부의 대상에 끄달리고, 휘둘리게 된다.

사실 우리에게 감지되는 모든 대상은 그 대상 자체로는 중립적이다. 좋은 것도 아니고 나쁜 것도 아니다. 다만 내 욕망, 탐욕, 바람, 의도 등이 그것을 좋은 것이라고 분별하고, 나쁜 것이라고 분별할 뿐이다. 바람이 심하게 불거나, 비를 맞을 때 우리 몸의 감각기능은 그 감촉을 느끼며 싫어하거나 찝찝하게 느끼기도 하지만, 또 어떤 사람은 바람 부는 날씨를 좋아하거나, 비 맞으며 걷는 것을 좋아하는 사람도 있게 마련이다.

이처럼 육근에 감지되는 모든 대상들은 그것 자체로는 아무런 분별도 없는 중립이지만, 우리가 나름대로의 욕망과 분별심으로 인해 그것이 좋으니 싫으니 하며 마음이 끄달리는 것이다. 그래서 육경을 육진(六塵)이라고도 한다. 여섯 가지 우리 마음을 오염시키는 티끌이며, 먼지와도 같은 것이라는 의미다.

내가 오염될 때와 청정할 때

우리의 육근은 이처럼 끊임없이 외부 경계에 따라 휘둘리고 사로잡히곤 한다. 그러나 반드시 그래야만 하는 것일까? 언제까지나 외부 경계에 끄달리며 마음을 오염시켜야 하는 것일까? 그렇지 않다. 외부 경계에는 아무런 잘못이 없다. 언제나 여여하게 오고 갈 뿐이다. 문제는 그러한 중립적인 현상에 대해 분별하고, 해석하며, 휘둘리고, 사로잡히며, 오염되는 우리 마음에 있다.

겨울이 춥고, 여름이 더우며, 비 오는 날도 있고, 바람 부는 날도 있는 것은 자연스러운 자연의 이치일 뿐이다. 그러나 사람들은 겨울은 좋고 여름은 싫다거나, 반대로 겨울은 싫고 여름은 좋다거나, 바람 부는 날은 좋고 비 오는 날은 싫다거나 하며 외부 경계를 자기 식대로 해석하고 점수를 매기기 좋아한다. 어떤 새소리는 아름답게 느끼지만 한밤중에 부엉이나 올빼미 소리에서는 음침하고 무서운 것을 연상하기도 한다. 어떤 사람은 홍어의 푹 삭은 냄새와 맛을 좋아하지만 또 어떤 사람들은 죽어도 못 먹겠다고 도망친다. 사랑하는 이와 손을 맞잡을 때는 한없이 설레지만, 음침한 한밤중에 낯선 이가 손을 잡으면 까무러칠 수도 있다.

이처럼 외부 경계는 그것 자체로서 고정된 실체적인 좋고 나쁜 분별이 있는 것이 아니라, 언제나 내 쪽에서 자기 식대로 받아들이면서 온갖 문제도 만들어 내고, 애착도 만들어 낸다. 똑같은 경계가 어떤 사람에게는 한없는 행복감으로 또 다른 사람에게는 엄청난 괴로움으로 느껴질 수도 있는 것이다. 또한 같은 경계를 언제, 어떤 상태일 때 마주하느냐에 따라서 괴롭거나 행복해지기도 한다.

이처럼 우리의 육근은 외부의 경계를 대상으로 언제나 똑같이 감지하는 것이 아니다. 자신의 내적 상태에 따라 동일한 외부 경계도 어떨 때는 좋게 느껴지고, 어떨 때는 나쁘게 느껴지는 것이다. 이것이 바로 중생의 육근이다. 있는 그대로의 중립적인 대상 경계를 자기 식대로 해석하고, 판단하고, 분별하여 좋다거나 나쁘다고 받아들이는 것이다.

그렇다면 부처님의 육근은 어떨까? 부처님의 육근은 청정하기 때문에, 언제나 외부의 경계를 있는 그대로 중립적·중도적으로 바라볼 뿐이다. 좋거나 나쁘게 바라보거나, 자신의 마음 상태에 따라 외부 경계를 다르게 바라보는 것이 아니라 언제나 '있는 그대로' 바라볼 뿐이다.

비가 오든 눈이 오든, 겨울이든 여름이든, 그 어떤 소리든, 향기든, 맛이든, 감촉이든 다만 있는 그대로의 경계를 있는 그대로 분별없이 감지할 뿐이다. 분별없이 바라보기 때문에 좋거나 나쁘다고 판단하지 않으며, 판단하지 않기에 마음이 오염되지 않는다.

분별없이 바라보게 되면 다만 '볼 뿐'이지, '보는 나'와 '보이는 대상'

3장 십이처와 십팔계 145

을 나누는 분별도 쉽게 된다. 그저 볼 뿐, 내가 대상을 본다는 분별이 없으니, 나와 너를 둘로 나누지 않는다. 나와 세상을 나누지 않고 동체로써 하나가 되는 것이다. 내가 곧 세상이고, 세상이 곧 나와 다르지 않다.

이런 상태를 '육근청정'이라고 말한다. 스님들이 축원할 때, 육근청정을 발원하는 것 또한 이런 이유 때문이다.

이러한 육근은 살아 있는 동안은 지속되는 기능이다. 중생에게도 부처에게도 육근은 동일하게 있다. 다만 부처는 눈으로 색을 볼 때 있는 그대로 보고, 귀로 소리를 들을 때 다만 들릴 뿐 헤아려 분별하지 않으며, 코로 냄새를 맡고 혀로 맛을 보고 몸으로 감촉을 느낄 때에도 아무런 분별없이 있는 그대로를 있는 그대로 받아들일 뿐이다.

이러한 육근청정의 상태를 경전에서는 육근을 잘 조복 받는다고도 하며, 육근을 수호한다거나 육근을 잘 지키는 것이라고 표현하기도 한다. 『맛지마 니까야』에서는 "눈은 보이는 것에 즐거워하며… 귀는 소리를 듣고 즐거워하며, 코는 냄새를 맡고 즐거워하고, 혀는 맛에 탐닉해 즐거워하며, 몸은 감촉에서 즐거워하고, 마음은 마음이 움직이는 대상에 따라 즐거워한다. 여래는 이 육근을 잘 길들였고, 수호하였으며, 조복받고, 절제하였다"라고 함으로써, 육근을 잘 수호하고 지켜서 청정하게 유지하는 것이야말로 불교 수행의 중요한 부분임을 설하고 있다.

세상이 아름답게 빛나는 순간

사실 우리들의 육근이라고 해서 언제나 오염되어 있는 것은 아니다. 우리의 일상은 육근 청정과 육근 오염의 두 가지 상태가 반복되고 있다. 물론 대부분은 오염되어 있다가 깨어 있는 순간 육근 청정의 빛나는 순간을 때때로 마주하게 되기도 한다.

예를 들어 우리가 여행을 떠나 새벽 일출을 마주하는 순간이나, 산모퉁이를 돌아 드디어 정상에 섰을 때 그 장엄한 툭 트인 장관을 마주할 때처럼 생각이 멎고 '아!' 하며 감동하는 순간, 우리는 눈으로 세상을 '있는 그대로' 바라보게 된다. 안근 청정의 상태에 머물러 있는 것이다. 이처럼 눈으로 대상을 바라볼 때 생각이 개입되지 않고, 욕구나 분별이 개입되기 이전 그저 말문이 꽉 막혀 '있는 그대로를 있는 그대로' 보는 바로 그 순간이야말로 안근 청정의 상태가 된다. 바로 그 때는 안근과 색경의 분별이 없다. 일상에서는 내 안에 보는 '눈'이 있고, 내 밖에 보이는 '대상'이 있어서 내가 경치를 바라본다고 생각하지만, 이런 안근 청정의 순간에는 보는 나와 보이는 대상이라는 나뉨, 분별이 사라진 채 객관과 주관이 둘이 아닌 하나가 되는 것이다.

그러나 연이어 생각이 개입되기 시작한다. 예전에 보았던 일출과 비교하면서 "예전에 보았던 일출보다 못하군!" 혹은 "이 아름다운 풍경을 어떻게 하면 사진에 잘 담을 수 있을까" 등 분별과 비교·해석 등이 일어나기 시작한다. 그러면서 곧장 욕망이 개입되고, 우리는 그 순수한 '존재'의 순간을 버리고, '소유'적 사고방식을 시작하는 것이다. 바로 그 순간, '나'와 '세상'을 나누는 분별이 시작되는 것이다. '보는 나'가 있고, '보이는 대상'이 있으며, 내가 이 바깥의 경계를 어떤 방식으로든 가지고 싶어지게 된다. 안근이 오염되기 시작하는 것이다.

이근, 소리도 마찬가시나. 우리가 음악을 들을 때 어느 순간 음악에 몰입이 되어 아무런 생각 없이 그저 음악과 하나 되는 순간을 경험하게 된다. 그 때가 바로 이근 청정의 순간이다. 그러나 연이어 다른 음악과 비교하고, 생각이 일어나기 시작하면서 이근이 오염되기 시작한다.

비근, 향기도 마찬가지다. 불가에서는 예로부터 스님들께서 차 한 잔을 앞에 두고도 명상에 깊이 잠기곤 했다. 차의 향기를 분별없이 있는 그대로 느껴보며, 그 향기와 하나 되어 그 안에 스며드는 것이다. 오랜 소나무 숲을 거닐 때, 꽃밭을 거닐 때면 진하게 전해져 오는 숲과 꽃의 향기에 젖어 나를 잊고 그 향기와 하나 되는 것이다.

사찰에서 발우공양을 할 때, 혹은 사찰음식을 시연할 때 보면 음식을 먹는 행위가 단순히 먹는 것이 아니라, 입으로 음식을 가져가 가만히 음미하며 씹는 것을 관찰하고 지켜보는 것을 통해 공양이 곧 명상의 순간이 됨을 깨닫게 된다. 입을 잘 관찰하며, 음식물의 종류에 따라 끄달리지 않은 채 음식을 먹을 수 있다면 그것이 곧 설근 청정의 순간이 되는 것이다.

스님들은 좌선과 경행을 늘 반복하곤 한다. 걷기 명상을 통해 발바닥이 땅과 접촉하는 그 지점을 있는 그대로 관찰하며 걷는 것이다. 바로 그 순간 신근이 청정해지는 것이다.

무엇보다도 육근 청정의 대미는 의근 청정이 장식한다. 생각 없음, 무심(無心)의 경지에서 무한한 영감과 창조적 작업들이 나타난다. 우리의 생각은 하루에 5만에서 6만 가지에 이르는 종류의 생각들이 끊임없이 이어진다고 한다. 그런 생각의 홍수 속에서, 생각을 조작해서 얻을 수 있는 것은 사실 그리 많지 않다. 이 세상을 바꾼 위대한 발명이나 발견 등은 생각으로 만들어진 것이 아니라, 생각을 내려놓고 무심히 지켜보는 가운데 번뜩이는 아이디어로 밝혀진 것들이라고 한다. 생각을 쉬고 '지금 이 순간'에 다만 존재하고 있을 때 의근 청정의 아름다운 순간이 빛을 발하게 되는 것이다.

이와 같이 사실 우리들은 종종 육근 청정의 순간과 마주하게 된다. 음악가들은 음악을 통해 이근 청정에 이르고, 여행자들은 여행을 통해 안근 청정에 이르며, 조각가들은 조각 삼매에 빠져들면서 신근 청정에 이를 수 있는 것이다. 육근이 외부 대상인 육경에 오염되지 않도록, 잘 수호해 나가는 것이야말로 불교 수행의 중요한 분기점이 된다.

이것이 바로 육근 청정의 수행이다. 우리 몸의 여섯 가지 감각기관과 기능, 그 활동에 대해 놓치지 말고 관찰할 수 있어야 한다. 육근이 육경을 접촉하는 순간에 분별이나 판단을 몰아가기를 멈추고 관찰의 빛을 놓아야 한다. 이것이 바로 지관(止觀)·정혜(定慧)의 수행이며, 뒤에 나오겠지만 팔정도의 정정(正定)과 정념(正念)의 수행이다. 육근으로 대상을 접촉할 때 해석과 판단·분별을 멈추고(止) 바라보는(觀) 것이다.

눈이 세상을 바라볼 때, 바라보면서 어떤 생각과 판단·분별들이 이어지는지를 잘 관찰해 보라. 눈으로 바깥 대상인 색경을 바라볼 때, 아무런 판단도 없이 다만 있는 그대로 바라보기만 할 수 있는지를 한번 시험해 보라. 나무 한 그루, 꽃 한 송이를 아무런 판단 없이 지켜볼 수 있는가? 푸르른 하늘과 떠 있는 구름을 말없이 지켜보라. 차 한 잔이 저 홀로 식어가는 모습을 가만히 지켜보라.

숲 속에 들어가 자연의 소리들을 있는 그대로 들어 보라. 새소리며 바람소리, 풀벌레 소리들을 그 소리를 따라가며 판단하거나 생각·비교·분별하지 말고 있는 그대로 들어 보라.

한 끼의 식사를 할 때, 그 음식의 향기와 맛을 고스란히 음미하면서 먹어 보라. 배부르기 위해 먹지 말고, 그저 그 순간 향을 느끼고, 씹기 위해 씹어 보라.

하루 중 자주 몸을 관찰해 보라. 어깨에 얼마나 힘이 들어가고 있는지, 손발에 땀이 나는지, 머리가 뜨거워지거나 무거워지지는 않는지, 몸이 가벼운 느낌과 무거운 느낌을 관찰해 보라. 차 한 잔 마실 때 두 손에 전해져 오는 따뜻한 찻잔의 온기를 충분히 느껴보라. 기름진 음식을 먹거나 폭식했을 때 몸이 어떻게 반응하는지를 가만히 관찰해 보라. 거기에 좋다거나 나쁘다거나, 잘했다거나 잘못했다거나 하고 분별할 필요는 없다. 다만 있는 그대로 눈·귀·코·혀·몸·뜻의 여섯 곳을 주시해 보라.

육근, 여섯 문을 잘 관찰함으로써 여섯 도둑이 들어오는 것을 잘 막아낼 수 있다. 뿐만 아니라 온갖 공덕과 갖가지 장엄이 저절로 이루어질 것이다. 진리에 이르는 수많은 길을 낱낱이 성취하게 될 것이며, 이렇게 수행하는 이는 머지않아 부처를 증득하게 되리라.

십이처

'나'와 '세상'은 어떻게 생겨날까?

앞에서 육근은 눈·귀·코·혀·몸·뜻이라는 우리의 감각기관을 비롯한 감각 기능, 감각 활동이라고 했다. 우리는 육근을 통해 외부의 대상을 인식하여 받아들인다. 그런데 이렇게 우리 안의 감각 기능인 육근을 통해 외부의 대상인 육경을 인식하다 보니, 내 안에 육근이 진짜로 있고, 내 밖에는 육경이 진짜로 있는 것 같은 착각을 가지게 된다. 내 안에 감각 활동을 하는 존재를 '나'로 그 감각의 대상을 '세계'로 나누어 분별하게 되는 것이다.

이 때, 육근이라는 인연 따라 생겨난 감각기능과 활동을 '나'라고 여기는 잘못된 착각을 육내입처(六內入處) 혹은 육내처(六內處)라고 하고, 그 감각 대상을 '세계'라고 실체적으로 생각하는 허망한 착각을 육외입처(六外入處) 혹은 육외처(六外處)라고 한다. 이 육내입처와 육외입처를 합쳐 십이처(十二處)라고 부른다. 육내입처는 안(眼)입처 · 이(耳)입처 · 비(鼻)입처 · 설(舌)입처 · 신(身)입처 · 의(意)입처이고, 육외입처는 색(色)입처 · 성(聲)입처 · 향(香)입처 · 미(味)입처 · 촉(觸)입처 · 법(法)입처이다.

즉 '육근'은 인연 따라 생긴 우리 안의 여섯 가지 감각기능과 감각 활동을 의미하고, '육내입처'는 그 육근을 보고 '나'라고 착각하는 어리석은 의식을 뜻한다. 육근이 대상을 감지하는 것을 보고 내 몸 안에 외부 대상을 감각하는 자아가 실재적으로 있다고 느끼는 마음이 바로 육내입처다. 단순히 보는 기능과 활동은 안근이라고 하지만, 보는 자아가 있어서 세상을 보는 것이라고 착각하는 의식을 '안입처'라고 하는 것이다. 단순히 듣는 기능과 활동은 이근이라고 하지만, 듣는 존재를 '나'라고 착각하는 허망한 의식이 '이입처'인 것이다.

남들이 나에게 욕설을 할 때 이근에서는 그저 그 소리를 들을 뿐이다. 욕설이라는 소리의 인연이 생겨나면 인연 따라 이근은 그 소리를 듣는 기능을 수행하는 것이다. 그러나 듣는 존재를 '나'라고 착각하는 순간 상대가 '나'를 향해 욕설을 퍼부었다는 어리석은 착각이 생겨나고, 상대방에게 욕을 얻어먹은 '나', 욕설을 듣고 상처받은 '나'라는 자아관념이 만들어진다. 이와 같이 소리를 들음으로써 그 소리를 듣는 '나'라는 자아관념이 생겨날 때 이것을 '이입처'라고 하는 것이다. 마찬가지로, 무언가를 봄으로써 '보는 나'라는 자아관념이 생겨나고, 들음으로써 '듣는 나', 냄새 맡음으로써 '냄새 맡는 나', 맛봄으로써 '맛보는 나', 대상과 접촉함으로써 '감촉을 느끼는 나', 생각을 함으로써 '생각하는 나'가 있다는 허망한 착각이 일어나는 것이다. 이것이 바로 육내입처인 것이다. 바로 이런 육내입처에서부터 자아관념, 잘못된 허망한 아상(我相)이 생겨난다. 대승불교의 『금강경』에서 끊임없이 외치고 있는 아상 타파도 이러한 육내입처의 가르침에서 시작된다. 금강경에서는 편의상 이러한 허망한 자아관념, 무아를 깨닫지 못한 채 육내입처를 '나'라고 착각하는 인식을 아상이라고 표현하고 있다.

데카르트는 "나는 생각한다. 그러므로 나는 존재한다"라고 함으로써 내 안에서 생각하는 어떤 존재가 실제로 존재한다고 착각을 함으로써 육입처 중에도 의입처의 잘못된 의식을 지니게 된 것이다. 내 안에 생각하는 어떤 것이 실제로 있는 것처럼 느끼기 때문에 그 생각하는 '나'는 분명히 존재하는 것이라고 착각한 것이다. 부처님 말씀에 의한다면, 육입처는 인연 따라 생긴 것이기에 인연이 멸하면 사라지는 허망한 것일 뿐이다. 육입처의 가르침에 의하면, 데카르트가 있다고 여긴 '생각하는 나'는 인연 따라 생겨난 공한 것으로 의입처에 불과한 것이다. 실제 현대물리학 또한 데카르트와 뉴턴의 이원론적인 모형은 가장 기본단위인 아원자 수준에서 결함을 보였음을 분명히 했고, 이에 따라 양자물리학이라는 새로운 과학 분야가 탄생하게 되기도 하였다.

앞에서 부처님의 육근은 청정하지만, 중생들은 육근이 오염되어 있다고 했는데, 바로 육근이 오염되어 있는 상태에서 나타나는 의식이 바로 육내입처인 것이다. 청정과 오염의 차이는 있지만 육근은 부처든 중생이든 누구나 가지고 있다는 점에서는 동일하다. 감각 기능과 감각 활동은 부처든 중생이든 누구나 죽을 때까지는 할 수밖에 없는 활동이기 때문이다. 반면에 육내입처는 중생에게는 있지만, 부처에게는 없다. 육내입처는 감각 기관이거나 감각 기능이 아니라 감각 기능을 보고 '나'라고 착각하는 허망한 의식이기 때문이다. 결국 육내입처는 소멸되어야 할 허망한 의식이지만, 육근은 잘 지키고 수호하여 청정하게 지켜야 할 것이다.

세상 모든 것의 분류법

부처님께서는 바로 이 십이입처를 '일체(一切)'라고 말씀하셨다. 『잡아함경』에서는 "일체는 십이처에 포섭되는 것이니, 곧 눈과 색, 귀와 소리, 코와 냄새, 혀와 맛, 몸과 감촉, 뜻과 법이다. 만일 이 십이처를 떠나 다른 일체를 말하고자 한다면 그것은 다만 말뿐인 것일 뿐, 물어 봐야 모르고 의혹만 더해 갈 것이다. 왜 그런가 하면 그것은 경계가 아니기 때문이다"라고 하였고, 『상윳따 니까야』에서는 일체를 설하신 후 "이러한 일체를 버리고 다른 일체를 설한다면 그것은 말로만 떠벌리는 것일 뿐"이라고 함으로써 십이처 외에 일체를 말할 수 없다고 말씀하고 계신다.

우리가 일체제법이라고 말하거나, 일체 모든 것이라고 말할 때 바로 그 '일체'가 바로 십이입처라는 것이다. 이 말은 곧 나의 다섯 가지 감각활동으로 감지되는 대상들, 나의 마음으로 지각되는 것들만을 '일체'라고 할 수 있다는 것을 의미한다. 내 눈앞에 보이는 대상, 내 귀로 듣는 소리, 코로 냄새 맡아지는 것, 혀로 맛보아지는 것, 몸으로 접촉되는 것, 마음으로 생각하는 것들 이외에 다른 것을 '있다'라고 말할 수 없다는 것이다. 이것이 바로 불교 인식론의 특징이다.

예를 들어 본다면, 지난 밤 뒷산 깊은 곳의 나무 한 그루가 거친 바람에 큰 굉음을 내며 쓰러졌지만 본 사람도 들은 사람도 아무도 없다고 생각해 보자. 그렇다면 그것은 일어난 일일까, 일어나지 않은 일일까? 불교 인식론인, 일체법의 가르침에서 본다면 그것은 일어나지 않은 일이다. 육내입처에서 자각하지 못했기 때문이다. 물론 언뜻 보면 이것은 타당하지 않은 듯 보인다. 그러나 이것이야말로 이 세상의 이치를 분명하게 드러내 주고 있는 가르침이다.

같은 길을 함께 걸어갔을지라도 사람들마다 보는 것은 다 다르게 마련이다. 어떤 사람에게는 보이는 것이 다른 사람에게는 보이지 않는다. 사랑하는 사람은 수많은 군중 속에서도 뚜렷하게 보이지만, 그 사람에게 관심을 갖지 않는다면 두 눈을 뜨고 있으면서도 다만 군중만을 볼 뿐, 그 사람은 볼 수 없는 것이다.

이처럼 불교에서는 매 순간 경험되어지는 것만을, 내 육입처로 인식되어지는 것만을 법[存在]이라고 정의한다. 물론 육내입처와 육외입처 자체도 실제로 '있는' 어떤 것이 아니라, 인연 따라 허망하게 생겨난 것들이다. 이와 같이 부처님께서 일체라고 하는 것은 실체가 있는 어떤 것을 이름하는 것이 아니라, 인연 따라 허망하게 마음에서 연기하여 나타난 것을 일체라고 부르고 있는 것일 뿐이다.

사실 사람들은 저마다의 자기 육내입처로써 자기가 만들어 놓은 외부의 세계[六外入處]를 인식하고 경험하며 살고 있을 뿐이다. 내가 세상이라고 여기는 것과 다른 사람이 세상이라고 여기는 것은 엄밀히 따져 같을 수가 없다. 모든 외부 대상은 저마다 보는 사람에 따라 다 다르게 지각되어지는 것이다. 그러니 엄격히 따진다면, 이 세상이라는 실재적 존재가 하나 있어서 사람들마다 그것을 느끼고 인식하는 것이 아니라, 백 명의 사람이 있다면 백 가지 종류의 세계가 있는 것이다. 저마다 자기 육내입처로써 육외입처라는 세계를 지각하기 때문이다.

쉽게 말하면, 나도 이 세상도 모두 독립적으로 실체하는 것이 아니라, 우리 마음속에서 연기하여 존재하는 인연가합의 존재일 뿐이다. 마음에서 허망하게 만들어 낸 것들일 뿐이지, 실제로 존재하는 것은 아니라는 의미다.

괴로움이 생기는 이유

만약 누군가가 내게 '성격이 나쁘다'고 말했다고 할지라도, 사실 그 말은 나를 상처 줄 만한 실체적인 에너지를 지닌 말이 아니라, 그저 나에 대한 그 사람의 보는 관점을 서술한 말에 불과하다. 그 사람이 보는 관점에서, 그것도 아주 제한적인 관점에서, 나의 어떤 특정 행동을 보고 '성격이 나쁘다'고 말한 것일 뿐, 그것이 나의 '진짜' 모습을 대변하는 것은 아니다. 어쩌면 그 사람은 부정적인 성향이 너무 강해서 모든 사람을 부정적으로 보는 사람일지도 모른다. 그렇다면 '성격 나쁘다'고 한 그 사람의 말이 더 큰 문제인가? 아니면 그 말을 심각하게 받아들여 괴로움에 빠져든 내게 더 큰 잘못이 있는가? 그 말을 그저 가볍게 웃어넘기고 말 것인지, 그 말에 빠져 큰 상실감을 두고두고 가질 것인지는 나 자신이 선택하는 것일 뿐이다. 즉, 그 주도권은 언제나 육외입처라는 외부 대상에 있지 않고, 늘 나 자신에게 있다.

바깥 대상인 육외입처는 언제나 가만히 있지 않고 끊임없이 변화한다. 바깥에서는 언제나 비도 오고 눈도 오고 좋은 날씨도 있다. 욕하는 사람도 있고, 칭찬하는 사람도 있다. 좋은 향기도 있고 나쁜 향기도 있으며, 좋은 감촉도 있고 나쁜 감촉도 있다. 그것이 세상이고 삶이다. 그것은 전혀 문제 상황이 아니라 자연스러운 상황일 뿐이다. 그 자연스러운 상황에 '나'를 개입시켜 놓고, 나를 중심으로 적과 아군을 만들어 놓은 채, 온갖 해석·판단·분별을 가함으로써 괴로운 상황 혹은 즐거운 상황으로 꾸며내는 주인공은 바로 육내입처인 것이다.

이처럼 육근이 육경과 접촉할 때 육근을 '나'라고 실체적으로 생각하고, 육경을 '외부'라고 실체적으로 생각하면 거기에서 괴로움이 생긴다. 육근을 보고 '나'라고 집착한 육내입처와 육경을 보고 '외부'라고 집착한 육외입처는 괴로움의 원인이기 때문이다. 이와 같이 육내입처라는 아상이 생겨날 때 모든 괴로움이 연기하는 것이다.

나에게 이해된 세상일 뿐

청정한 육근으로 인식되는 세상은 괴로울 것이 없지만, 육근이 오염되고, '나'라는 관념이 개입되게 되면 육근에 대한 의식이 육내입처로 바뀌면서 괴로움이 생겨난다. 이것이 고의 원인이라고 했다.

그러면 육근이 오염되면서 어떻게 육입처의 의식으로 왜곡되는지를 살펴보자. 앞에서 안·이·비·설·신 오근이 각자 자신의 대상을 인식한 것을 가지고 의근(마음)은 종합하여 사람·동물·과일·산과 들 등 삼라만상으로 인식하며, 나아가 행복·질투·고요·기쁨 등의 정신적인 것들 또한 인식하게 된다고 했다. 의근의 대상은 물질적·정신적인 모든 것, 존재와 비존재의 모든 것을 대상으로 지각하는 것이다.

그런데 여기에서 의근의 활동을 살펴보면, 의근은 외부에 있는 것 그 자체를 있는 그대로 인식하는 것이 아니라, 외부에 있는 대상들을 오근의 도움을 받아 자기 식대로 인식하는 것이다. 왜 그럴까? 앞서 설명한 것처럼 보고 듣고 냄새 맡고 맛보고 감촉을 느끼는 존재를 '나'라고 착각함으로써 '내가 있다'는 아상을 만들어 내기 때문이다. 즉, 의근에 아상이 개입되어 의입처로 바뀌기 때문이다.

그래서 우리가 똑같은 장소에서 똑같은 것을 보았더라도 사람에 따라 각자 그 장소에서 인식한 것이 다르고, 느낌도 다를 수밖에 없다. 외부의 사물 그 자체를 인식한 것이 아니라, 내 방식대로 조합되고 종합된 '의입처가 만들어 낸 대상'을 인식하는 것이기 때문이다.

이 말은, 우리가 인식하는 모든 대상은 외부에 존재하는 대상 자체가 아니라, 우리 마음이 만들어 낸 것에 불과함을 의미한다. 외부의 육경 또한 내 바깥에 독자적으로 존재하는 것이 아니라, 우리 마음이 만들어 낸 것이며, 외부라고 여겨지는 또 다른 내면의 세계인 것이다. 이와 같이 실제 존재하는 것이 아닌, 우리 마음이 만들어 낸 환영의 가짜 존재, 인연화합의 존재를 존재라는 말 대신 '법'이라고 부른다.

이렇게 말하면 어떤 사람은 외부의 세계가 어떻게 내가 만들어낸 것인가 하고 의문을 가질 것이다. 그러나 이미 양자역학에서도 이 세상 만물은 진동하는 에너지이며 파동일 뿐이고, 실체적인 것은 아무 것도 없음을 증명하고 있다. 그 모든 외적인 대상들은 그것 자체의 고유한 성질을 가지지 않으며, 그것을 보는 이의 마음 상태에 따라, 인연 따라 다르게 나타나는 것일 뿐이다. 실재로 그런 상태로 있기 때문에 그렇게 보이는 것이 아니라, 내가 마음에서 그런 것을 보고자 했기 때문에 그렇게 보이는 것일 뿐이다. 어떤 의도로 보느냐에 따라 이 무한한 가능성의 파동으로 이루어진 세계는 내가 의도했던 그 부분대로 보이게 되는 것이다. 그러니 사실은 나[六根]도 이 세상[六境]도 또한 내가 내면에서 인연가합으로 조작하여 만든 것일 뿐이다.

만약 내 바깥에 고정된 실체로서의 세상이 있어서 우리가 그것을 보는 것이라면, 누가 보든 보이는 세계는 같아야 할 것이다. 그러나 가시광선만을 볼 수 있는 인간의 안근으로 보는 세상과 자외선까지 볼 수 있는 물고기나 꿀벌이 보는 세상은 결코 같을 수가 없다. 물고기들은 자외선을 볼 수 있기 때문에 우리 인간의 눈에는 똑같이 생긴 물고기지만 물고기들은 물고기마다의 자외선의 얼룩무늬로 서로를 구분할 수 있다고 한다. 또한 뱀은 눈 아래 있는 골레이세포라는 특수한 신경세포를 통해 적외선을 감지한다고 하니, 적외선을 감지하는 뱀이 보는 세상은 우리가 보는 세상과 같을 수가 없다. 또한 천안이 열린 수행자라면 우리들의 눈에는 보이지 않는 천상 신들의 세계나 화엄성중의 세계, 영가들의 세계까지 다 볼 수도 있을 것이다.

이 세상은 하나의 거대한 파동이며 무한한 가능성의 에너지일 뿐이다. 거기에는 모든 것이 다 구족되어 있고, 모든 가능성이 다 내포되어 있다. 그러나 우리들은 그 모든 것이 다 갖추어져 있는 무한 가능성의 세계를 자기의 의식 수준에서만, 자기라는 내적인 필터를 통해 걸러서 볼 뿐인 것이다. 즉, 우리의 육입처라는 제한되고 한정된, 허망한 의식을 통해서만 육경이라는 세계를 바라볼 수 있을 뿐인 것이다. 그렇기에 이 세상은 보는 자에 따라서 어떻게도 보일 수 있는 무한 가능성의 장이다. 그래서 육입처라는 허망한 착각의 의식이 소멸하게 되어 육근이 청정해진다면, 부처님이 세상을 보는 것처럼 육안만이 아닌 천안·법안·불안을 모두 구족하게 될 것이다. 부처님의 눈, 불안(佛眼)은 안입처라는 허망한 분별에 갇힌 의식이 아니기 때문에 있는 그대로의 무한 가능성의 세계를 있는 그대로 볼 수 있는 것이다.

결론적으로 깨닫지 못한 우리가 보는 세계는 있는 그대로의 세계가 아니다. 세상에 대해 알았다고 말하는 순간, 사실은 정말 있는 그대로의 세상을 안 것이 아니라, 나에게 이해된 세상, 나에게 파악되어진 제한된 세상을 안 것에 불과하다. 양자역학에서도 있는 그대로의 전자를 있는 그대로 관찰할 수는 없으며, 언제나 측정하는 관찰자나 관찰도구 등 관찰되어지는 조건에 의해 영향을 받는다는 사실을 밝혀냈다. 모든 과학적 연구 또한 아무리 객관적이고 과학적인 연구라 할지라도, 사실은 특정 조건과 상황 속에서의 진실일 뿐이지 있는 그대로의 진실은 아닌 것이다.

십팔계

•
마음이 생겨나는 과정

위에서 육입처는 외부에 있는 대상을 있는 그대로 온전히 받아들이는 것이 아니라, '나'라는 자아의식을 개입시킨다고 했다. 보고 듣고 냄새 맡고 맛보고 감촉을 느끼며 생각하는 내가 있다고 착각하는 것이다. 여기에서, 즉 십이입처에서 아상(我相)과 법상(法相)이 생긴다. 이렇게 육내입처에서 내부의 감각 및 지각 기능과 활동하는 것을 보고 '나'라고 착각하는 아상이 생겨나고, 외부의 대상을 보고 '세계'라고 착각하는 법상이 생겨난다. 이런 착각이 있다 보니 자연스럽게 육내입처는 육외입처를 보면서 자기에게 도움이 되거나, 자신에게 이득이 되는 쪽으로 욕망과 집착을 일으킨다. 아상이 활동하는 것이다.

이처럼 십이입처는 '자아'와 '세계'를 나와 세상이라고 착각하는 허망한 의식이다. 그런데 자아와 세상을 나누고, 나와 너를 나누는 이 십이입처에서 나와 세상을 나누고 분별하여 인식하는 마음인 육식(六識)

이 생겨난다. 십이입처를 인연으로 육식이 생기는 것이다.

십이입처의 의식에서는 '나'라는 자아의식이 생기기 때문에 내가 좋아하는 것만을 보고 싶고, 좋은 소리만 듣고 싶고, 좋은 향기와 좋은 음식을 맛보기를 원하게 된다. 반대로 싫어하는 것은 멀리하고 싶고, 싫은 소리는 듣기 싫어진다. 육내입처가 육외입처를 만나면서 좋고 나쁜 분별이 일어나고, 나에게 득이 되는지 실이 되는지를 따지게 되는 것이다. 이것이 바로 육식의 분별해서 인식하는 작용, 식별해서 아는 작용이다.

이처럼 십이입처라는 허망한 의식이 생겨나면 십이입처라는 인연 따라 육식이 연기한다. 십이입처라는 허망한 의식에서 육식이 생겨나면, 이 십이입처와 육식을 인연으로 십팔계라는 새로운 계(界)가 발생한다. 여기에서 계란 '경계를 나눈다'는 의미로, 같은 종류로 묶어 경계를 나누는 것을 의미한다. 즉 십팔계는 자아계 내지 주관계로서 안계·이계·비계·설계·신계·의계의 6가지와 대상계로서 색계·성계·향계·미계·촉계·법계의 6가지, 그리고 의식계로서 안식계·이식계·비식계·설식계·신식계·의식계의 6가지로 합쳐서 18가지를 말한다. 육근 내지 육내입처가 십팔계에서는 내육계가 되고, 육경 내지 육외입처가 외육계가 되며, 새롭게 의식계인 6가지 의식계가 만들어지는 것이다.

『반야심경』에서 무안계 내지 무의식계라는 것은 바로 이 18계의 첫 번째인 안계도 없고, 나아가 18계의 마지막인 의식계도 없다는 의미를 담고 있다. 십팔계가 모두 인연 따라 생겨난 것이며, 비실체적인 것이고, 공하다는 뜻이다.

마음이 '나'라는 착각

이처럼 우리는 보통 육식을 '마음'이라고 이해하며, 이는 대상을 아는 의식이다. 다시 말해, 육내입처에서 육외입처라는 대상을 인식하는 의식이 육식이다. 내가 세상을 접촉하면서 받아들여 인식하다 보니 내 안에 '마음' 혹은 '의식'이라는 것이 별도로 우리 안에 존재한다고 여기는 것이다.

눈으로 대상을 바라볼 때, 우리는 단순히 눈이 대상을 보는 것이라고 생각하는 것이 아니라, 눈이라는 신체의 시각기관을 통해 우리의 마음이 본다고 생각하는 것이다. 눈을 통해 내 안에 실재하고 있는 '의식(마음)'이 세상을 본다고 여기는 것이다. 눈으로 볼 때, 눈으로 봐서 대상을 분별하여 인식하고 아는 '놈'이 있다고 여기게 되고, 바로 그 인식하는 마음을 '식(識)'이라고 부른다.

눈이 대상을 볼 때 보는 데 따른 분별과 인식이 생김으로써 내 안에 보는 주체인 '보는 놈〔眼識〕'이 있다고 여기고, 귀로 소리를 들을 때는 듣는 주체인 '듣는 놈〔耳識〕'이 있다고 여기며, 맛보고 냄새 맡고 감촉을 느끼고 생각할 때도 각각 그것을 인식하는 '식'이 있다고 여기는 것이다. 그래서 이 식을 나의 주체라고 착각하게 된다. 경전에서도 "어리석은 중생들은 식을 '나 자신'이라고 착각하게 된다"라고 말씀하고 있다. 그러나 사실 육식이 일어나는 것은, 의식 주체가 내 안에 진짜로 있어서 눈으로 볼 때 안식계 등이 일어나는 것이 아니라, 십이입처라는 허망한 착각으로 대상을 인식할 때 인연 따라 생겨나는 것일 뿐이다. 인연 따라 허망하게 생겼다가 사라지는 공한 것일 뿐이지만, 중생들은 어리석은 착각으로 인해 그것이 내 안에 있는 '식'이라는 실체로 여기는 것이다. 그럼으로써 식을 내 안의 영혼처럼 생각하면서 죽지 않고 살아 있는 동안 지속되는 실체로 여기고, 나아가 죽고 난 다음에도 다음 생을 받는 영원한 존재라는 주장까지 생겨나게 된 것이다. 뒤에 있을 유식사상은 이 식에 대한 연구를 통해 제7말나식과 제8아뢰야식설까지 식사상을 확대시키고 있다.

이렇게 내 안에, 대상을 분별해서 의식하는 마음인 식이 있다는 육식의 분별심이 생기면, 내 바깥에는 이름과 형태를 가진 식의 대상 즉 명색(名色)이 있다는 생각이 만들어진다. 육식이라는 분별심이 대상을 이름 붙여 인식〔名〕하고 형태로써 인식〔色〕하게 되는 것이다. 이러한 육식의 대상을 경전에서는 명색이라고 부른다. 육근의 대상은 육경이지만, 육식의 대상은 명색이 되는 것이다.

●
분별을 버리고, 있는 그대로 보라

여러 사람이 똑같은 거리를 걸었을지라도 사람에 따라 그 거리에서 본 것은 제각기 다를 수밖에 없다. 똑같은 소리를 듣고도 좋아하는 사람도 있고 싫어하는 사람도 있으며, 같은 음식의 향기를 느끼면서 좋다는 사람도 있고 싫어하는 사람도 있게 마련이다.

똑같은 것을 보더라도 저마다 자기 방식대로, 자기 욕심대로 바깥 대상을 선별해서 차별적으로 분별해서 인식하게 되는 것이다. 이와 같이 대상을 분별해서 인식하는 의식을 육식이라고 한다고 했다.

예를 들어 본다면, 똑같이 산행을 했는데, 건축업자는 나무의 쓰임새만 보며 걸을 것이고, 사진작가는 아름다운 풍경을 사진에 담으려는 마음으로 산길을 볼 것이며, 꽃 연구가는 꽃에만 눈길이 갈 것이다. 또한 마음이 괴롭고 우울한 사람은 숲길 또한 음침하게 느껴졌을 것이고, 마음이 기쁨에 넘쳐 있는 사람은 생기로운 숲과 달콤한 공기, 맑은 자연을 온몸으로 느꼈을 것이다. 산행 이후에 각자가 본 것을 말하라고 한다면 모든 사람들이 다 다른 이야기를 할 것이다.

이처럼 식이라는 분별심으로써 세상을 의식하게 되면, 저마다 자기의 의지와 바람, 욕심과 탐욕이 원하는 것들을 기반으로 대상인 명색을 인식한다. 그렇기에 우리는 대상을 있는 그대로 인식하지 못하고 자기 식대로, 자기가 만들어 놓은 대상을 인식할 뿐이다. 결국, 육식의 인식 또한 환영에 불과하며, 온전한 의식이라고 할 수 없다. 그래서 수많은 경전이나 법문들에서는 '분별심을 버려라'는 무분별의 가르침을 설파했던 것이다. 바로 이러한 인식으로 인해 세상을 있는 그대로 보지 못하고 왜곡하는 것이다. 왜곡해서 볼 때, 왜곡된 자아관(안계 내지 의계)과 세계관(색계 내지 법계) · 인식관(안식계 내지 의식계)에 사로잡히게 되고, 그로 인해 온갖 분별 · 판단 · 비교 · 평가 등이 생겨나며, 그 결과 우리의 삶이 복잡하고 괴롭게 되는 것이다.

이와 같은 방식으로 우리 삶의 모든 괴로움은 생겨나는 것이다. 그렇다면 우리가 생각하는 모든 괴로움은 사실 진짜 괴로움이 아니라 내가 괴로움이라고 분별·왜곡하여 인식한 것일 뿐이다. 즉, 내 스스로 외부의 대상을 왜곡하고 분별해서 인식한 뒤 내 스스로 만들어 놓은 그 인식을 대상으로 괴로움을 만들어 낸 것일 뿐이다. 이 모든 것이 내 내면에서 일어난 허망한 장난일 뿐이다. 진짜 괴로울 일이 있어서 괴로웠던 것이 아니라, 공연히 마음속에서 의식으로 조작해 낸 거짓 괴로움을 가지고 그동안 우리는 괴로워하고 있었던 것이다.

그렇기에 우리가 해야 할 일이란 있는 그대로의 현실을 육식이라는 아상에 기초한 욕심으로 조작하고 분별하며 왜곡해서 보던 방식을 그저 단순히 '있는 그대로를 그저 있는 그대로 보는 것'으로 변화시키는 것에 있다. 분별심으로 보지 않고 무분별로써, 있는 그대로 바라보는 데 있다. 다시 말하면, 육식이 '나'라는 착각에서 벗어나, 그 어떤 것도 자신과 동일화하지 않은 순수한 의식으로써 다만 바라보면 되는 것이다.

식이 '나'라는 자기 동일시가 없을 때, 아상과 아집과 탐욕이 사라지며, 그로 인해 나와 세계를 구분 짓는 분별심이 사라지면, 분별해서 인식하던 허망한 식 또한 사라지게 되고, 비로소 그 때 여여하게 있는 그대로 존재하고 있던 세상에 대해 아무런 시비도 붙이지 않고, 아무런 분별도 개입시키지 않은 채로 그저 있는 그대로를 있는 그대로 투명하게 바라보게 된다. 이것을 지혜라고 하며, 유식에서는 전식득지라고 하여, 허망한 식을 지혜로 전환시키고자 하는 것이다. 뒤에 팔정도에서 언급하겠지만 이와 같이 세상을 분별심으로 허망하게 인식하지 않고 있는 그대로의 대상을 있는 그대로 인식하고 보는 것을 정견(正見)이라고 한다.

4장

오 온

'나'가 만들어지는 과정

- ### '있다'고 생각하는 것들의 실체

우리는 앞 장에서 십팔계가 성립되는 과정을 살펴보았다. 6가지 주관자아계와 6가지 객관대상계 그리고 6가지 의식계가 서로 계역을 이루어 나뉘어져 있는 의식상태를 십팔계라고 한다고 했다. 이렇게 각각 6가지 주관계, 객관계, 의식계가 계역을 이루며 나뉘어져 있다가 이 세 가지 계역이 합쳐져 접촉을 하는 것을 '촉(觸)'이라고 한다.

이 세 가지는 언제나 함께 모여서 나타난다. 눈으로 색을 보게 되면 안식이 생기는 것이다. 이처럼 주관인 눈과 객관인 색, 그에 따른 본다는 의식인 안식이 하나로 합쳐졌을 때 우리는 비로소 무언가를 존재하는 어떤 것으로 느낄 수 있는 것이다. 세 가지 계가 각각 존재하고 있다가 세 가지가 하나로 합쳐지는 '촉'에 의해 비로소 우리는 무언가를 인지할 수 있고, 존재하는 어떤 것으로 알 수 있는 것이다.

다시 말하면, 눈으로 무언가를 볼 때나 귀로 소리를 들을 때 의식이 함께 접촉하면서 '무언가가 있다는 의식'이 일어나는 것이다. 쉽게 말해, 촉이란 단순한 육근과 육경과 육식의 접촉이 아니라, 우리가 '존재한다'고 여기는 의식, '무언가가 있다'고 여기는 의식을 말한다. 사실 이 세상은 공하기 때문에 그 어떤 것도 실체로 존재한다고 할 수 없다. 내가 있고, 내가 만나는 세상이 있으며, 내 마음도 있고, 바깥의 물질적 대상도 있다고 판단하고 있지만, 사실은 정말로 '있는' 것이 아닌, 인연가합으로 연기되어 잠시 일어난 비실체적인 것일 뿐이다.

그런데도 우리는 나도 있다고 여기고, 대상도 있다고 여긴다. 왜 그렇게 여기는 것일까? 왜 실제로는 없는 공한 세상을 우리는 '있다'고, '존재한다'고 여기고 있는 것일까? 그것은 바로 이 '촉'이라는 허망한 의식 때문이다. 촉을 통해 우리는 내 앞에 무언가가 접촉되고 있다는 것을 알 수 있고, 접촉되다 보니 접촉되어지는 무언가가 실제로 '있다'고 확신을 가질 수밖에 없는 것이다.

지난 밤 천둥 번개가 치고, 요란하게 폭풍우가 내렸지만, 한 사람은 그로 인해 벌벌 떨며 걱정을 했고, 다른 한 사람은 전혀 의식하지 못한 채 깊은 잠에 빠졌다가 일어났다고 치자. 후자의 사람에게 폭풍우와 천둥번개는 인식되지 않았다. 십팔계가 이 사람에게는 전혀 '촉'하지 않은 것이다. 그러나 전자의 사람에게는 눈으로 폭우를 보고, 귀로 번개 소리를 듣고, 생각으로 온갖 두려운 생각을 품으면서 인식을 했기 때문에 십팔계라는 삼사가 화합하여 '폭풍우와 천둥번개가 있다'라는 '촉'이 생겨난 것이다. 전자의 사람에게는 촉이 있었기 때문에 '무언가가 존재'했지만, 후자에게는 촉이 없었기 때문에 그 무엇도 존재하지 않은 것이다. 우리가 '있다'고 여기는 일체 모든 것은 이와 같다. 그것은 실제로 있는 것이 아니라 다만 인연 따라 잠시 잠깐 생겨났다가 인연이 다하면 사라지는 인연가합의 존재일 뿐이다.

이러한 십팔계와 촉의 교리는 불교의 무아(無我), 공(空), 연기(緣起), 무자성(無自性), 삼법인(三法印) 등의 가르침을 뒷받침해 주고 있다. 왜 불교에서는 무아라고 하고, 공이라고 하는가? 왜 이렇게 실재로 존재하는 이 세상의 모든 것들에 대해 공하다, 무아다라고 하는가에 대한 답변이 바로 십팔계와 촉의 교리이다. 바로 이 '촉'의 가르침이야말로 불교의 존재론을 대변해 주고 있다. 인연 따라 '존재한다'고 착각하는 것일 뿐, 실제로 존재하는 것은 아무 것도 없음을 설해 주고 있는 것이다.

이렇듯 본래 없지만 없다는 데 집착하면 인연 따라 있는 것을 무시하는 것이 되고, 이렇게 현실적으로 있기 때문에 있다는 데 집착하게 되면 인연 따라 생겨난 허망한 것에 사로잡히게 되는 것일 뿐이다. 그렇기 때문에 있다고 할 수도 없고, 그렇다고 없다고 할 수도 없는 중도적인 안목, 중도적인 실천이 뒤따라야 하는 것이다.

부수적인 마음은 어떻게 만들어질까?

이 십팔계의 삼사화합을 통해 '무언가가 있다'는 의식인 '촉'이 나타나게 되면, 이 '무언가가 있다는 느낌', '있다는 착각' 즉 촉에 의해 수 · 상 · 사(受想思)가 생겨난다. 여기에서 수 · 상 · 사는 곧 오온의 수 · 상

·행(受想行)을 의미한다.

『잡아함경』 306경에서는 "안과 색을 연하여 안식이 생기고, 이 세 가지가 화합하는 것이 촉이다. 촉에서 수·상·사가 함께 생겨난다"라고 말하고 있다. 마찬가지로 이와 성을 연하여 이식이 생기고, 이 세 가지가 화합하는 것이 촉이며, 촉에서 수·상·사가 함께 생겨난다. 나아가 의와 법을 연하여 의식이 생기고, 이 세 가지가 화합하는 것이 촉이며, 그 촉에서 수·상·사가 함께 생겨난다.

안·이·비·설·신을 서로 연결하고 종합하여 통합적으로 인식하는 것이 '의'라고 했으니, 결국, 의계와 법계가 연하여 의식계가 생기고 그 세 가지가 촉함으로써 수·상·사가 생겨난다는 말은 곧 우리가 마음이라고 여기는 '의'와 '의식' 속에서 수·상·행이라는 오온이 만들어짐을 뜻한다. 십팔계가 인연 따라 접촉함으로써 마음에서 오온이 생겨나는 것이다. '의-의식-법'이라는 세 가지가 화합하여 '촉'함으로써 새로운 '있다'고 여기는 오온이라는 존재가 만들어지는 것이다. 즉 오온이란 십팔계와 촉에서 인연 따라 만들어진 '존재'라고 착각된 것이다.

오온이란 색·수·상·행·식인데, 안·이·비·설·신과 색·성·향·미·촉이 색이고, 육식이 식인데, 안·이·비·설·신·의와 색·성·향·미·촉·법이 접촉하여 육식이 연기하면서 동시에 수·상·행 또한 만들어지기 때문에, 결국 오온이 만들어지는 것이다. 예를 들어, 꿈속에서 무수한 보물을 보고, 큰돈을 벌었다고 할지라도 꿈에서 깨는 순간, 우리는 그 모든 것이 허망하고, 실제로 존재하지 않는 것임을 안다. 그렇기 때문에 꿈에서 깨는 순간 꿈속의 금은보화에는 전혀 집착하지 않는다. 집착하지 않기 때문에 그것에 대해 좋아하면서 애착하거나, 싫어하면서 증오할 필요도 없고, 거기에 대해 생각할 것도 없으며, 가지려고 애쓰지도 않는다.

사실 우리의 삶 또한 이러한 꿈과 마찬가지로 허망한 착각에 불과한 것이다. 우리가 '있다'라고, '존재한다'라고 여기는 그 모든 것들은 사실 꿈과 같다. 그러나 '촉'에 의해 진짜로 있다고 착각하게 되면, 그것에 대해 좋거나 싫다는 느낌이 일어난다. 바로 이렇게 해서 생겨난 좋거나 싫다는 느낌, 감정을 수온(受蘊)이라고 한다. 이 느낌에서 연이어 과거에 알았던 것과 비교해서 더 좋은 것인지, 나쁜 것인지를 판단하고 사유하며, 생각을 만들게 될 것이다. 이것이 바로 상온(想蘊)이다. 좋은 느낌이 생기고, 그것에 대해 생각하게 되면 연이어 그것을 내 것으로 만들고 싶은 충동을 느끼고 행동에 옮길 것이다. 이러한 의지작용이 바로 행온(行蘊)이다. 이렇게 해서 수·상·행이 생겨난다. 보통 식을 마음이라고 하고, 수·상·행을 마음의 부수작용이라고 한다.

비로소 내가 만들어지다

이제 비로소 오온이 모두 성립되었다. 오온이란 우리가 '촉'으로 인해 '있다'고 여길 수 있는 모든 것들을 말한다. 즉 우리가 '있다'고 '존재한다'고 여기는 모든 것들은 전부 오온에 포섭된다. 즉, 일체 모든 존재를 오온으로 나눌 수 있다. 앞에서 십이처도 일체라고 했고, 일체를 십팔계로도 나눌 수 있다고 했는데, 여기에서 또 다시 일체 존재를 오온이라고도 한다고 했다.

부처님께서는 초기경전에서 일체 존재에 대한 다양한 분류 방법을 설하셨는데 대표적인 것이 온처계(蘊處界)라고 하여, 오온·십이처·십팔계이다. 이렇게 세 가지로 나눈 데 대해서는 일반적으로, 정신에 대해 잘못 이해하고 있는 사람을 위해서는 5온을 설하고, 물질에 대해 잘못 이해하고 있는 사람들을 위해서는 12처를 설하며, 정신과 물질 모두에 대해 잘못 이해하고 있는 사람들을 위해서는 18계를 설한다고 한다. 이렇게 온처계로 나누어 설명함으로써 다양한 근기의 온갖 중생들에게 결국 물질과 정신은 모두 실체적인 것이 아니며, 다만 인연 따라 연기되어진 가합의 존재에 불과하며, 무아인 것임을 설명하고 있다.

5온의 온(蘊)은 '모임'이라는 뜻으로 음(陰)이라고 번역되기도 한다. 좁게는 인간 존재도 오온이라고 부르며, 넓은 의미로는 일체 모든 존재를 오온이라고 부르기도 한다. 특별히 인간 존재만을 구별해서 사용할 때는 오취온(五取蘊)이라는 표현을 사용하기도 한다. 오온으로 구성되어 있는 것을 자아라고 집착한다는 의미에서 오취온이라고 한 것이다. 오온에 의하면 일체제법은 물질적인 색(色)과 정신적인 수·상·행·식(受想行識)으로 나눌 수 있다.

앞에서 수·상·행에 대해서는 설명했는데, 색과 식 또한 이미 설명이 되었다. 색은 물질로서, 우리 몸의 감각기관인 안·이·비·설·신과 그 대상인 색·성·향·미·촉을 색이라고 부른다. 눈과 눈에 보이는 대상, 귀와 귀에 들리는 소리, 코와 코로 맡아지는 냄새, 입과 입으로 맛보아지는 것, 몸과 몸으로 감촉이 느껴지는 대상 전부를 색의 범주에 넣는다. 그리고 식은 십팔계에서 설명한 육식(六識)을 말한다.

앞에서 식의 대상을 명색(名色)이라고 부른다고 했는데, 수·상·행·식을 명(名)으로, 색을 색(色)으로 나눌 수 있다. 우리가 식으로 인식할 수 있는 의식의 대상은 명색, 즉 색·수·상·행·식 오온인 것이다.

'나'라는 인간 존재를 오온이라고 했고, 오온은 '촉'으로 인해 '있다'고 여겨지는 것이라고 했다. 즉 우리가 실제로 내가 없는 '무아'임에도 불구하고 '나'를 있다고 여기는 이유는 바로 '촉' 때문이고, 그 허망한 촉으로 인해 '내가 있다'고 여겨지는 것들의 종류에는 색·수·상·행·식 다섯 가지가 있는 것이다.

첫째로 우리는 색인 이 육신을 '나'라고 여긴다. 육체가 이렇게 있고, 눈이 있고, 귀가 있고, 코가 있고, 혀가 있기 때문에 물질인 육신을 보고 '내가 있다'고 여긴다. 이것이 색온(色蘊)이다. 육신만을 가지고 '나'라고 여기는 것은 아니다. 정신작용이 일어나는 것을 보고 '나', '내 마음'이라고 여긴다. 정신 또한 '내가 있다'고 여겨지는 것들인 것이다. 그런 정신으로는 첫째, 느낌·감정 즉 수온(受蘊)이 있다. 우리가 '나'라고 생각하는 '내 마음'에는 첫 번째로 감정을 느끼는 마음이 있는 것이다. 슬픔, 아픔, 절망, 기쁨, 행복감 등을 느낀다. 좋은 느낌도 느끼고, 싫은 느낌도 느끼며, 그저 그런 느낌도 느낀다. 이렇게 촉을 통해 '있다'고 여겨지는 '느끼는 존재', '느끼는 마음'을 수온이라고 한다.

정신의 두 번째로는 생각·사유·사고하는 마음인 상온(想蘊)이 있다. 느끼는 것도 내 마음이지만, 판단하고 사유하고 추리하는 등의 생각 또한 중요한 마음의 작용이다. 개념 혹은 표상작용이라고도 하는데, 대상을 보고 어떤 것인지 이름을 붙이고, 표상을 부여하는 작용이기 때문이다. 수온을 감성이라고 한다면 상온은 지성이라고 말할 수도 있다. 사람들도 감정적인 부분을 중요하게 여기는 감성적인 사람이 있는가 하면, 이성적이고 논리적인 부분을 중요하게 여기는 지성적인 사람도 있게 마련이다.

세 번째로는 바람·의지·욕구라고 할 수 있는 행온(行蘊)이 있다. 어떤 행위를 일으키고, 하고자 하는 마음이 있는 것이다. 무언가를 하고 싶다거나, 어디에 가고 싶다거나, 가지고 싶다거나, 말하고 싶다거나 하는 바람·욕구·의지적인 마음의 부분이 있다. 이것은 업을 일으키는 원동력이 되는 마음이기도 하다. 물론 뒤에 살펴보겠지만 이 행온은 수온·상온·식온에 포함되지 않는 수많은 다양한 정신작용을 두루 포섭하고 있지만, 그 중에 가장 주요한 작용이면서 쉽게 이해하기 위해 단순히 의지 작용이라고만 알아 두자.

네 번째는 앞서 설명한 것처럼, 대상을 분별하여 아는 인식하는 마음이 있다. 수·상·행·식이라는 마음 작용 중에 가장 근원이 되는 마음으로, 수·상·행의 도움을 받아 대상을 분별해서 아는 인식하는 작용이다. 쉽게 말해 우리는 대상을 파악하여 인식할 때 인연이 화합함으로써 인식하는 것임에도 불구하고, 인연 따라 인식이 생겨났다고 생각하지 못한 채, 우리 안에 어떤 특정한 '인식하는 존재'가 있어서 대상을 그 '식'이라는 존재가 인식한다고 여기는 것이다. 그런, 대상을 종합적으로 분별하여 알고 인식하는 마음을 식이라고 한다.

그러면 다음 장에서는 오온 각 온의 세부적인 의미를 살펴보고 그러한 오온이 왜 무아인지를 살펴보도록 하자.

'나'는 있는가 없는가? 오온과 오온 무아

앞 장에서 삼법인의 제법무아를 살펴보면서, 무아야말로 초기불교의 가장 중요한 가르침이며, 무아는 곧 연기·중도·공과 다르지 않은 개념이라고 했다. 부처님께서는 전 생애에 걸쳐 이 무아의 가르침을 쉽게 이해시킬 수 있는 다양한 방편의 가르침을 전해 주셨다. 그 가운데 하나가 바로 오온의 가르침이다. 내가 없다고 하는데 도대체 왜 내가 없다는 말인가? 이렇게 몸뚱이도 있고, 생각하고, 느끼고, 의도하며, 의식하는 마음도 분명히 있는데 왜 무아라고 하셨을까? 바로 그 답변으로 설하신 가르침이 오온이다.

무조건 "내가 없다, 무아다"라고 말하시는 것이 아니라, 우리가 '나'라고 생각하는 것이 세부적으로 분석해 보면 어떤 요소들로 나뉘고 있는지를 살펴보고 그 각각의 부분들이 왜 실체가 없는지를 살펴본 것이다. 나를 구성하고 있는 다섯 가지의 요소들이 각각 모두 비실체적이며, 텅 빈 공허한 것이라면 그 다섯 가지가 조합된 '나'라는 존재 또한 무아일 수밖에 없을 것이다.

그래서 『상윳따 니까야』에서는 "라훌라여, 색은 항상한가 무상한가? 무상합니다. 무상한 것은 괴로움인가 즐거움인가? 괴로움입니다.

무상하고 괴로운 것을 '나다. 내 것이다. 나의 자아다'라고 할 수 있는가? 그렇지 않습니다. 소냐여, 수·상·행·식은 항상한가 무상한가… 즐거움인가 괴로움인가? '나다. 내것이다. 나의 자아다'라고 할 수 있는가? 그렇지 않습니다. 이처럼 무상한 줄 알기 때문에 색·수·상·행·식에 집착하지 않고, 집착하지 않으므로 욕망에서 벗어나며, 욕망에서 벗어남으로 인해 해탈을 얻는다"라고 함으로써, 오온은 모두 무상·고·무아이며, 그렇기에 집착할 것이 없음을 설하고 있다.

이 장에서는 먼저 오온의 의미에 대해 살펴보고, 그 오온의 각 온들이 왜 고정된 실체적 존재가 아닌 무아인지에 대해 살펴보도록 하자.

몸^色은 내가 아니다

색온의 의미

우리가 '존재한다', 혹은 '있다'고 여기는 것들은 크게 물질적인 것과 정신적인 것으로 나눌 수 있다. 그 가운데 물질적인 것을 '색온'이라고 부른다. '온(蘊)'은 쌓임·집합·존재를 구성하는 요소 등의 의미로 쓰인다. '색'은 보통 모양과 형태를 갖춘 것을 의미한다. 즉, 색온이란 이 세상을 이루고 있는 물질의 총체를 말한다. 오취온이라는 인간을 한정해서 말한다면 색은 우리의 육신을 말하며, 구체적으로는 눈·귀·코·혀·몸을 색이라고 한다. 바깥 대상 중에는 안·이·비·설·신·의 대상인 색·성·향·미·촉 또한 색이다.

색은 사대(四大) 즉 네 가지 요소로 이루어져 있으며, 지수화풍(地水火風)을 말한다. 우리 몸으로서의 색은 내사대(內四大), 외부 대상의 색은 외사대(外四大)라고 부르기도 한다.

지수화풍 사대는 땅·물·불·바람의 요소를 말한다.

땅의 요소인 지대(地大)는 딱딱한 성질의 물질로 변형되는 성질을 가진 것으로 우리 몸에서는 피부·뼈·머리카락·손발톱·심장 등 우리 몸을 구성하고 있는 여러 기관들이나 딱딱한 구성요소들을 뜻한다.

물의 요소인 수대(水大)는 흐르거나 적시는 성질을 가진 액체 부분으로 우리 몸의 피·오줌·침 등을 말한다.

화의 요소인 화대(火大)는 뜨거운 열의 기운을 말하는 것으로 우리 몸의 체온을 말하며, 우리가 살아 있기 위해서는 일정한 체온이 유지되어야 하듯 화대 또한 우리 몸을 유지하는 중요한 요소이다.

풍의 요소인 풍대(風大)는 움직이는 성질의 것으로 우리 몸에서는 호흡·혈액의 움직임·가스 등을 말하며, 우리 몸이 움직이는 것은 모두 바람의 요소가 작용한 것임을 알 수 있다.

이처럼 지수화풍 네 가지 요소로 이루어진 우리의 육신을 색온이라고 부른다. 그러나 색온을 구성하고 있는 지수화풍은 낱낱의 요소들이 고정된 실체적 존재는 아니다. 그것들은 다만 인연 따라 내 육신을 만들었을 뿐이다. 우리가 아침에 먹은 음식이 땅의 요소가 되고, 마신 물과 음료 등이 물의 요소가 되며, 움직이고 운동을 할 때 나는 열·체온 등이 불의 요소가 되고, 숨을 쉬거나 움직일 때 풍의 요소가 인연 따라 모이고 흩어지는 것일 뿐이다.

그렇기에 네 가지 요소로 이루어진 색온, 즉 육신 또한 고정된 실체적 존재가 아니다. 육신이라는 내사대도, 세계인 외사대도 모두가 인연 따라 만들어진 가합의 존재일 뿐, 고정된 실체는 아니다. 이 육신이 '나'라는 착각이 어리석은 중생들이 생각하는 색온의 모습이다.

외도들의 요소설을 보면 똑같이 물질을 구성하는 요소로써 사대를 설하고 있지만, 그것이 불교의 사대와 다른 점이 바로 여기에 있다. 외도에서 말하는 사대는 물질을 구성하는 상주불변의 실체적 요소이지만, 불교에서 말하는 사대는 인연 따라 생겨난 것일 뿐, 그 어떤 실체도 없는 것이다.

물질이 진짜로 있다는 착각

현대과학에서도 우리 몸의 최소의 구성요소는 결국 존재하지 않음을 밝혀내고 있다. 물질의 구성요소를 나누어 보면, 분자에서 원자로 또 양자·중성자·전자로 나뉘며, 결국 소립자로 나누어진다. 그런데 이러한 입자는 질량과 무게가 있어야 하는데, 소립자는 어떤 상태에서는 무게를 가지다가 어떤 상태에서는 무게 없이 사라진다. 인연 따라 있기도 하다가 없기도 하는 것이다. 관찰자의 마음에 따라 입자가 되었다가 파동이 되고, 있다가 없어진다. 물질도 결국 마음에서 인연 따라 연기한 것임을 밝혀주고 있는 것이다. 물질, 즉 육신이 실체하는 것이라고 우리는 착각하고 있지만, 사실은 그 또한 우리 마음에서 연기한 것일 뿐이다.

그뿐이 아니다. 원자의 구조를 놓고 보더라도, 물질의 미시적인 구조는 거의가 비어 있는 상태로 있음이 밝혀졌다. 원자핵 주위를 전자가 돌고 있는데 그 상태는, 콩알만한 원자핵 주위를 먼지보다 더 작은 전자가 월드컵 경기장만한 큰 공간을 돌아다니고 있다고 생각해 보라. 원자는 99.999%가 다 비어 있으며, 0.0001%도 안 되는 전자와 양자만이 공간을 차지하고 있다. 그런데 그 전자와 양자 또한 나누어 보면 결국 최소 구성요소라는 실체적 알갱이는 존재하지 않는다. 이렇게 보면 우리가 손으로 상대방의 몸을 누르면 그 안으로 손이 들어갈 수 있어야 하는데 못하는 이유는 바로 전자와 전자가 마이너스끼리 접근하면서 전기적인 반발력을 일으키기 때문이다. 즉 99.999%가 다 텅 비어 있는 육신이지만 반발력 때문에 딱딱하다고 느끼는 것일 뿐이다. 쉽게 말하면, 텅 비어 있는 육신을 우리는 특정 에너지, 특정 인연 때문에 실체적으로 존재한다고 착각하고 있을 뿐인 것이다.

이와 같이 색온이라는 것, 우리 육신, 몸이라는 것은 텅 비어 있으며, 실체적으로 존재하는 것이 아니다.

육신이 '나'라는 착각이 고(苦)를 만든다

이렇게 육신은 사실 텅 비어 있어 고정된 실체가 아니지만 우리는 육신을 보고 '나'라고 생각한다. 육신이 '나'라는 관념에 사로잡힌 채 삶을 바라보기 때문에, 생사(生死)적 사고방식 안에 갇힐 수밖에 없다. 육신이 있을 때는 내가 살아 있는 것이지만, 육신이 죽고 없어지면 '나'는 끝난 것, 죽은 것이라고 여긴다. 육신이 '나'일 때는 이처럼 죽음은 끝이며, 실패일 수밖에 없다. 그러나 육신이 '나'가 아니라는 색온 무아를 깨닫게 된다면 생사적 사고방식에 빠져, 늙고 병들고 죽는 현실 앞에서 두려움에 떨 이유가 없다.

부처님께서는 삶의 이치를 깨달아 해탈열반에 이르셨지만, 많은 사람들은 궁금해 한다. 생사를 벗어났다고 하신 분이 왜 죽게 된 것일까? 이것은 생사적 사고방식에 갇혀 있기 때문이다. 죽음이 괴로움이며, 죽으면 모든 것이 끝난다는 잘못된 허망한 착각에 사로잡힌 사람들에게 죽음은 모든 것이 끝난 것이지만, 육신이 내가 아님을 분명히 깨닫고, 오온이 내가 아님을 분명히 본 부처님에게 죽음은 고가 아닌 것이다.

느낌受은
내가 아니다

수온의 의미

앞에서 십팔계가 '촉'하게 되면 그에 따라 수·상·행이라는 마음이 생긴다고 했다. 안·이·비·설·신·의라는 주관계가 색·성·향·미·촉·법이라는 객관계를 만나면 그에 따라 식과 수·상·행이 생기는 것이다. 여기에서 안·이·비·설·신과 색·성·향·미·촉은 '색'이며, 의와 법은 '마음'이다. 즉, 안·이·비·설·신이라는 우리 오관에서 각각 색·성·향·미·촉의 대상을 만날 때 수·상·행·식이라는 마음작용이 생겨나며, 의와 법이 만날 때 즉 마음 내부에서도 수·상·행·식이 일어날 수 있다.

눈으로 무언가를 볼 때, 귀로 어떤 소리를 들을 때, 코로 냄새 맡고, 혀로 맛보고, 몸으로 촉감을 느낄 때 우리는 그 대상에 대해 있는 그대로 받아들이는 것이 아니라, 좋거나 나쁜 어떤 특정한 느낌으로 받아들인다.

　비오는 날에 대해 어떤 사람은 눈으로 비를 보고, 귀로 빗소리를 들으며, 습기 머금은 축축한 느낌을 몸으로 감촉하면서 '싫은 느낌'을 느낄 수도 있고, 또 어떤 사람은 이런 비를 '좋은 느낌'으로 받아들일 수도 있다.

　이처럼 대상을 받아들일 때 우리는 대상 자체를 있는 그대로 받아들이는 것이 아니라, 자기 식대로 받아들이고 느낀다. 즉 감정을 섞어서 감정적으로 받아들이는 것이다. 그런데 이 감정이라는 것은 어디까지나 주관적일 수밖에 없다.

　어떤 대상을 받아들일 때는 언제나 좋거나 싫거나 그저 그런 느낌 중 한 가지로서 받아들인다. 이것을 삼수(三受)라고 하여, 싫은 느낌을 고수(苦受), 좋은 느낌을 낙수(樂受), 좋지도 싫지도 않은 그저 그런 느낌을 불고불락수(不苦不樂受)라고 한다.

　이 가운데 주로 우리가 인지하는 느낌은 고수나 낙수이고, 불고불락수는 거의 받아들이지 않고 잊어버리기 쉽다. 뚜렷하게 좋거나, 아주 싫은 느낌은 잘 기억되지만, 그저 그런 느낌들은 쉽게 잊히고 기억에서 버려진다고 해서 불고불락수를 '버린다'는 의미에서 사수(捨受)라고도 부른다.

　이와 같이 세 가지 느낌이 일어날 때 우리는 이 느낌이 나의 마음속에서 일어나다 보니 이 느낌을 '내 마음', '내 느낌'이라고 여긴다. 느끼는 마음을 자아라고 여기는 것이다. 이것이 수온이다.

느낌은 고정된 실체가 없다

그렇다면 수온은 실체적으로 존재하는 것일까? 그렇지 않다. 수온은 주관적인 감정일 뿐이다. 동일한 대상을 보고도 사람에 따라 좋게 느끼기도 하고 나쁘게 느끼기도 하며, 같은 사람일지라도 어떤 상황이냐에 따라 좋게도 나쁘게도 느낀다.

이뿐 아니라 시대에 따라서나, 나라에 따라서, 문화적 배경에 따라서도 다르게 느껴진다. 어떤 아프리카 부족은 뚱뚱한 정도가 미(美)의 기준이 된다고 한다. 뚱뚱한 여인일수록 남자들에게 사랑을 받는다. 반대로 한국에서는 마른 사람을 아름답게 느끼지 않는가. 이처럼 '느낌'이나, '감정'은 고정된 실체인 것이 아니라, 시대와 나라, 종교와 문화적 배경에 따라서도 달라질 수밖에 없다.

이처럼 느낌은 인연 따라 언제나 변화하는 것일 뿐, 고정되게 실체적으로 존재하는 것은 아니다. 상황에 따라, 조건에 따라 끊임없이 변화하는 것이라면 그것을 어떻게 '내 마음'이라고 할 수 있겠는가!

앞에서 육내입처와 육외입처, 육식이 촉할 때 수·상·사가 생겨난다고 했는데, 구체적으로 눈·귀·코·혀·몸·뜻이 색·성·향·미·촉·법을 접촉할 때 생기는 느낌이 왜 실체가 없는 것인지를 예를 들어 살펴보자.

눈으로 똑같은 음식을 볼 때, 그 음식을 좋아하는 사람에게는 좋은 느낌이 일어나지만, 싫어하는 사람에게는 싫은 느낌이 일어난다. 또한 같은 음식을 먹을 때라도 배가 부를 때는 맛이 없게 느껴지고, 배가 고플 때는 더욱 맛있게 느껴지는 것을 볼 때, '느낌'이라는 것은 실체가 없음을 알 수 있다.

귀로 소리를 들을 때도 마찬가지다. 아이들이 집안에서 소리치며 뛰어 노는 소리가 자신의 기분이 좋고 마음이 활짝 열려 있을 때는 듣기 좋고 행복하게 들리다가, 안 좋은 일로 기분이 나쁘거나 마음이 닫혀 있을 때는 듣기 싫은 소음처럼 들려 아이들을 야단치기도 한다. 같은 소리지만 내가 어떤 상태에 놓여 있느냐에 따라 좋거나 나쁜 느낌으로 다가오는 것이다.

코로 냄새를 맡거나, 혀로 맛보는 것도 마찬가지다. 절집 음식 중에 고수나물이라는 것이 있다. 처음 절에 갔을 때 향이 짙은 고수나물은 그 독특한 향 때문에 즐겨 먹는 음식이 아니었다. 그런데 계속 먹다 보니 그 독특한 향과 맛을 즐기게 되었다. 싫은 느낌의 맛과 향기가 어느덧 좋은 느낌으로 바뀐 것이다. 맛과 향은 이처럼 정해진 실체적인 느낌이 아니기 때문에 인연 따라 언제든 그 느낌은 바뀔 수 있는 것이다. 몸으로 감촉을 느낄 때도 마찬가지다. 더운 여름날 땀이 흘러내릴 때는 찝찝하고 짜증스런 느낌을 느끼기도 하지만, 그보다 더한 사우나에서는 오히려 '시원하다'고도 하지 않는가.

나는 인도에 다녀온 뒤부터는 다녀오기 전에 비해서 무더운 여름의 더위에도 불구하고 덥기 때문에 느끼는 스트레스는 훨씬 덜해짐을 느낀다. 훨씬 더 더운 곳에서 무거운 가방을 짊어지고 하루 종일 걸었던 것을 생각하면 한국의 더위는 그 강도가 상대적으로 훨씬 약하게 느껴지기 때문이다. 이처럼 같은 더위일지라도 똑같이 덥게 느껴지는 것은 아니다. 춥고 덥다는 감촉에도 고정된 실체가 없다.

생각도 마찬가지다. 똑같은 월급을 받을지라도 어떤 사람은 많이 받는다고 느끼며 행복해 하고 풍요를 느끼는가 하면, 어떤 사람은 너무 조금 받는다고 투덜대며 불행과 궁핍을 느낄 것이다. 같은 아파트에 살면서도 어떤 사람은 이렇게 좋은 아파트에 산다고 행복해하지만, 어떤 사람은 더 좋은 아파트에 살지 못하는 것 때문에 스트레스를 받고 있을지도 모른다.

이와 같이 우리는 언제나 눈·귀·코·혀·몸·뜻으로 색·성·향·미·촉·법을 접촉하면서 '느낌'과 '감정'을 느끼며 살아간다. 그러나 이 느낌과 감정이라는 것은 고정된 실체적인 마음이 아니다. 동일한 상황에서 좋은 느낌을 느낄 것인지, 싫은 느낌을 느낄 것인지는 내 스스로 결정하고 선택할 수 있다. 느낌이 정해져 있다면 동일한 상황 하에서 우리는 똑같은 느낌을 느낄 수밖에 없겠지만, 느낌은 고정된 실체적 감정이 아니기 때문에 우리가 주인이 되어 느낌을 선택할 수도 있다.

뒤에 나오겠지만, 상온과 행온 또한 식온을 어떻게 작용시키느냐에 따라 우리는 우리 마음의 주인이 될 수 있다. 외적인 상황의 수동적인 피해자가 되는 것이 아니라, 어떤 상황 속에서도 그 상황과는 별개로 내 스스로 외적인 상황의 주인이 되어 무엇을 느낄지를 선택할 수 있는 것이다.

빅터프랭클은 나치 강제수용소에서 부모·형제·아내를 다 잃고 모든 자유를 빼앗기고, 모든 가치를 파멸당한 채 굶주림과 혹독한 추위, 핍박과 공포 속에서도 삶의 의미를 잃지 않고 그 안에서 의미 있는 삶을 발견하고 행복감을 느낄 수 있었다. 모든 자유가 강탈된 수용소에서 오직 남은 것이라고는 주어진 상황에서 자신의 태도를 선택할 수 있는 자유밖에 없음을 깨달았고, 그 이후 그는 수용소에서의 최악의 상황에서도 의미를 찾을 수 있었다. 나치 수용소에서의 최악의 공포스럽고, 괴로운 상황을 자기 마음의 태도를 바꿈으로써 그 속에서조차 주어진 행복을 누리며 살아갈 수 있었던 것이다.

이처럼 외적인 상황이 그 삶의 느낌을 전적으로 결정하는 것은 아니다. 마음을 어떻게 쓰느냐에 따라 외적인 상황과는 상관없이 주도적으로 행복한 느낌을 가질 수도 있다. 그것이 가능한 이유는 바로, 그 느낌과 감정에는 고정된 실체가 있지 않기 때문이다.

생각想은
내가 아니다

느낌과 생각의 상호 피드백

만약에 이처럼 고정된 실체로서의 '느낌'이 정해져 있지 않다면, 우리는 왜 좋거나 싫은 느낌을 느끼는 것일까? 이상에서 살펴본 것처럼 좋은 느낌도 싫은 느낌도 고정된 실체가 없다는 것을 안다면 거기에 얽매이고 애착하거나 싫어하며 아파할 필요도 없을 것이다.

그러나 우리는 대부분의 모든 대상에 대해 특정 느낌을 투영시키고 개입시킨다. 그런데 가만히 살펴보면 싫은 느낌이 일어나는 것은 그 대상 자체에 실체적인 '싫은' 어떤 것이 있어서 괴로워하는 것이 아니라 다만 내가 알고 있던 다른 어떤 대상에 비해서 싫은 것일 뿐이다. 이처럼 모든 좋은 느낌과 싫은 느낌은 '비교'에서 시작된다.

연봉 5천만 원은 사람에 따라 싫은 것일 수도 있고, 좋은 것일 수도 있다. 5천만 원에 행복해 하는 사람도 있고, 괴로워하는 사람도 있다. 예를 들어, 다른 사람은 나와 비슷한 일을 하면서도 1억 원의 연봉을 받는다면 반밖에 못 받는 나의 처지가 나를 괴롭게 만들 것이다. 그러나 남들은 다 3천만 원밖에 못 받는데 나만 5천만 원을 받는다면 5천만 원으로 인해 행복한 느낌을 느끼게 될 것이다.

이렇듯 비교하는 마음을 포함한 다양한 생각들이 곧 상온(想蘊)의 작용이다. 수온과 상온, 즉 느낌과 생각은 늘 함께 작용하며 서로를 피드백하며 견고하게 만든다. 느낌으로 인해 생각이 견고해지고, 특정 방식으로 견고해진 견해나 사유로 인해 그 대상은 더욱 견고한 느낌을 부여받는다.

어떤 사람의 행동에 감동을 받아 좋은 느낌을 받았다면, 그 사람에 대해 좋은 사람이라는 생각과 개념을 저장해 둘 것이고, 다음에 그 사람을 만났을 때 어떤 특정 행동에 대해 나를 위해서 한 좋은 행동일 것이라고 생각하기 쉬울 것이다. 반대로 겉으로는 좋은 척하지만 이기적인 행동을 한 사람을 만나 나쁜 느낌을 받았다면, 상온은 그 사람에 대해 '나쁜 사람'으로 개념 지을 것이고, 다음번에 만났을 때 그 사람의 행동을 보고 부정적으로 해석할 여지가 더욱 커질 수밖에 없다.

또한 상온이 개념화하고 사유하고 비교·판단하는 것은 수온의 감각적인 정보에 의지한다. 느껴지는 모든 대상에 대해 비교하고 사유하며 개념화하는 것이 아니라, 불고불락수처럼 좋은 것도 아니고 싫은 것도 아닌 버려지는 느낌들을 제외한 선명하고도 강력한 좋은 느낌과 싫은 느낌들에 한해 받아들여 개념화하고 사유하는 것이다.

이처럼 수온의 기초자료에 의해 상온을 쌓게 되고, 다시 상온의 작용을 통해 더 수온이 증폭되고 확장되면서 상호 피드백하며 마음의 작용을 만들어 가는 것이다.

　십팔계가 촉할 때 수·상·사라는 마음작용이 일어난다고 했는데, 이처럼 수온과 상온은 함께 일어나기도 하고, 따로 일어나기도 하면서 서로 서로를 도와 되먹임 고리를 연결시키며 수온은 상온을 돕고, 상온은 수온을 도우면서 마음의 실체성을 더욱 강화시킨다. 상온의 도움을 받아 수온이 '내 느낌'이라고 여기고, 수온의 도움을 받아 상온이 '내 생각'이라고 여기는 것이다.

상온의 의미

　위에서 본 것처럼 우리 마음의 중요한 두 가지 기능이 바로 수온과 상온이다. 수온이 감성이라면 상온은 이성이고, 수온이 감각적이며 감성적이라면 상온은 지성적이고 이지적이다. 쉽게 표현하면 수온은 느낌으로 상온은 생각으로 단순화시켜 이해할 수도 있다.

　그런데 상온은 엄밀히 이해한다면 표상작용이라는 용어가 가장 적절하다. 표상(表象)작용의 사전적 의미는 "추상적인 사물이나 개념에 상대하여 그것을 상기시키거나 연상시키는 구체적인 사물로 나타내는 일, 드러내어 나타내다"라고 나와 있다.

　어떤 대상을 보고 과거에 저장되어 있던 경험과 지식들의 데이터베이스를 기억해 내 눈앞의 대상에 대해 이름과 특징·모습·개념 등을 설명할 수 있다면 그것이 바로 표상작용이다. 눈·귀·코·혀·몸·뜻으로 색·성·향·미·촉·법을 접촉할 때 수·상·사가 생긴다고 했는데, 눈으로 사람을 보고 '김 아무개'라고 아는 것도 표상작용이며, 꽃을 보고 '장미꽃', '할미꽃'이라고 알 수 있는 것도 표상작용이고, 귀로 소리를 들으면서 '어떤 가수의 어떤 제목의 노래'라고 아는 것도, 코로 냄새를 맡으며 '된장찌개 냄새'인지, '카레 냄새'인지를 아는 것, 혀로 맛보며 '짠맛인지 단맛인지'를 아는 것, 몸으로 촉감을 느끼며 '거친지 부드러운지'를 아는 것 등이 모두 표상작용이다.

표상작용이 일어나려면 과거의 경험을 통해 개념을 만들어 놓은 지식과 언어적 개념들의 데이터베이스가 마련되어 있어야 한다. 그 수많은 정보와 지식·개념들을 비교하고 총괄하여 현재 눈앞에 보이는 대상에 대해 이성적으로 드러낼 수 있는 것이다. 그래서 넓게 보면 비교·판단·추리·총괄·개념화하는 모든 이성적 사유나 생각들을 상온이라고 할 수 있다.

국화꽃은 그 품종이 2,000여 가지가 넘으며, 국화과에는 2만여 종과 940여 속이 있는 것으로 알려져 있다. 어떤 꽃을 보고 자세히 국화꽃 품종 중에 어느 품종에 속하는지는 알 수 없을지라도 '국화꽃'의 일종이라고 대략적으로 알 수 있는 것도 표상작용을 통해서다. 그것이 국화꽃인지를 알려면, 먼저 그 꽃을 다른 꽃들과 비교·판단·대조해 봄으로써 국화꽃과 비슷한 부류에 들어와 있는지를 먼저 살펴야 한다. 만약 국화꽃에 대한 개념이 전혀 없는 사람이라면 아무리 비슷한 꽃을 보더라도 그냥 '꽃'이라고만 할 뿐, 국화꽃의 일종인지조차 모를 것이다. 그 사람의 표상 속에는 국화꽃에 대한 정보가 없는 것이다.

이렇게 비교와 판단을 통해서 국화꽃이라고 알고 있었던 개념들을 중심으로 이 꽃이 그전에 알고 있었던 국화꽃과 비슷한지 아닌지를 판단해 국화꽃과 비슷한 속성이나 모습들을 추려낸다. 이를 추상작용이라고 하는데, 추상이란 '개별 사물의 공통된 속성이나 관계 따위를 뽑아내는 것'을 의미한다.

추상작용과 함께 추리작용도 일어난다. 추리는 '알고 있던 사실을 바탕으로 알지 못하는 사실을 미루어 생각하는 것'이다. 이렇게 추상·추리작용을 통해 국화꽃의 범주에 들어오는 것이라고 결론적으로 종합·총괄한다. 과거의 지식이나 표상이 많은 사람이라면 이것이 구체적으로 국화과 엉겅퀴속의 큰엉겅퀴라고 총괄적인 결론을 도출해 낼 것이다. 혹은 그 이름을 도저히 알아낼 수 없어서 식물백과를 살펴봄으로써 결국 이 꽃은 국화과의 취나물속의 각시취라고 밝혀지게 되었다면, 이는 새로운 표상을 개념화시켜 알게 된 것을 의미한다. 이 또한 표상작용이다.

이상에서와 같이 표상작용과 비교·판단의 작용, 추상과 추리, 종합과 총괄, 새로운 표상과 개념화 등이 모두 상온의 범주에 포함된다. 비교·판단·추리·총괄·개념화 등을 통해 현재 내 앞에 있는 대상을 지각하는 것이기에 상온을 지각작용이라고도 한다. 이런 지각·표상 작용을 통해 나아가 보다 깊은 이념·철학·과학 등 다양한 사상을 확장시켜 연구할 수도 있는 것이다.

그런 점에서 상온은 꼭 물질적 대상만을 사유의 대상으로 하는 것은 아니다. 선과 악, 미추(美醜), 장단(長短), 행복과 불행, 지혜와 자비, 평화와 자유 등 정신적인 이성적 언어개념들 또한 상온의 대상이 된다. 어떤 행위를 보고 선행인지 악행인지를 비교·대조·총괄·추리를 통해 이성적으로 판단하고 사유하는 것이다. 인간이 동물과 다른 점이 바로 이 상온일 것이다. 색온·수온은 동물들에게도 있을 수 있지만,

상온, 즉 이성적으로 사유하고 개념 짓는 활동은 사람들만이 할 수 있는 능력이다.

이렇게 이야기하니 너무 복잡하고 오히려 더 정리가 안 되는 느낌이 들 수도 있겠다. 그래서 쉽게 이해하기 위해 이러한 모든 상온의 작용을 통틀어 개괄적으로 설명할 수 있는 단어가 '생각', '사유' 혹은 '이성'이라고 부를 수 있다. 구체적으로 말하면 표상작용이지만, 개괄적으로 '생각'이라고 쉽게 이해할 수도 있다.

그렇다면 상온은 언제나 고정되어 있는 실체적인 것일까? 앞서 설명한 것과 같이 표상·개념화의 정신작용은 과거 기억된 정보의 데이터베이스를 비교·추리·총괄함으로써 드러내고 나타낸 것에 지나지 않는다. 실제 내 안에 '생각하는 나'가 있거나, '사유하는 나'가 있거나, '지각하는 나'가 있는 것이 아니다. 그럼에도 우리는 눈앞의 대상을 보면 언제나 "이것은 국화꽃이고, 저것은 소나무고, 저것은 자동차고, 이 사람은 아무개다"라고 표상지어 알기 때문에 내 안에 그러한 표상작용·개념작용·지각작용이 고정되게 실존하는 것으로 착각한 것이다.

아마도 과거에 알게 된 정보나 지식들이 잘못된 것이었다면, 삶을 통해 끊임없이 수정하고 변화시켜 갈 것이다. 똑같이 노란색인 줄 알았는데 새롭게 아이보리색이라는 언어적 개념을 배우게 되었다면, 내 안의 표상 데이터베이스에는 아이보리색이 하나 추가된다. 이처럼 상온이라는 것은 고정되게 실체적으로 존재하는 것이 아니라 인연 따라 끊임없이 변화해 가는 것이다.

이성적으로 사유하며 생각하고 개념 짓는 능력이 내 안에 존재한다고 여기는 것이 바로 상온이다. '생각하는 나', '사유하는 나'를 나의 존재라고 여기는 것이다. 데카르트가 "나는 생각한다. 그러므로 나는 존재한다"라고 말했던 것 또한, 이러한 상온을 보고 생각하는 실체적인 '나'가 존재한다고 여긴 것이다. 그러나 부처님 말씀에 의하면 이 상온은 무아(無我)다. '생각하는 나'가 실제로 존재하는 것이 아니다. 그것은 십팔계가 접촉한다는 인연 따라 생겨난 인연가합의 연기적 존재인 것이다.

내 안에 상온이라는 사유와 생각하는 정신작용이 실재한다고 여기는 것처럼, 우리는 내 바깥 세계에도 실질적인 생각의 대상·표상의 대상·사유의 대상들이 실존한다고 여긴다. 앞서 설명한 것처럼 사실은 바깥 세계에 그런 언어적 개념을 가진 사유의 대상들이 실제로 존재하는 것이 아니다.

정신적인 사유의 대상도 마찬가지다. 선과 악, 정의와 사랑, 길고 짧은 것, 굵고 가는 것, 아름답고 추한 것 등이 실재로서 존재한다고 여기지만, 그런 것은 우리 안에서 만들어낸 개념적 가설일 뿐, 실체적으로 고정되게 존재하는 것은 아니다. 어떤 사람이 아름다운지 아닌지는 그 사람이 진짜로 아름다운 사람이라는 실체가 정해져 있어서 우리가 단지 그를 아름답게 느끼는 것이 아니라, 그 사람을 보는 수많은 사람들·문화들·나라들에서 서로 다르게 판단할 수 있는 것일 뿐이다. 어떤 사람은 아름답다고 여기지만 다른 사람은 추하다고 여길 수도 있는 것이다.

보통 사람들은 상온을 통해 사유와 생각, 나아가 사상과 이념과 철학 등을 만들어내고, 그렇게 스스로 만들어낸 이념과 사상 등이 실체적 진실이라고 여기며, 사로잡히고 집착함으로써 나와 다른 생각을 가진 사람들과 다투고 논쟁을 벌인다. 그러나 상온무아의 가르침에 의하면, 이러한 사유와 생각, 사상과 이념 등은 절대적인 진실이 아니다.

내 생각만이, 내 종교와 이념만이 절대적으로 옳다고 여기며 집착하고, 타인의 생각과 사상·이념은 절대적으로 틀렸다고 여김으로써 심지어 이념적·종교적 전쟁까지 일어나지 않는가. 보수와 진보의 갈등, 종교적 갈등, 이념적 갈등, 인종적 갈등, 지역적 갈등 등 이 모든 갈등들은 사실 우리가 어떤 하나의 특정 생각·사고·이념들만을 '절대적으로 옳다'고 여기는 집착에서 생기는 것이다. 그 집착은 상온이 고정된 실체가 아니며, 집착할 만한 것이 없는 '무아(無我)'임을 모르는 데서 오는 것이다.

이처럼 상온이 무아임을 안다면 사회적인 모든 갈등이 해소되고, 대립을 넘어 화합과 조화로써 서로가 서로를 수용하고 용납하며 활짝 열린 정신으로 받아들일 수 있는 평화와 대적정의 무쟁(無爭) 사회를 이루어 낼 수 있을 것이다.

상을 타파하라

이처럼 개념작용·표상작용인 상온은 비실체적인 것이지만, 실체적인 것으로 착각하여 상온을 '나'라고 생각함으로써, 많은 집착과 욕망, 번뇌를 야기한다. 내 안에는 생각하고 사유하는 '나'가 있다고 여김으로써 '나'에 집착하고, 내 바깥에는 생각되는 대상이 존재한다고 여김으로써 '세계'에 집착하게 만든다.

그렇기 때문에 이 상은 타파해야 할 것으로 경전에서는 설하고 있다. 상온은 말 그대로 허망한 상으로써 우리가 만들어낸 개념작용이며 표상작용일 뿐이므로, 거기에 얽매여 그것이 실재한다고 집착해서는 안 되는 것이다.

물론 개념 짓고 표상작용을 일으키며, 비교·총괄·사유하는 작용을 일체 하지 말라는 뜻은 아니다. 필요할 때는 당연히 표상작용을 일으키고 생각하고 사유함으로써 인생을 살아가야 한다. 그러나 중요한 점은, 그렇듯 생각과 사유를 하며 살아갈지라도 그것이 본질적으로는 실체가 아니며 무아이므로 그 생각과 사유에도 집착할 필요가 없음을 깨달아야 한다.

비교가 필요할 때는 비교하고 대조해야 하겠지만, 남들과의 비교 속에서 열등감과 우월감이라는 양 극단의 감정이 생겨나고, 그로 인해 괴로움이 생겨남을 통찰할 수 있어야 한다. 남들과 비교해서 가난하다고 해서 궁핍한 마음으로 살아갈 필요는 없는 것이다. 상을 타파함으로써, 즉 상온이 무아인 줄 알아 집착하지 않음으로써 남들과의 비교에서 오는 열등감과 괴로움에서 벗어날 수 있는 것이다.

추상과 추리도 마찬가지다. 실제 있지도 않은 데 있는 것으로 오인하여 추측하고 추리하며 추상함으로써 우리는 머릿속에서 무수한 괴로운 일들을 만들어 내곤 한다. 회사 사람 두 명이 모여서 내 욕을 하는 것을 들었다. 그들은 어쩌면 단순히 가벼운 마음으로 욕을 했을지도 모르지만, 그 욕을 들은 사람은 그 상황에 추측과 추상을 더한다. 두 번째 화살을 맞는 것이다.

'우리 회사 사람들이 모두들 모이면 이렇게 내 뒤에서 나를 욕하는 것 아닐까? 어쩌면 나를 회사에서 퇴출시키려는 걸지도 몰라. 난 다음 승진에서 분명히 떨어지고 말 거야! 그러면 자식과 아내 얼굴은 어떻게 보지? 어떤 직업을 가져야 할까? 이 나이에 나를 받아줄 회사는 아마도 없을 거야. 난 실패한 인생이야.'

이런 식으로 생각은 무수한 추측과 추론과 상상의 나래를 펴며, 전혀 현실적이지 않은, 전혀 필요도 없고 쓸모도 없으며 소모적이기만 한, 더욱이 나를 괴로움으로 빠뜨리는 이런 추측 속에서 스스로 괴로움을 만들어 내는 것이다.

우리는 이런 식으로 상온을 끊임없이 확대 재생산해 냄으로써 스스로를 곤경에 빠뜨리고, 괴롭히곤 한다. 생각이라는 것이 언제나 이런 식으로 뜬금없고, 맥락도 없으며, 말도 안 되게 확대해석을 하는 특기를 가지고 있다. 이 얼마나 어리석은 일인가.

이런 비교·판단·추상·추리·표상과 개념화 등을 통해 종합적으로 현실을 총괄하는 사유 또한 상온의 역할이다. 그러나 앞의 비교와 추상 등이 무상하고 무아인 비실체적인 것들이다 보니 그 정보들을 가지고 종합하고 총괄하는 사유작용 또한 '있는 그대로의 실재를 있는 그대로 본 것'이라고 할 수 없다. 거짓된 정보를 가지고 잘못된 종합·총괄을 하는 경우가 많다. 그러나 우리는 그런 사유적 결론을 실재라고 착각함으로써 괴로움에 빠진다.

이처럼 상온은 비실체적인 것으로서, 전혀 집착할 것도 못 되고, 실재라고 착각해서도 안 된다.

의지行는 내가 아니다

행온의 의미

행온(行蘊)은 의지 작용·형성 작용을 말한다. 무언가를 행하려는 의지·의도·의향 등을 나타내는 것이며, 하고자 하는 욕구나 바람의 의미도 담고 있다. 이것은 업을 일으키는 형성력이 된다. 그래서 업(業)과 행(行)이라는 용어는 같은 의미로 쓰이기도 한다.

십팔계가 촉하면 수·상·행이 나타난다고 했는데, 눈이 무언가를 보았을 때 수온으로 좋고 나쁜 느낌을 느끼고, 상온으로 그것이 무엇인지를 개념화하여 사유하고 나면, 행온에서 좋은 것은 더 가지고 싶고, 싫은 것은 멀리하고 싶은 의지, 욕구가 일어나는 것이다.

배고픈 상황에서 눈으로 사과나무를 보았을 때, 수온은 배가 고프다는 인연 따라 그 사과에 대해 좋은 느낌을 일으키고, 상온은 그것을 먹을 수 있는 '사과'라고 개념 지어 지각하고, 행온은 사과를 따 먹고자 의도, 의지, 욕구를 일으키는 작용을 하는 것이다.

그런데 이 행온은 항상 복수로 나타나는 것으로, 엄밀히 말한다면 '의지 작용을 필두로 하는 수많은 심리현상들'을 의미한다. 행온은 수·상·식을 제외한 모든 정신 작용을 다 포함한다. 『청정도론』에서는 50가지의 심리현상을, 구사론에서는 46가지 심리현상을 행으로 들고 있다. 예를 들면 의도뿐 아니라 주의·집중·의욕·탐욕·성냄·믿음·양심·수치심 등이 모두 행온에 속한다. 그러나 이 중에도 특히 의도·

의지 작용이 행온의 주요한 심리 작용이다 보니 행온은 주로 의지·의도로 쉽게 이해되고 있다.

이러한 의지 작용이 내 안에서 일어나면서 업을 지어 가다 보니, 우리는 이러한 의지 작용을 가진 '의도하는 나'가 있다고 착각한다. 이러한 내 안에서 일어나는 '의도하는 마음 작용'이 바로 행온이다.

행온은 이처럼 의지 작용, 형성 작용을 말한다고 했는데, 교리적으로 살펴보면, '유위를 조작한다'는 의미를 담고 있다. 유위를 조작하는 존재가 내 안에 있다고 생각하고 바로 그 유위를 조작하는 마음인 행온을 나의 일부로 여기는 것이다.

유위란 '만들어진 것', '조작된 것'을 뜻한다. 유위법은 '일체 모든 존재', '일체 모든 만들어진 것'을 의미한다. 쉽게 말해 유위를 조작한다는 것은 의도를 일으켜 삶을 만들어 낸다는 것을 뜻한다. 그래서 행온을 의지·형성 작용이라고 한 것이다.

뒤에 식온에서 다시 언급하겠지만, 이렇게 행온이 유위를 조작해 만들어 놓으면 식온은 행온이 만들어 낸 유위를 인식한다. 그런데 식온은 유위를 인식할 때 이름과 형태를 부여해 인식한다. 이름과 형태를 명색(名色)이라고 한다. 즉, 식온은 행온이 만들어낸 유위를 명색으로 인식하는 것이다.

『상윳다 니까야』에서는 "행온들을 자세히 관찰하고 깊이 조사해 보면 그것들은 텅 빈 것으로 드러나고 허망한 것으로 드러나며 실체가 없는 것으로 드러난다. 비구들이여, 이러한 행온에 무슨 실체가 있겠는가?"라고 함으로써 행온 또한 비실체적인 무아임을 설하고 있다.

우리가 일으키는 의도와 의지, 욕구와 바람 등을 생각해 보자. 그것은 결정론적으로 정해진 것일까? 예를 들어 내가 공부를 열심히 해서 공무원이 되고자 의도를 일으켰다. 열심히 공무원 준비를 하다가 뜻밖의 인연으로 새로운 사업을 시작하게 되었다거나, 회사에 취직하게 될 인연이 생겨났다. 만약 어릴 적부터 공무원이 되는 것이 꿈이었던 사람이라고 할지라도 이렇듯 인연이 생기게 되면, 자신의 본래 의도를 버리고 새로운 꿈을 향해 새로운 의지와 욕구를 불태울 수도 있게 마련이다.

어떤 스님은, 출가 전에 너무도 열심히 수행을 하기에 "출가하는 것이 어떤가?" 하고 물었더니 "절대 출가는 안 한다"고 하더니, 1~2년쯤 후에 스스로 출가를 결정했다. 이처럼 우리는 절대 안 할 것 같다가도 그것을 하기도 한다.

부와 풍요, 성공만을 위해 달려가던 사람도 어느 순간 그러한 삶이 허망한 것임을 깨닫고는 가진 부와 재산을 다 나누어 주고 수행자의 길을 걷기도 한다.

이처럼 의지라는 것은 내 안에 고정되게 존재하는 '나'가 아니다. '의도하는 나'가 정해져 있지 않다. 어떤 특정 방향으로의 삶을 의도하고 고집하며 욕구를 일으키는 '나'가 정해져 있다면, 언제까지고 그런 삶만을 고집하게 되겠지만, 살펴본 바와 같이 언제든 우리 마음은 인연 따라 욕구도 달라지고, 의도도 달라지게 마련이다.

이 사실을 안다면, 어떤 특정한 한 가지 의지나 욕구를 끝까지 고집할 필요가 없다. 우리가 삶에서 괴로워하는 수많은 일들을 가만히 살펴보면, 내 의도·내 욕구·내 바람만을 끝까지 고집하고 집착하는 데서 오는 경우가 얼마나 많은가. 자기가 원하는 방식대로 일이 되어야 한다고 고집하게 되면, 다른 의도를 가진 사람들과 다투게 되고, 사고가 한 가지 방향으로만 제한되어 꽉 막힌 채 의식이 닫히고 갇혀 버린다.

보통 사람들은 한 가지 생각이 옳다고 여기고, 그런 방식대로 일이 되어야만 한다고 자기 의도에 고집하게 되면 그 방식 이외의 다른 방식이나 다른 길은 모두 틀렸다고 여기기 쉽다. 그 방식대로 일을 처리하는 것만이 나의 길이라 여기고, 내가 의도한 방식이 바로 '나'라고 여긴다. 행여 다른 사람이 나의 방식을 틀렸다고 하면서 다른 방식을 제안한다면, 우리는 내가 공격 받았다고 생각한다. 사실은 공격 받은 것이 아니라 그 사람은 단지 다른 방식을 제안했고, 내 방식이 옳지 못하다고 여겼을 뿐이다. 그러나 우리는 내 안에 있는 '의도·의지·욕구'를 '나'라고 여기며 나와 동일시하기 때문에 내가 잘못된 것같이 여기고, 내가 공격 받는 것처럼 착각하는 것이다. 그는 단지 그 공허하고 변하기 쉬운 '의도' 하나가 잘못되었다고 말했을 뿐인데도 말이다. 이것이 바로 '의도'를 '나'라고 여긴다는 증거다. '의도'는 하나의 인연 따라 생겨난 비실체적인 마음일 뿐, 그것이 '나'인 것은 아니다. '의도하는 나'는 없다.

업보는 있으나 작자는 없다

행온은 형성하는 힘으로써 '업'을 짓게 하는 의도적 행위라고 했다. 보통 우리는 업을 지으면 그것은 내 안에 저장되고, 지금까지 짓고 쌓아 온 업의 무더기들이 바로 나라고 여긴다. 과거에 악업을 지었다면 그로 인해 언제까지고 죄의식에 사로잡힌다. 악업을 짓고 죄를 지은 실체적인 '나'가 있다고 여기기 때문이다. 그러나 『잡아함경』 「제일의 공경」의 "업보(業報)는 있으나 작자(作者)는 없다"라는 관점에서 본다면, 업의 과보는 있을지언정 업을 지은 '나'라는 고정된 실체적인 존재는 있을 수 없다.

"업보는 있으나 작자는 없다"는 말을 잠시 살펴보자. 업을 짓게 되면 반드시 그에 따르는 과보는 받게 된다. 그러나 실체적 존재로서의 업을 짓는 자가 있고 받는 자가 있지는 않다는 말이다. 예를 들면 촛불이 처음 탈 때의 불꽃과 시간이 흐른 뒤에 타는 불꽃은 전자와 후자가 같은 불꽃이라고 할 수는 없다. 그러나 전혀 다른 불꽃이라고도 할 수 없다. 전자와 후자는 끊임없이 흐르며 이어지는 변화 속에서의 연결성은 있지만(업보), 독자적이고 실체적인 어떤 실체(작자)로 있는 것은 아니다. 업보는 있되 작자는 없는 것이다. 우유가 발효되어 치즈가 되었다면, 그 둘 사이를 연결하여 흐르는 연결성은 있지만, 즉 업보는 있지만, 실체적인 어떤 존재 즉 작자는 없다.

이번 생에 한국의 남자로 태어났지만 다음 생에 미국의 여자로 태어났다고 생각해 보자. 그렇다면 그는 같은 존재인가 다른 존재인가? 한국의 남자가 진짜 '나'인가, 미국의 여자가 진짜 '나'인가? 그 둘 사이를 이어줄 고정된 실체적 존재가 있을까? 그 둘은 같지도 않고, 그렇다고 다르지도 않다. 같다고 해서도 안 되고, 그렇다고 다르다고 해서도 안 된다. 그 전생과 후생의 둘 사이의 관계는 항상하는 것도 아니고 단멸하는 것도 아닌 불상부단(不常不斷)이고, 둘은 같지도 그렇다고 다르지도 않은 불일불이(不一不異)의 관계다. 이것이 지혜로운 중도(中道)적 시각이다. 이처럼 모든 존재는 중도적으로, 즉 연기적으로, 비실체적으로 있을 뿐, 고정된 실체적 존재로 있는 것은 아니다.

한국의 남자가 보시를 행했고, 그 과보로 다음 생의 미국의 여자가 부자가 되는 복을 받았다고 생각했을 때, 이것이 바로 업보가 있는 것을 의미한다. 이처럼 업을 지으면 반드시 그에 따른 결과인 과보는 있다. 그러나 실체적인 업을 짓는 '자'와 업을 받는 '자'는 동일한 어떤 존재로 있는 것은 아니다. 이처럼 동일한 실체적인 존재로서 짓는 자와 받는 자가 있는 것은 아니지만, 그렇다고 짓는 자와 받는 자가 전혀 다른 것도 아니다. 중도적이고 연기적인, 끊임없이 흐르는 무상과 무아를 바탕으로 짓고 받기 때문에 짓기도 하고 받기도 하지만, 즉 업보는 있지만, 실체적인 짓고 받는 자, 즉 작자는 없다는 것이다.

바라문교에서는 업을 짓는 자와 받는 자에게는 아트만이라는 고정된 실체적 자아가 있어서 동일한 근원적 자아인 아트만이 짓고 받는다고 생각했다. 그러나 이 생각은 육신이 죽어도 계속 이어지는 실체가 있다는 상견(常見)이며, 그 실체적인 자아는 과거·현재·미래의 삼세에 늘 있는 것이라는 주장이 유견(有見)이지만, 부처님께서는 불상부단(不常不斷)의 단상중도(斷常中道)와 유무중도(有無中道)를 설하심으로써 고정된 실체를 부정하고 중도를 드러내셨다.

촛불도 사람도 마찬가지로, 전자와 후자는 '끊임없이 흐르면서 이어지는' 것이기는 해도, 전자와 후자를 동일한 어떤 실체적 '존재'로 생각해서는 안 된다.

'업보는 있되, 작자는 없다'의 실천

보통 우리는 "저 사람 어때?" 하고 물으면, "좋은 사람이야" 혹은 "별로야"라고 답변하곤 한다. 사람들은 이런 식으로 우리의 의식 속에서 착한 사람이거나 나쁜 사람으로 분류된다. 그러나 착한 사람이라고 생각했지만 그 사람이 나에게 와서 나쁜 짓을 행했다면 그 사람은 나에게 나쁜 사람이 되고 만다. 그 사람에게 '착한 사람'이라는 고정된 실체가 있다면 그는 어떤 짓을 해도 영원히 착한 사람이겠지만, 그에게는 착한 사람이라는 고정된 실체가 있어서 착한 사람으로 불리는 것이 아니라, 착한 행위를 했을 때 착한 사람으로 불리는 것일 뿐이다. 착한 사람이 먼저가 아니라 착한 행위가 먼저인 것이다. 착한 행위(業)를 하면 착한 사람(報)이 되는 것이지, 착한 사람(작자, 실체적 존재)이라는 실체가 있는 것은 아니다. 즉 업보는 있되, 작자는 없다.

이것은 실천적인 삶의 중요한 가르침을 전해준다. 보통 우리는 사람들을 착하거나 나쁜 어떤 사람으로 규정짓고 실체화하기를 좋아한다. 상온으로 개념화하는 것이다. 나쁜 놈, 도둑놈, 배신자, 착한 사람, 수행자, 보시하는 사람 등으로 규정짓곤 한다. 그렇게 규정짓고 나면 우리는 그 규정된 개념에 실체성을 부여한다.

한 번 배신을 한 사람은 계속 배신을 할 것이라고 여기면서 배신자라는 꼬리표를 계속해서 달아주는 것이다. 업보는 있되, 작자는 없다는 이치에서 본다면, 사실 배신자라는 실체는 없다. 다만 배신(業)이라는 행위를 했을 때 배신자(報)라는 말을 듣고, 배신자 취급을 받는 과보를 받을 뿐이다. 그 사람은 배신을 했을 때 배신자인 것이지, 배신을 하지 않을 때는 배신자가 아닌 것이다.

그러나 우리는 한 번 배신을 한 사람은 계속해서 배신을 할 거라고 여겨 편견을 가지고 그 사람을 배신자라고 낙인찍고는 한다. "업보는 있되 작자는 없다"는 이치에서는 배신을 한 것은 과거의 일이고, 현재는 배신을 하지 않았다면, 그를 배신자로 낙인찍어서는 안 된다. 배신자라는 '작자'는 없기 때문이다. 만약 계속해서 배신자라고 그를 낙인찍어 놓고 배신자라는 곱지 않은 시선으로 바라본다면, 그 사람은 개과천선해서 바뀔 수 있는 가능성이 있음에도 더욱 더 바뀌기 어려워질 것이다.

그러나 배신자라고 낙인찍지 않고, 있는 그대로의 한 존재로서 바라봐 준다면 그는 더 이상 배신하지 않을 수도 있다. 과거에 잘못 한 번 하지 않은 사람이 어디 있겠는가? 그런데 그 한 번의 잘못으로 실체적인 배신자, 도둑놈, 나쁜 놈이 되어 버린다면 이 세상에 나쁜 놈 아닌 사람이 어디 있겠는가?

과거를 내려놓고, 용서해 주고, 참회함을 통해서 언제고 우리는 전혀 다른 존재가 될 수 있는 것이다. 심지어 앙굴리마라는 99명을 죽인 살인자였지만, 이후에 부처님께 귀의하여 수행을 한 결과 아라한이 되었다. 작자가 있다면 그는 여전히 살인자이겠지만, 작자가 없기 때문에 그는 불교의 수행교단에 들어와 살인자가 아닌 한 명의 수행자요, 아라한이 될 수 있었던 것이다. 그러나 이러한 진리를 알지 못하는 사람들은 여전히 그를 한 명의 살인자가 스님 행세를 하는 나쁜 놈으로 편견을 가지고 바라보았다. 그래서 탁발을 나갈 때마다 돌을 던지고, 욕설을 퍼붓고, 구타를 가하기도 했다. 이와 같이 부처님의 가르침 앞에서는 그 어떤 악행이라 할지라도 다 용서받을 수 있고, 참회가 가능하다. 이것이 바로 부처님의 무한한 자비와 참회와 용서의 방식이다.

우리는 부처님 앞에서 그 어떤 죄의식에도 실체적으로 사로잡히지 않아도 된다. 아무리 큰 잘못을 한 사람일지라도, 세상 모두가 그를 미워하고 증오하고 비웃는다 할지라도, 부처님 전에 와서는 크게 안심해도 좋다. 이 불가의 방식은 전혀 과거를 문제 삼거나, 과거의 잘못을 문제 삼는 가르침이 아니다. 과거는 과거로 이미 지나갔고, 과거의 살인자도 죄인도 '작자는 없다'는 가르침에 의하면 지금은 더 이상 살인지도 아니며 죄인도 아닌 것이다. 물론 그에 따른 과보는 받아야 하겠지만, 그러나 용서받을 수 있으며, 전혀 새롭게 다시 태어날 수 있는 것이다.

만약 당신이 지금 이 순간 가부좌를 틀고 앉아 자기 자신의 모든 죄업을 참회하고 죄의식을 용서해 주었다면, 또한 타인들에 대해 단죄하기를 멈추고 용서해 주는 데 성공했다면, 그것은 그저 그런 보통 일이 아니다. 지금 당신은 단지 가부좌를 틀고 방석 위에 앉아 참회하고 용서했을 뿐, 아무런 일도 일어나지 않았다고 여기겠지만, 그것은 온 우주법계를 감동시키고, 시공과 모든 업들을 초월하여 놀라운 힘으로 세상을 변화시키고, 당신의 삶을 변화시키는 데 성공한 것이다. 어쩌면 이 용서와 참회로 인해 당신은 미래에 받아야만 했을 괴로운 과보를 없앤 것일 수도 있다. 1년 뒤에 있을 교통사고나 병이 지금 이 순간 사라진 것일 수도 있고, 5년 뒤에 와야 할 회사 부도를 멈추게 한 것일 수도 있다. 겉으로는 아무 일도 일어나지 않았지만, 내면 깊은 곳에서는, 우주의 질서에서는 실로 엄청난 일이 벌어진 것이다!

유위행과 무위행

내가 원하는 방식대로, 내가 좋아하는 것들만을, 나에게 이익 되는 쪽으로 행하려는 의도로써 행동하는 것이 유위행(有爲行)이라고 했다.

이러한 의도가 개입된 유위행은 내가 원하는 방식대로 삶이 일어나야 한다고 집착하며, 자기 식대로 결과를 예상한다. 그래서 원하는 방향대로, 예측한 방향대로 일이 벌어지면 행복을 느끼고, 원하고 예상한 대로 되지 않을 때 불행·고통을 느낀다. 자기가 정해놓은 방식과 결과에 집착한 채 그것과 맞으면 좋고, 그것과 다르면 싫다고 차별·분별하는 것이다. 즉, 스스로 정해 놓은 방식에 스스로 속박되고 구속되는 것이다.

이것이 바로 중생들이 집착과 분별로 인해 결박당하는 방식이다. 그러나 행온이 무아임을 깨달은 수행자는 자기가 원하는 특정한 방식과 결과에 집착하지 않는다. 자기가 좋아하거나 이익 되는 쪽으로 일이 진행되어야 한다는 집착이 없다. 다만 그때그때 상황에 따라 즉각적으로 행동한다.

행온이나 오온이라는 '나'에 기초한 행위가 아닌 그저 있는 그대로의 '지금 여기'라는 상황과 필요에 따라서 행동하는 것이다. 거기에는 특정한 의도가 개입되지 않는다. 특정한 결과나 원하는 방식의 결론은 없다. 그저 매 순간 해야 할 일을 아무런 흔적 없이 행할 뿐이다. 이것이 바로 행온무아를 깨닫는 데서 오는 무위행(無爲行)이다.

상황을 자기 식대로 통제하려 의도하지 않고, 온갖 생각으로 따져서 분별하지 않으며, 다만 상황을 객관적으로 있는 그대로 보고 그 상황에서 자신이 해야 할 일을 담연하게 해 나가는 것이다. 이런 무위행은 결과에 대한 호·불호도 없다. 특정한 방식으로 결과를 원하지 않았기 때문에 어떤 결과가 나오더라도 분별하지 않는다. 다만 행할 뿐, 결과에 구속되거나 결박되지 않는다.

무위행의 수행자에게는 오직 매 순간의 현실 상황과 그 순간의 상황에 따른 대응만이 있을 뿐, 온갖 분별·고통·생각·판단·바람·욕망·집착·아상·의도가 없기에 언제나 자유롭다.

마음識은 내가 아니다

식온의 의미

식온(識蘊)이란 일반적으로 식별·분별·의식·알음알이·대상을 아는 마음 정도로 이해할 수 있다. 심의식(心意識)이 동의어라고 보았을 때, 식온은 쉽게 말해 '마음'이라고 할 수 있는데, 이 마음은 '대상을 아는 것'이며, 의식하는 것이다. 그런데 우리가 대상을 의식하고 알 때는 '있는 그대로' 아는 것이 아니라, 자기 식대로 주관적으로 분별하고 식별해서 알게 된다. 그래서 보통 식온은 대상을 '분별해서 아는 것'으로 이해된다.

눈앞에 무언가가 갑자기 나타났다고 했을 때, 우리는 즉각적으로 무언가가 눈에 나타났음을, 즉 안근이 색경을 접촉했음을 알게 된다. 이처럼 눈이 색이라는 대상을 보고 눈에 대상이 보인다는 것을 아는 마음이 바로 안식이다. 마찬가지로 귀에서 소리가 들리는 것을 아는 마음이 이식이고, 코에서 냄새 맡아지는 것을 아는 마음이 비식이다. 마찬가지로 설식, 신식, 의식이 일어난다.

이처럼 안·이·비·설·신·의가 색·성·향·미·촉·법을 접촉하자마자 즉각적으로 무언가가 감지되었음을 아는 마음을 '식'이라고 부르고, 여섯 가지이므로 육식이라고 부른다.

그런데 이렇게 즉각적으로 대상이 나타났음을 아는 작용으로써의 안·이·비·설·신식인 전오식이 있지만, 여섯 번째 의식도 있다. 의식은 물론 눈앞의 대상을 즉각적으로 아는 작용도 의식이라고 부르지만, 전오식의 도움을 받아서 종합적으로 분별해서 아는 작용도 포함된다. 이처럼 안식·이식·비식·설식·신식과 함께 작용하여 그 대상을 분별하여 아는 마음을 뒷날 유식의 가르침에서는 오구의식(五俱意識)이라고 부른다.

그런데 앞서 안·이·비·설·신·의가 색·성·향·미·촉·법을 접촉할 때 수·상·행이 생겨난다고 했는데, 이 말은 식이 일어날 때 수상행 또한 함께 일어남을 의미하는 것이다. 즉, 수·상·행의 도움을 받아 식이 일어나는 것이다. 앞의 설명처럼 수·상·행의 도움을 받기도 전에 먼저 즉각적으로 대상이 감지되었음을 단순하게 아는 작용도 식온이라고 부를 수 있지만, 보통 식온이라고 하면 수·상·행의 도움을 받아 함께 작용하여 대상을 분별해서 아는 마음을 의미한다.

전오식에서 말하는 '식'은 바로 이처럼 수·상·행의 도움을 받기 전에 대상을 즉각적으로 아는 '의식'으로서의 '식'을 말한다면, 수·상·행의 도움을 받아 대상을 분별해서 아는 의식의 작용을 '분별'·'식별'이라고 부른다. 이처럼 식이란 '의식'이라는 의미와 '분별'이라는 의미를 함께 가지고 있다.

예를 들면 대상을 단순히 인식하고 알기도 하지만, 수온의 도움을 받아 대상을 '느껴서 알고', 상온의 도움을 받아 대상을 '개념화하고 생각해서 알며', 행온의 도움을 받아 대상에 대해 '의지를 일으킴을 통해서 알게' 되는 것이다.

우리가 대상이 있음을 아는 것은 그 대상이 느껴지고 생각되기 때문이며, 그 대상에 대해 어떤 의도가 일어나기 때문에 그 대상이 있음을 아는 것이다. 이처럼 내상에 대해 느끼고 생각하고 의도하는 것을 통해 대상을 다른 대상과 분별하여 의식하는 것이 바로 식온의 작용이다.

이와 같이 식온은 '대상을 분별해서 아는' 마음을 의미한다. 그래서 분별심이라고도 한다. 쉽게 말하면, 우리가 '마음'이라고 부르는 것의 가장 주된 기능이 바로 식온이다. 그래서 보통 식을 마음이라고 부른다. 그래서 초기불교의 부처님의 가르침을 상세하게 주석을 달고 연구를 한 아비달마 불교에서는 식을 '심왕(心王)'이라고 하고, 수·상·행 등을 '심소(心所)'라고 부름으로써, 식이야말로 마음의 대표임을 드러내고 있다.

마치 국왕이 명령을 내리면 신하들은 무조건 복종해야 하는 것처럼, 식은 심왕으로 국왕에 비유할 수 있고, 수·상·행은 심소로서 국왕의 명령에 따라 움직이고 국왕을 돕는 것처럼 심왕의 작용을 돕는다. 심소라는 명칭도 신하가 국왕에 소속된 것처럼 심왕이 심소를 소유한다고 하여 심소유법(心所有法)을 줄여 쓴 것이다.

수·상·행과 식의 이해

앞에서 행온과 식온에 대해 간략하게 살펴보았는데, 요지는, 수온과 상온이라는 기초적인 마음의 정보들을 바탕으로 행온이 유위를 조작하고 그 조작된 유위를 명색으로 종합적으로 분별해서 인식하는 것이 식온이라고 했다.

쉽게 예를 들어 보자. 처음 어떤 여인을 보았는데, 느낌과 생각이라는 마음의 데이터에서 좋은 느낌과 좋은 생각이 일어났고, 연이어 그 여인을 사랑하는 마음이 일어나기 시작한다. 유위를 조작한 것이다. 즉 '사랑'이라는 없던 것을 조작해 낸 것이다. 이것이 행온이다. 수온과 상온을 가지고 행온이 사랑한다는 의지를 만들어 낸 것이다. 그렇게 사랑하게 된 여인은 어떤 이름(名)을 가졌고, 어떤 모습(色)을 가진 존재라고 식온이 인식하게 되는 것이다.

그렇게 인식된 여인은 이제 더 이상 다른 여인과는 같지 않다. 다르게 분별하여 인식되는 것이다. 또한 그러다가 그 여인과 헤어지고, 뒤에 다시 다른 여인을 만났다고 해 보자. 그러면 우리는 예전에 만났던 여인과 지금 만나는 여인을 나도 모르게 비교하고 분별하여 어느 여인이 더 좋고 나쁜지를 분별하여 인식하게 될 것이다. 이처럼 식온은 대상을 의식할 때 분별하여 인식한다. 분별해서 아는 것이다.

이처럼 식온은 수온·상온·행온의 작용을 통해 종합적으로 대상을 분별하여 인식하는 마음이다.

마음(識)이 성장한다

『잡아함경』 39경에 다음과 같은 내용이 있다.

> 식은 네 가지에 머물면서 반연(攀緣)한다. 네 가지란 무엇인가? 식은 색 가운데 머물고 색을 반연하며 색을 즐기면서 살아가고 커 간다. 또한 식은 수·

상·행 가운데 머물고 수·상·행에 반연하며 수·상·행을 즐기면서 살아가고 커 간다.

쉽게 말하면, 식은 색·수·상·행에 머물면서 의지하고, 색·수·상·행을 즐기면시 실아가고 커 긴다는 것을 의미하는데 바로 이 점이 식의 증장을 알려주는 부분이다. 식은 수·상·행에 머물면서 수·상·행의 도움을 받아 대상을 분별하면서 커 가는 것이다.

십이입처에서 발생한 식이 색·수·상·행의 도움을 받아 다시 새로운 식으로 성장·증장하고, 새로운 분별심인 식은 또 다시 성장한 의식으로써 색·수·상·행을 통해 또 다시 분별심이 커 가는 것이다. 이처럼 식은 십이입처에 의해 발생했지만, 색·수·상·행에 의존해서 성장하고 커 간다. 이러한 식이 커간다는 가르침이 훗날 대승불교 유식사상의 종자설, 아뢰야식 사상으로 발전하는 근거가 된다.

예를 들어 보자. 대학교 1학년 때 내가〔色〕누군가에게 좋은 느낌을 받아〔受〕사랑에 빠지고, 그녀만을 생각하며〔想〕, 온통 그녀를 나의 여인으로 만들려고 의도, 사랑하려는 의도〔行〕를 일으켰다면, 그러한 색·수·상·행의 작용을 일으키는 존재를 '나'라고 착각하여 '나'라고 알고, 의식하는 마음이 식인 것이다. 그런데 그녀에게 퇴짜를 맞고 아픔도 겪으면서 군대를 다녀왔고, 또 새로운 여인과 사랑도 나누어 보고, 그런 우여곡절 끝에 다시 성숙해진 마음으로 대학교 3학년 때 1학년 때 사랑했던 그녀를 다시 사랑하게 되었고〔受〕, 온통 그녀만을 생각하며〔想〕, 그녀와 꼭 사귀어야겠다고 의도〔行〕를 일으켰다고 해 보자.

그런데 여기에서 3학년 때 그녀를 사랑하는 마음〔識〕과 1학년 때 그녀를 사랑하는 마음[識]은 같은 것이 아니다. 1학년 때 사랑하던 마음보다 3학년 때는 그녀를 보는 느낌도 다르고, 그녀에 대한 생각도 달라졌고, 그녀를 사랑하는 의도도 달라졌을 것이다. 1학년 때 그녀를 짝사랑 해 본 경험을 통해, 색·수·상·행을 통해 그녀에 대한 인식·분별도 달라지고 사랑한다는 것에 대해 수·상·행·식이라는 경험을 통해 많이 배우게 되었을 것이다. 아마도 1학년 때의 실수를 3학년 때는 더는 하지 않게 될 것이다. 사랑도 그만큼 더 성숙한 것이다. 이것이 바로 색·수·상·행에 의지해 식이 성장하게 된 것을 의미한다. 이와 같이 우리는 삶의 경험을 통해, 즉 육내입처와 육외입처의 접촉과 거기에서 나타나는 수·상·행의 발생을 통해 우리의 의식은 성장한다. 분별심도 더욱 커지는 것이다. 이것이 바로 식의 성장이다.

인연 따라 생겨난 식(識)일 뿐…

이와 같이 '분별해서 아는 작용'인 식온은 고정되고 실체적으로 존재하는 것이 아닌, 인연 따라 조건에 의해 생겨나고 사라지는 연기적인 것일 뿐이다. 식온무아인 것이다. 식온은 눈·귀·코·혀·몸·뜻이 색·성·향·미·촉·법을 만난다는 조건에 따라 생겨나고 사라지는 것일 뿐이다. 이처럼 식은 연기적인 조건발생일 뿐이다.

그런데 보통 사람들은 우리 안에 '의식하는 존재', '의식하는 나'가 있다고 여긴다. 우리 안에 식, 즉 마음이 있다고 여기는 것이다. 앞에서 살펴본 바와 같이 우리 안에 마음이라는 어떤 실체가 있어서 그것이 눈·귀·코·혀·몸을 통해 대상을 인식한다고 여기는 것이다. 내가 대상을 분별해서 알고 인식하는 것을 보고, 내 안에 '인식의 주체'가 있다고 생각하는 것이다.

앞에서 살펴본 것처럼 식은 색·수·상·행에 머물고 커 가며 성장할 수는 있지만, 그렇다고 지속적으로 머물면서 성장하는 실체적인 자아로서의 '의식의 주체'가 있는 것은 아니다. 많은 사람들은 식이 성장하고 커진다고 하니, 그것을 보고 의식의 주체로서의 영속적인 식이 있을 것이라고 착각하는 것이다.

이 식, 즉 마음을 참나, 아트만처럼 영속적이고 고정불변의 어떤 실체로서 받아들이면 안 된다. 특히, 이 식을 아트만처럼 잘못 알아듣고, 고정된 윤회의 주체로 여겨 이번 생에서 죽고 다음 생에 태어나면서 윤회를 반복할 때마다 계속 이어지는 어떤 실체로 여기면 안 되는 것이다. 이런 식의 이해가 바로 브라만교에서 주장하는 아트만이고, 불교는 이러한 실체적인 아트만 사상을 타파하기 위해 무아(無我)를 설했음을 기억해야 한다.

물론 재생연결식이라고 하여, 다음 생에 윤회를 할 때 옮겨가는 식을 설정하고 있지만, 이 재생연결식 또한 아트만처럼 영속적이고 불변하는 실체적인 것이 아니라, '업보는 있으나 작자는 없다'라는 장에서 살펴본 바와 같이 그 연결되는 흐름으로서의 인연 따라 생겨난 식일 뿐이다.

분별심을 버려라

이처럼 식온은 고정된 실체적인 마음이 아닌, 허망한 분별심일 뿐이다. 우리는 이 허망한 분별심으로 이 세상을 분별하여 의식한다. 분별심이라는 것은 나누어서 인식한다는 말인데, 우리 안에는 식이라는 마음이 있고, 그 식의 대상을 세계라고 나누어서 인식하는 것이다.

스님들의 법문이나 불교 서적들을 살펴보다 보면 늘 많이 듣는 말이 '분별심을 버려라', '알음알이를 놓아버려라'일 것이다. 이 분별심, 알음알이가 바로 식이다. 앞에서 식온은 무아라고 했다. 식은 고정된 실체가 아니라 인연 따라 변화하는 것일 뿐이다. 인연 따라 변화하는 모든 존재를 유위법이라고 한다. 즉, 분별심이나 알음알이를 버리라고 하는 이유는 그것이 고정된 실체가 아니라 인연 따라 변화하는 것이기 때문이다. 이 말은 아무런 분별심이나 알음알이를 전혀 내지 말라는 말이 아니라, 그 마음을 일으켜 쓰되 그것이 실체인 줄 집착하지 말라는 의미다.

어떤 사람을 보고 우리는 좋은 사람이라거나 나쁜 사람이라고 분별하여 의식한다. 어떤 음식을 보고도 몸에 좋은 음식이라거나 나쁜 음식이라고 분별한다. 날씨를 보고도 좋은 날씨 혹은 나쁜 날씨라고 분별한다. 사람들의 피부 색깔을 보고 상대를 편견을 가진 채 분별하여 인식하기도 한다. 어느 대학을 나왔느냐에 따라 상대방을 분별하여 인식한다.

우리는 이러한 분별심을 '내 마음'이라고 여기면서, 내 안에 변함없이 존재하는 의식활동이라고 믿는다. 그 분별심에 고집하고 집착하는 것이다. 그럼으로써 모든 괴로움이 생긴다. 그 의식이 인연 따라 허망하고 무상하게 생겨나고 사라지는 헛된 분별심임을 알지 못하고 그 분별심에 집착하는 것이다.

사람들을 좋거나 나쁜 사람이라는 분별심을 가지고 대하게 된다면, 있는 그대로를 있는 그대로 보지 못하기 때문에 나의 편견어린 시선으로 상대방을 해석해서 보게 된다. 나쁜 사람이라고 생각해서 꺼려하고, 시비 걸고, 미워하던 사람이 훗날에 알고 보니 참으로 좋은 사람이었고, 나를 위해 큰 도움을 줄 사람이었을지 어찌 알겠는가. 만약 분별심이 없이 사람을 대할 수 있다면, 그 사람을 편견어린 시선으로 보는 것이 아니라 '있는 그대로' 보아 줄 수 있을 것이다. 그 사람의 외모나 경제력이나 얼굴색이나 학벌이나 지위를 따지고 분별해서 인식하는 것이 아니라, 분별심을 놓아버리고 텅 빈 마음으로 있는 그대로의 한 존재로 바라봐 주는 것이다.

이것이 바로 식온이 무아인 줄을 아는 지혜로운 이의 세상을 보는 참된 인식일 것이다.

'나'는 왜 내가 아닌가 : 오온 무아

이 장에서는 오온에 대해 종합적으로 이해해 보자.

예를 들어, 조용히 숲 속에 앉아 있는데 갑자기 눈앞의 감나무에서 감이 떨어졌다. 눈으로 감이 떨어지는 것을 보고, 귀로 감이 떨어지는 소리를 듣는다. 육내입처와 육외입처가 만난 것이다. 이러한 십이입처를 인연으로 식이 생긴다[십팔계]. 눈에서 감이 떨어지는 것을 보면, 즉각적으로 무언가가 떨어졌다는 것을 보아서 아는 안식이 생기고, 떨어지는 소리를 귀로 들어서 아는 이식이 생겨난다.

이렇게 생겨난 십팔계가 '촉'하게 되면 촉에 의해서 수·상·행이 생겨난다고 했다. 즉, 마침 배가 고프던 상황에서 무언가가 나무에서 떨어진 것을 보고 먹을 수 있을 거라는 좋은 느낌(수온, 樂受)을 일으킨다. 그리고 상온이 그 떨어진 것이 무엇인지를 표상작용을 통해 알아내 그 이름이 '감'이고 먹을 수 있는 것이라는 사유를 일으킨다. 감을 보고 좋은 느낌을 일으키고, 먹을 수 있는 감이라고 알아낸 뒤에는 행온이 감을 주워서 먹으려는 의도를 일으킨다. 십팔계에서 수·상·행·식이 생겨난 것이다. 그렇게 되면 의도인 행온의 작용에 의해 우리는 몸(색온)을 일으켜 감을 주워서 맛있게 먹게 될 것이다.

그런데 먹어보니 감이 아직 다 익지 않아 떫은맛이다. 그러면 곧장 수온은 나쁜 느낌(苦受)으로 바뀌며, 상온은 떫은 감이라고 개념화하고, 행온은 먹는 것을 그만두려는 의도를 일으킨다. 수·상·행의 도움을 받아 색온인 몸은 먹는 것을 그만두는 것을 행동에 옮기고, 식온은 최종적으로 '먹기 힘든 떫은 감'이라고 분별하여 의식하게 된다. 그러면서 행온은 다른 익은 감이 없는지를 찾고자 하는 의도를 일으키고, 몸(색온)은 행동을 하여 익은 감을 찾고, 익은 감을 찾아 먹게 되면 다시 수온은 좋은 느낌을 일으키며, 상온은 떫어서 먹기 힘든 감과 다 익어 먹을 수 있는 감을 비교·총괄·사유하게 되고, 이러한 색·수·상 행온의 노력에 의해 최종적으로 식온은 떫어서 먹기 힘든 감과 다 익어 맛있는 감 두 가지를 나누어 분별하여 의식하게 된다.

다음 날 다시 그 숲을 찾게 되었을 때, 식온은 어제 먹었던 감에 대한 분별심을 가지고 있기 때문에, 즉 식의 성장이 있었기 때문에, 오늘은 처음부터 떫어서 먹기 힘든 감과 다 익어서 맛있는 감을 제대로 분별해서 알게 될 것이다.

이와 같이 우리는 눈·귀·코·혀·몸·뜻으로 색·성·향·미·촉·법을 접촉할 때, 식이 생기고 수·상·행이 생겨남으로써 대상을 분별해 의식하는 것이다. 어려운 말로 하면, 십이입처가 '촉'하여 십팔계가 될 때 '식'과 수·상·사가 생겨남을 통해 대상을 아는 것이다.

이런 방식으로 색·수·상·행·식이 일어나는 것을 보고, 우리는 그것을 '나'라고 규정짓는 것이다. 물질적인 나, 느끼는 나, 생각하는 나, 의도하는 나, 분별하여 의식하는 나가 진짜 있는 것으로 착각하는 것이다. 그러나 이 모든 것은 십이입처가 촉함으로써 인연 따라 발생한 것일 뿐, 내 안에 영속적으로 고정된 몸·감정·생각·의지·의식이 있어서 그것이 주체가 되어 세상을 느끼고 생각하고 의식하는 것은 아니다.

그래서 부처님께서는 『상윳따 니까야』에서 "색은 거품과 같고, 수는 물거품 같으며, 상은 아지랑이 같고, 행은 파초둥치 같고, 식은 마술과 같다"고 하시면서, "깊이 있게 관찰해 보면 이처럼 오온은 모두 비어 있고 실체가 없으니, 부지런히 밤낮으로 오온을 관찰하라"고 설하고 계신다.

오온의 생활 실천

　대승불교의 핵심을 설한 경전인 『반야심경』에서는 오온 무아를 오온 개공이라고 설명하면서, "색불이공 공불이색 색즉시공 공즉시색 수상행식 역부여시"라고 부언하고 있다. 색은 공과 다르지 않고 공은 색과 다르지 않으며, 색은 곧 공이며 공은 다시 곧 색이며, 수·상·행·식도 이와 같다는 뜻이다.

　색은 곧 공이며 무아다. 실체가 없다. 그렇기 때문에 우리는 색에 집착할 이유가 없다. 색즉시공을 통해 우리는 모든 괴로움을 소멸시킬 수 있다. 오온이 모두 공하며 무아라는 것을 살펴봄으로써 오온이 괴로워하던 것들이 사실은 괴로울 것이 아니었음을 깨닫게 되는 것이다. 이처럼 색즉시공은 우리를 괴로움에서 벗어나게 해 준다.

　그러나 여기에서 머물게 되면 자칫 무기공으로 빠지거나 허무주의에 빠질 수도 있다. 모든 것은 공하고 무아라고 하니 이 세상은 다 필요 없고, 성공할 이유도 없으며, 열심히 잘 살려고 애쓸 필요도 없다고 여기는 것이다.

　그렇기에 반야심경에서는 다시금 중도적 이해를 위해 색즉시공에서 머물지 않고 나아가 공즉시색을 설하고 있다. 색이 곧 공이지만, 공은 다시 색인 것이다. 텅 비어 공한 세상이지만, 그러한 공한 가운데 아름다운 다양성의 삶이 있다. 텅 비어 공하다고 해서 이 몸을 가지고 세상을 살면서 대충대충 막 살아도 된다는 것이 아니라, 텅 비어 공하기 때문에 그 어떤 것도 다 이룰 수 있는 무한 가능성을 꽃피울 수 있는 것이다.

무아와 연기의 가르침, 공의 가르침은 이 세상이 텅 비어 그 어떤 것도 고정되거나 실체적인 것이 아니기 때문에, 도리어 그 어떤 것도 다 만들어낼 수 있고, 이룰 수 있는 무한 가능성의 장임을 역설적으로 드러내 주고 있다. 꿈 속에서는 오히려 견고하게 정해진 실체가 없기 때문에 무엇이든 마음 먹은 대로 다 만들어낼 수 있지 않은가.

색즉시공이지만 다시금 공즉시색이기 때문에 공하고 텅 빈 이 세상, 이 삶을 아름답게 가꾸어 갈 수 있어야 하는 것이다. 오온이 공하며 무아이지만, 다시금 공하며 무아이기 때문에 자기 자신으로 드러난 오온의 꽃을 아름답게 피워낼 수 있다. '나'라는 오온의 존재는 우리가 원하는 그 어떤 존재로도 피어날 수 있는 무한한 가능성의 장이다. 내가 오온으로 이루어졌다는 것은 곧 오온으로 나를 새롭게 바꾸고 변화시키며, 깨닫게 만들 수 있다는 말이기도 하다.

이 장에서는 색즉시공 공즉시색의 두 가지 중도적 관점을 살펴봄으로써, 색즉시공의 실천으로 '오온으로 괴로움 소멸하는 방법'을 살펴보고, 공즉시색의 실천으로 '오온으로 행복 만드는 방법'을 살펴보고자 한다.

오온으로 괴로움 소멸하기

우리가 '나'라고 생각하는 것은 오취온이다. 색·수·상·행·식 오온이 쌓여 이루어진 인연가합의 존재를 우리는 나라고 착각하기 때문에, 무아(無我)를 실체적인 '자아'로 여기는 것이다. 오온이 나라면, 나의 괴로움은 곧 오온의 괴로움이다.

뒤에 사성제에서 공부하겠지만, 부처님께서 하신 모든 설법은 궁극적으로 '괴로움과 괴로움의 소멸'에 대한 것이다. 인간에게 고(苦)가 없다면, 부처님께서는 법을 설하지 않았을 것이다.

마찬가지로 이 오온의 가르침 또한 우리의 괴로움과 괴로움의 해결에 도움을 주기 위해 생겨난 가르침이다. 괴로움을 소멸하려면 괴로움이 어디에서 왔는지를 알아야 한다.

오온은 말 그대로 '나'라는 존재의 다섯 가지의 쌓임이다. 그렇다면 '내가 괴롭다'고 할 때, 그 괴롭다는 것은 곧 오온 중에 어떤 요소가 괴롭다는 말이다. 즉, 우리가 괴로울 때는 다섯 가지 요소 중의 하나 때문에 괴롭다. 물론 두세 가지의 요소가 합쳐져서 괴로울 수도 있고, 다섯 가지 요소 모두가 총체적으로 다 괴로울 수도 있다.

그렇다면, 이제부터는 괴로울 때 그저 막연하게 '괴롭다!'고만 말할 것이 아니라, 그 괴로움이 오온의 어떤 요소에서부터 비롯된 괴로움인지를 살펴볼 수 있을 것이다.

색·수·상·행·식의 다섯 가지 요소 가운데 어떤 요소 때문에 괴로운지를 알게 된다면, 그 괴로움의 문제를 해결하기가 훨씬 쉬워진다. 색·수·상·행·식은 앞에서 살펴본 바와 같이 무아이기 때문이다.

이처럼 그저 뭉뚱그려 막연하게 '나는 괴롭다'라고 했던 것을, 오온의 가르침을 통해 다섯 가지로 해체해서 살펴보고, 그 각각이 실체가 없다는 사실을 사유하여 깨닫게 된다면 괴로움에서 벗어나는 길이 더욱 구체적이고 실천적인 방법이 될 것이다.

육체적(色) 괴로움의 소멸

먼저 '색온의 괴로움'이 있을 수 있다. 누군가에게 맞았거나, 육체적인 고된 노동을 하거나, 몸에 상처가 나게 되었다면 색온의 요소가 괴로운 것이다.

이러한 색온의 괴로움, 즉 육체적인 괴로움은 실체적인 것일까? 몸이 괴로운 것은 절대적인 괴로움인가? 그렇지 않다. 예를 들면 산길을 무거운 짐을 짊어지고 며칠이고 계속해서 걷는다는 것 자체는 괴로움도 즐거움도 아닌 중립적인 것이다. 그러나 스스로 선택해서 히말라야 트레킹이나 지리산 종주를 한다면 이는 육체적인 고통에도 불구하고 행복한 산행이 되겠지만, 하기 싫은데 어쩔 수 없이 산길을 걸어야 한다면 더없이 괴로운 일이 될 수도 있다.

직접적으로 몸에 통증이 느껴질 때도 마찬가지다. 중학교 때 담임선생님께서 전교 석차가 떨어진 숫자만큼 손바닥을 때리겠다고 공언하셨지만 성적 발표 날 담임선생님께서 개인적으로 매우 좋은 일이 있으셨고, 결국 매의 양이 절반으로 떨어지고 체벌 강도도 약해졌다. 손바닥을 맞긴 맞았지만 얼마나 행복하고 기뻤는지 모른다. 맞으면서 괴로운 것이 아니라, 맞으면서 기뻤다! 생각했던 것보다 약하고 적어졌기 때문이다. 이처럼 맞는다는 것이 그것 자체로 언제나 괴로운 것은 아닌 것이다.

이와 같이 색온의 괴로움은 결정론적이거나 실체적인 것은 아니다. 몸의 괴로움이 실체적인 것이라면, 몸이 힘들 때 마음도 언제나 함께 괴로워야 할 것이지만, 위와 같이 몸이 힘들더라도 마음은 괴롭지 않을 수 있기 때문이다. 색온무아이기 때문에, 색온의 괴로움 또한 비실체적인 것이며, 고정된 것이 아니다.

그럼에도 우리는 이 육체를 '나'라고 생각한다. 그렇기에 육체 안에 갇힌 제한된 존재로서의 '나'라는 관념에 사로잡혀 살 수밖에 없는 것이다. 여기 육체가 나인 것은 아니라는 생생한 사실을 깨달은 애런 롤스턴(Aron Ralston)의 실화가 있다.

롤스턴은 깊은 계곡에서 혼자 등반을 하다가 굴러 떨어진 큰 바위 덩어리가 오른팔을 짓누르는 사고를 당했다. 피범벅이 된 손을 아무리 빼내려 해도 빠지지 않았고, 바위는 꼼짝도 하지 않았다. 그렇게 손을 빼내기 위해 사투를 벌이기를 닷새가 지났지만 꼼짝없이 죽는 것 외에는 다른 방법이 없었다. 스스로 이제 죽음을 피할 수 없음을 깨닫고는 가지고 있던 비디오카메라에 유언을 남기며 모든 것을 체념했다.

그런데 죽음을 받아들이고 났더니 공포심이 사라지고 오히려 평화가 찾아왔다. 육신에 대한 모든 집착이 떨어져 나간 것이다. '팔이 나'라고 생각할 때는 팔이 바위에 깔려 꼼짝 못하고 죽게 될 때 '나'도 꼼짝 없이 죽게 된다고 생각했지만, 육신의 집착을 버리고 났더니 팔이 나인 것은 아니며, '나는 팔 이상의 존재'임을 깨달은 것이다. 그 때 비로소 팔을 잘라낼 용기가 생겼다. 이미 시퍼렇게 변한 팔은 잘라내도 아프지 않았다. 한 시간에 걸쳐 팔을 자르면서도 오히려 팔을 자르는 게 행복했다고 말한다. 이 팔만 잘라내면 죽지 않고 다시 세상으로 내려갈 수 있음을 알았기 때문이다.

롤스턴은 이 사건을 통해 '육신이 곧 나'인 것은 아니며, 나는 육신 그 이상의 존재라는 것을 깨달았다. 색온은 내가 아니다. 이처럼 물질적인 육신은 내가 아니지만, 우리는 평상시에 이 육신과 팔, 다리 등을 '나'라고 생각하며 산다. 롤스턴 또한 닷새 동안이나 팔을 자르고 자유인이 될 생각은 하지 못한 채, 그 자리에서 죽을 수밖에 없다고 생각했다. 팔이 곧 나라고 생각하니, 팔이 썩어 죽어가는 것을 곧 내가 죽게 되는 것으로 착각한 것이다. 그러나 팔이 곧 내가 아니라는, 즉 색온은 무아라는 단순한 사실을 자각함으로써 팔을 잘라내고 죽지 않는 길을 선택할 수 있었다. 죽을 때까지 '팔이 나'라는 생각에 사로잡혀 있었다면 롤스턴은 아마도 그 자리에서 죽게 되었을 것이다.

색온은 무아다. 내가 아니다. 우리는 색온 그 이상의 존재이다. 색온이 아프고 지치고 피곤하고 썩어 없어지는 순간조차, 우리는 행복해질 수 있다. 롤스턴은 팔을 자르면서도 행복했다고 하지 않는가.

이처럼 우리는 색온의 괴로움이 올 때, 어쩔 수 없이 괴로워해야 하는 존재가 아니다. 색온의 괴로움은 실체가 아니기 때문에, 우리는 육체적인 괴로움을 뛰어넘을 수 있는 더 큰 존재인 것이다. 색온의 괴로움이 비실체적이며 공하다는 사실을 깨닫는 순간, 우리는 물질적인 육신 그 이상의 존재임을 깨닫는 순간, '육체가 바로 나'라는 자기 동일시에서 벗어날 수 있을 것이다. 색온을 나와 동일시하는 데서 벗어날 때 비로소 우리는 육체적인 괴로움, 즉 색온의 괴로움에서 벗어날 수 있게 될 것이다.

감정적(受) 괴로움의 소멸

그런가 하면 육체적으로는 괴롭지 않으면서 마음만 괴로울 수도 있다. 수·상·행·식 즉, 정신적인 괴로움이다. 감정적인 상처를 받았거나, 싫은 느낌을 계속해서 받아야 한다면 그것은 '수온의 괴로움'이다. 함께 있는 것조차 싫은 사람과 함께 지내야 한다면 그것은 괴로움이다. 그것은 육체가 괴로운 것이 아니라 정신이, 그 중에서도 수온이 괴롭다. 누군가가 나를 경멸하거나, 욕하거나, 수치심을 주었을 때 우리는 감정적으로 상처받아 괴롭다.

수온은 좋은 느낌과 싫은 느낌, 그저 그런 느낌이 있다. 이 가운데 고수(苦受), 즉 싫은 느낌이 올 때 우리는 괴로움을 느낀다. 그렇다면 이 괴로운 느낌은 항상 실체적이거나 고정된 것일까? 그렇지 않다.

예를 들어 미워하는 사람이 있어 그 사람과 함께 있는 것만으로도 싫은 느낌을 받는다고 치자. 그 사람만 만나면 괴로운 것이다. 그렇다면 그 사람은 실체적으로 '싫은 느낌'을 주는 사람일까? 만약 그렇다면 세상 모든 사람이 누구나 그 사람을 만나면 싫은 느낌을 받아야 할 것이다. 그러나 그렇지 않다. 대부분의 많은 사람들은 누군가에게는 싫은 사람일 수도 있고, 또 다른 누군가에게는 좋은 느낌을 주는 사람일 수도 있다. 그 사람에게 고정된 실체적인 '싫은 느낌'이 정해져 있지 않기 때문이다.

아무리 사랑했던 사람일지라도, 그 사람에 대해 크게 실망감과 배신감을 느끼고 헤어졌다면, 그 사람은 '좋은 느낌'에서 '싫은 느낌'으로 일순간 바뀌고 만다.

모든 상황도 마찬가지다. 무덥고 땀이 나는 상황은 '싫은 느낌', '찝찝한 느낌'이겠지만, 사우나에 있거나, 운동을 통해 땀을 빼 다이어트를 하거나, 땀복을 입고 체중 감량하는 운동선수들에게 땀이 나는 상황은 오히려 좋은 느낌일 수도 있다. 어떤 사람은 번지점프를 할 때 그 스릴감을 좋아하는 사람도 있다. 반면에 고소공포증이 있는 사람은 번지점프대 앞에 서 있을 때 공포스럽고 괴로울 것이다. 누군가에게는 좋은 느낌인 것이 또 다른 사람에게는 싫은 느낌인 것이다.

이처럼 우리가 좋은 느낌을 느낄 것인지, 싫은 느낌을 느낄 것인지는 외적인 바깥 상황에 달려 있는 것이 아니라, 자신의 마음에 달려 있다. 일상생활 속에서 우리가 느끼는 수많은 감정과 느낌들은 고정된 실체적인 것이 아니기 때문이다.

그렇기 때문에 우리가 느끼던 괴로움의 원인이 '수온의 괴로움'임이 판명 났다면, 이제 수온무아의 사유를 통해 그 괴로움에서 벗어날 수 있을 것이다. 그 괴로움을 실체인 것으로 착각하기 때문에 수온의 괴로움을 느끼는 것이니, 그 괴로움의 원인인 느낌·감정이 고정된 실체가 아니며 언제든 마음을 바꿈으로써 싫은 느낌을 좋은 느낌으로 바꿀 수 있음을 깨닫는다면 그 괴로움에서 벗어날 수가 있는 것이다.

예를 들면, 평소 하지 않던 달리기나 마라톤을 어쩔 수 없이 타의에 의해 시작하게 되었다고 생각해 보자. 물론 처음에는 힘들고 땀나고 하기 싫은 느낌이 들 것이다. 그러나 이 느낌 자체는 실체가 없지만, 내 스스로 힘들고 땀나고 싫은 느낌으로 느끼고 있구나, 이 싫다는 느낌은 내가 선택한 것인구나를 깨닫고, 오히려 이 땀으로 인해 몸의 나쁜 것들이 배출되고, 운동도 되어 몸을 건강하게 해 주리라고 생각을 바꾸게 된다면, 곧 땀에 대한 인식도 바뀔 것이고, 이렇게 상온과 식온이 바뀌게 되면서 오히려 누가 시키지 않더라도 꾸준히 달리기를 해야겠다는 의지가 생겨날 수도 있다. 이렇게 상온과 식온·행온이 새롭게 생겨나게 되면 자연스럽게 수온 즉 느낌도 바뀌게 마련이다. 마라톤이 힘들고 싫은 느낌이었다가, 오히려 땀은 나고 힘들지만 행복하고 경쾌하고 좋은 느낌으로 바뀔 수 있는 것이다.

이처럼 어떤 싫은 느낌이 일어날 때, 그저 그 싫은 느낌에 괴로워하고만 있을 것이 아니라, 오온으로 해체해서 이 마음의 특성을 살펴보고 사유해 보면, 그것은 곧 나 스스로 선택한 마음임을 깨닫게 된다. 괴로운 느낌의 주범은 나의 밖의 대상이 아니라, 결국 내 마음이었음을 깨닫는 것이다.

그런데 이렇게 그 느낌을 하나하나 해체해 보고, 사유해 보기 어렵거나, 아무리 해도 이 느낌을 바꾸기 어려울 때는 아주 단순하면서도 강력한 방법이 있다. 올라오는 느낌과 감정을 해석하거나 분별하지 않고 있는 그대로 알아차리는 수념처(受念處)의 수행이다. 뒤에 사념처에 나오는 수행인데, 쉽게 말하면 수념처란 '느낌 관찰'이다. 올라오는 느낌을 있는 그대로 관찰하기만 하여도 그 느낌의 괴로움에서 벗어날 수 있는 길이 열리는 것이다. 그 느낌에 대해 해석하지 말고, 있는 그대로를 있는 그대로 느끼고 알아차리고 관찰해 보게 된다면, 결국 느낌에 속지 않을 수 있고, 수온이 무아임을 깨닫게 될 것이다.

관념적(想) 괴로움의 소멸

또한 '상온의 괴로움'도 있다. 생각·사유·관념적인 괴로움이다. 수온의 괴로움이 감정적·정서적인 괴로움이라면, 상온의 괴로움은 지성적·관념적인 괴로움이다. 대상에 대해서 과거에 어떤 표상을 가지고 있느냐에 따라, 그 대상이 과거의 경험을 통해 어떤 기억으로 자리 잡고 있느냐에 따라 그 대상은 괴롭게도 즐겁게도 받아들여지는 것이다.

예를 들어 어릴 적에 버림받은 기억이 있는 사람은 사회생활을 하면서도, 결혼생활을 하면서도 늘 마음속에는 '버림받으면 어쩌지' 하는 두려움이 관념 속에 자리 잡게 된다. 버림받을까 봐 두렵고 괴로운 마음 때문에 사람을 사귀는 것도 어려워하고, 심지어 대인관계 기피증을 얻게 될 수도 있다. 이와 같은 어릴 적 상처나 트라우마로 인한 괴로움도 '상온의 괴로움'의 일종이다.

예를 들어 '나는 운동신경이 없어', '나는 미술에는 소질이 없어', '나는 많은 사람들 앞에만 서면 떨려', '나는 축구는 못해', '나는 영어를 못해', '나는 능력이 없어' 등의 생각들 또한 스스로 과거의 경험을 통해 만들어 놓은 관념일 뿐이다. 많은 사람 앞에서 발표를 하다가 망신을 당했던 경험이 있는 사람이라면 스스로 '나는 사람들 앞에서는 말을 잘 못한다'는 관념에 사로잡힐 것이고, 그런 기회가 생기면 괴로울 것이다. 대중 앞에 나서는 직업은 아예 거들떠보지도 않을지 모른다. 이게 다 상온 때문이다.

그러나 상온은 고정된 실체적인 것이 아니다. 언제든 바꿀 수 있는 것이다. 실제 불교 수련회에서 사람들 앞에만 서면 떨려서 말을 할 수 없다는 학생에게 소그룹 토의와 발표를 시키고 모두 함께 매우 크게 칭찬해 주었더니, 스스로 매우 뿌듯해 했던 적이 있다. 그런데 그 발표 이후로는 많은 사람들 앞에서 발표하는 것을 서슴없이 잘하더니, 마지막 날 회향 마음 나누기를 하는데, 자신은 이번 수련대회를 통해 사람들 앞에 나서는 데 대한 두려움이 사라졌다고 말했다. 이처럼 그런 상온의 생각과 관념들은 언제든 바뀔 수 있고, 변화해 가는 것이지, 고정된 것은 아닌 것이다.

고정관념·편견·가치관 등이 절대로 바뀔 수 없다고 생각하거나, 자신의 생각을 유연하게 변화시킬 생각은 못한 채 한 가지 생각과 선입견에 사로잡혀 있게 된다면 점점 더 상온의 괴로움에서 벗어나기 어려워질 것이다. 상온의 괴로움에서 벗어나려면 가슴을 활짝 열고, 고정관념에서 벗어날 수 있어야 한다. 사고를 유연하게 열어 두고, 그 어떤 생각이나 관념도 열린 마음으로 수용할 준비가 되어 있다면 상온의 괴로움에서 벗어나기가 한결 수월해질 것이다.

상온의 괴로움에 쉽게 빠지거나, 사로잡혀 있는 사람은, '나는 옳다', '나는 안다'는 자기 생각에 대한 고집이 큰 사람이다. 이것만은 전적으로 옳다고 생각하며, 절대적으로 고수할 수 있다고 여기는 신념이나 생각이 있다면 그것은 삶을 제한하며 구속시키고 만다. 강하게 옳다고 집착하는 생각들은, 그것이 아무리 '정말' 옳을지라도, 우리의 삶을 그 틀 속에 가두는 역할을 할 뿐이다.

'모름', '불확실함', '열어 놓음', '집착 없음', '정해진 것 없음', '모든 가능성을 받아들임'이라는 덕목들이 자칫 불완전해 보이고 위태로워 보일지 모르겠지만, 이런 것들이야말로 우리 삶에 꼭 필요한 것들이다. 이처럼 상온의 괴로움에서 벗어나는 방법은 마음을 활짝 열고 받아들이는 것과, '나는 옳다', '나는 안다'는 생각에 사로잡히지 않는 것, 고정관념과 선입견, 편견과 자기 고집을 내려놓는 것, 생각이 올라올 때는 잘 관찰하는 것, 과거의 상처와 트라우마를 치유하는 것 등이 있을 수 있다.

유위적(行) 괴로움의 소멸

'행온의 괴로움'은 특정한 의도를 고집하게 될 때 그로 인해 괴로운 것을 말한다. 예를 들어 적어도 서울대 정도를 가야 한다고 집착하는 사람이라면 그보다 못한 대학에 갔을 때 괴로울 것이다. 그러나 그것은 내 스스로 만들어 낸 행온의 괴로움일 뿐이다. 즉 내가 스스로 '서울대'라는 생각과 목표에 집착하고 있었기 때문에 괴로운 것일 뿐이다. 그러나 서울대가 아닌 다른 수많은 대학에 간 사람들이 다 괴로워하는 것은 아니지 않는가. 내 스스로 내가 만들어 놓은 '의도'에 고집하고 집착하기에 괴로운 것일 뿐이다. 이처럼 행온, 즉 어떤 의도에 대한 집착과 고집이 있을 때 괴롭다. 이것이 바로 행온의 괴로움이다.

반드시 진급해야 한다는 의도에 대한 집착이 강한 사람이라면, 진급에서 떨어졌을 때 그렇지 않은 사람에 비해 크게 괴로울 것이다. 어떤 특정한 여인과 반드시 결혼해야겠다는 의도에 대한 집착이 크면 클수록 그 여인과 결혼하지 못하는 데서 오는 괴로움도 커지기 마련이다.

이처럼 한 가지 의도에 과도하게 집착하게 되면, 그것 이외의 다른 의도나 가능성은 가치를 상실하게 되고 만다. 의도 즉 행온에서 자유로운 사람은 이래도 좋고 저래도 좋다. 이 회사에 취직해도 좋고 저 회사에 취직해도 좋다. 공무원도 좋고 군인도 좋으며 회사원도 좋고 자영업도 좋다. 모든 직업에 대해 활짝 열린 가슴으로 받아들이기에, 무한한 가능성이 그 앞에 놓인다.

그러나 한 가지 특정한 의도에만 집착하고 사로잡혀 있는 사람은, 그것 아니면 절대 안 되는 줄 알고, 그것을 못 하면 실패한 인생으로 낙인 찍기를 서슴지 않는다. 이것이 바로 행온의 괴로움이며, 행온에 집착하는 데서 오는 어리석음이다.

행온은 무아다. 어떤 의도일지라도 내 스스로 그 의도에 집착함으로써 괴로워질 뿐이지, 본래부터 절대적으로 이것만이 옳은 의도는 없다. 그 의도가 아닌 다른 의도를 선택할 수는 없는 것일까? 이 대학이 아닌 다른 대학, 이 회사가 아닌 다른 회사, 이런 방식이 아닌 다른 방식, 이 길이 아닌 다른 길로 가는 것에 대해 마음을 열어 볼 수는 없는 것일까? 그렇다. 우리는 수없이 다양한 무수한 방식을 향해 마음을 열어 둘 수도 있다. 이 길이 아니면 다른 길을 찾을 수도 있고, 이 방식이 아닌 다른 방식에 도전해 볼 수도 있으며, 이 사람이 아닌 다른 사람을 사랑할 수도 있는 것이다. 이 세상에 절대적으로 고정되어 있는 것이 없는데, 절대적으로 반드시 이렇게 되어야 한다고 고집할 필요는 없지 않은가?

인식적(識) 괴로움의 소멸

식온의 괴로움은 분별과 인식의 괴로움이다. 있는 그대로의 대상을 있는 그대로 인식하면 괴로울 것이 없다. 그러나 다른 것과 비교하여 분별해서 차별심으로 이해하면 거기에는 좋고 나쁜 것이 생기고, 열등과 우월이 생겨나기 때문에 결과적으로 괴로움이 생겨난다.

　스님들의 법문에 '분별하지 말라', '알음알이를 내지 말라'고 하는 것은, 분별하여 인식할 때 괴로움이 생기기 때문이다. 무언가를 분별한다는 것은 곧 '있는 그대로' 보는 것이 아니라, 왜곡해서 본다는 것을 의미한다. 식온은 이처럼 수온과 상온의 도움을 받아 행온이 만들어낸 세상을 왜곡하고 분별하여 자기 식대로 인식한다.

　그런데 수온과 상온, 행온 자체가 무아로써 실체가 없는 것이고, 왜곡되기 쉬운 데이터이기 때문에 당연히 식온 또한 왜곡되고, 분별하여 대상을 인식할 수밖에 없는 것이다.

　우리는 눈·귀·코·혀·몸·뜻으로 마주하는 색·성·향·미·촉·법의 모든 대상을 식이 분별하여 인식한다. 예를 들면 눈으로 장미꽃을 볼 때 강렬한 아름다움으로 분별하여 인식한다. 물론 거기에는 상온의 도움을 받아 과거에 보았던 다양한 꽃들과 비교·대조해 본 뒤에 이 정도면 다른 꽃들에 비해 강렬한 색감을 띤 꽃이라고 분별하게 되는 것이다. 그러다보니 빨간 장미꽃에 비해 진달래꽃은 덜 아름답다고 인식하게 될 수도 있다. 그러나 그 인식은 진실일까? 어떤 사람은 진달래꽃을 장미꽃보다 덜 아름답다고 인식할 수도 있겠지만, 또 다른 사람은 너무 강렬한 색감을 가진 장미꽃보다 오히려 자연 속에서 은은하게 피어난 진달래꽃을 더욱 아름답게 인식할 수도 있는 것이다.

　어떻게 인식하느냐는 이처럼 사람에 따라 다를 수가 있는 것이다. 어떤 분별심이 더 옳거나 틀릴 수는 없는 것이다. 그러나 자신이 분별하여 인식하는 것만이 옳다고 집착하게 된다면, 다른 사람의 인식과 달라 의견 대립이 생겨날 수도 있다.

식온을 보통 '마음'이라고 한다고 했는데, 그야말로 어떻게 마음을 쓰느냐에 따라, 어떻게 인식하느냐에 따라 동일한 상황, 동일한 대상, 동일한 사람, 동일한 행동이 괴로울 수도 있고, 즐거울 수도 있는 것이다. 직장에서 어떤 어려운 일을 시킬 때, 어떤 사람은 이것이 기회라고 생각하고 어려운 일이지만 이 일을 통해 나의 능력을 발휘하고 능력을 인정받을 수 있는 좋은 기회라고 여길 수도 있고, 또 다른 사람은 그 일이 너무 싫고 괴로워서 몇 날 며칠이고 괴로워할 수도 있고 심지어는 차라리 퇴사를 선택할 수도 있을 것이다.

나에게 주어진 상황·조건에 대해 내가 어떻게 받아들이고, 어떻게 분별하며, 어떻게 인식하느냐에 따라 이처럼 동일한 상황도 행복의 조건처럼 느껴질 수도 있고, 불행의 조건처럼 느껴질 수도 있다.

만약 내가 괴로워하고 있는 것이 단순히 나의 분별심으로 인한 것이라면 우리는 무조건 그 상황에서 절망에 빠져 있을 것이 아니라, 나의 인식과 분별을 바꿈으로써 새로운 가능성으로 전환될 수 있음을 열린 마음으로 사유해 볼 수 있어야 한다. 분별심을 내려놓으면, 혹은 그 대상에 대한 인식을 바꾸면 최악의 상황이 오히려 최선의 기회로 다가올 수도 있고, 불행의 상황이 행복의 상황으로 바뀔 수도 있는 것이다.

이처럼 이 세상은 마음에 따라 지옥이 되기도 하고 극락이 되기도 한다. 분별심과 인식에 따라 동일한 조건도 다르게 느껴진다. 이러한 이치를 바르게 볼 수 있다면, 세상을 탓하기보다는 내면으로 들어가 나의 분별심과 인식을 다룸으로써 괴로움을 행복으로 변화시킬 수 있을 것이다.

괴로움에서 벗어나는 오온 명상

이상에서 살펴본 바와 같이 우리가 괴롭다고 느낄 때, 그 괴로움을 가만히 오온으로 해체하여 사유해 보게 되면 오온 중 어느 요소 때문에 괴로운지가 드러날 것이다. 보통 우리는 괴로울 때, '아! 괴롭다'라고만 느끼지, 어느 요소가 괴로운지에 대해, 그 원인을 해체하여 살펴보려고는 하지 않았을 것이다. 그러나 오온을 공부한 수행자라면 이제부터 '괴로움에서 벗어나는 오온 명상'을 통해 괴로움을 낱낱이 분석해 보고, 그 하나하나의 괴로움의 요소들이 실체가 아니며 공함을 사유함으로써 괴로움에서 벗어날 수 있게 될 것이다.

예를 들어 보자. 직장 상사가 그런 일 하나 제대로 못하느냐고 부하직원들 보는 앞에서 나에게 화를 내고 갔다. 부하직원들 앞에서 상사에게 욕을 얻어먹고 괴롭지 않을 사람은 없을 것이다. 그렇다고 이렇게 괴로워하고만 있을 수는 없지 않은가. 이 괴로움을 해결해야 한다. 오온 명상으로 해결해 보자. 이것은 오온 중 어떤 요소가 괴로운 것일까? 물론 이런 경우에 수온도 괴롭고, 상온도 괴롭고, 행온도 괴롭고, 식온도 괴롭다. 그런데 가장 큰 것은 아마도 의지작용 즉, 행온일 것이다.

이 사람은 어떤 의지가 있을까? 남들 앞에서 그것도 부하직원 앞에서 상사에게 욕을 얻어먹고 싶지 않은 욕구가 있으며, 칭찬받고 싶고 인정받고 싶은 욕구와 의지가 있다. 그 의지와 욕구가 깨어지기 때문에 괴로운 것이다. 행온의 괴로움이다. 그 행온의 괴로움으로 인해 감정적으로도 마음이 상하고, 생각하면 생각할수록 직장상사가 밉고 원망스럽다.

이런 식으로 행온이 나를 '인정받지 못한 나', '부하들 앞에서 창피한 나', '일도 제대로 못하는 나', '욕 얻어먹어 괴로운 나'를 조작해 내고, 식온은 축 처져 있고 부끄럽고 창피한 나를 인식하게 된다. 이 때 수온과 상온은 함께 순환적으로 괴로움을 증폭시키는 작용을 한다. 이럴 때 상온은 온갖 것들을 상상해낸다. 두 번째 화살, 세 번째 화살을 계속 맞는 것이다. '그 상사는 나를 근본적으로 싫어하나 봐', '그 상사만이 아니라 다른 모든 상사들이 다 나를 싫어하는 게 아닐까?', '이번 승진시험에서 떨어질 게 분명해', '부하직원들은 속으로 나를 능력 없는 상사라고 욕하겠지', '이러다 회사에서 잘리면 뭐해 먹고 살지', '차라리 죽는 게 낫겠어' 이런 식으로 상온은 끊임없이 괴로움을 양산해 내는 것이다.

사실 현실은 단순히 직장 상사가 나에게 일을 못한다고 한 마디 한 것이다. 그것은 절대적인 '괴로운' 상황이 아니라, 어느 회사에서든 '그럴 수도 있는' 보편적인 상황이다. 그 상황을 가지고 괴로워할 것인지, 그저 가볍게 넘길 것인지는 전적으로 내가 선택하는 것일 뿐이다. 어느 회사에도 이런 일은 있지 않은가. 그럼에도 불구하고 나에게는 아주 큰 괴로운 일이 되는 이유는 바로 오온을 '나'로 착각했기 때문이다.

감정적으로 상처받은 나, 능력도 없는 나, 인정도 못 받는 나 등 감정적인 수온의 괴로움, 생각이 만들어낸 상온의 괴로움, 특정 의도와 욕구를 나라고 생각하는 행온의 괴로움 등을 느끼는 존재를 '나'로 착각한 데서 오는 것이다. 즉 오온무아를 모르고, 오온이 바로 '나'라고 생각하면 수·상·행·식이 만들어내는 심리적인 모든 것이 '나의 괴로움'이 되고 마는 것이다.

그러나 그 모든 것은 하나하나 살펴보면 모두 공하고 텅 비어 실체가 없는 것이다. 칭찬 받고, 인정받고자 하는 의도를 내려놓고, 살다보면 욕도 얻어먹을 수 있고, 비판 받을 수도 있음을 겸허히 인정하고 수용하게 된다면, 의지와 욕구에서 오는 행온의 괴로움에서 벗어날 수 있을 것이다. 인정받고자 하는 욕구가 큰 사람일수록 행온의 괴로움이 크지만, 그 욕구를 내려놓을수록 행온의 괴로움은 가벼워지는 것이다. 욕을 얻어먹을 때의 마음 상한 느낌 또한 그 느낌이 '나'라고 동일시하지 않은 채, 그 순간 있는 그대로 올라오는 느낌과 감정을 가만히 관찰하고 알아차려 보게 된다면 그 느낌으로 인한 괴로움에서 벗어날 수 있다.

또한 끊임없이 올라오는 생각들을 있는 그대로 관찰하면서, 그 생각에 힘을 실어 주지 않고, 그 생각을 계속해서 증폭시키지 않게 된다면, 두 번째 화살을 맞지 않을뿐더러, 그 생각은 실체를 가진 것이 아닌 그저 올라오는 것일 뿐임을 관찰하게 될 것이다. 바로 이것이 사념처 혹은 위빠사나라고 알려진 불교 명상의 핵심, 관 수행이다. 오온을 관찰하는 것이 바로 오온 명상이다. 이처럼 그 상황 자체를 오온으로 분석하고 해체해서 사유해 보게 되면, 오온의 괴로움에서 점차 벗어나기 쉬워진다.

괴로운 느낌을 있는 그대로 관찰하고, 끊임없이 올라오는 생각을 관찰하고, 의도를 관찰하며, 분별심을 관찰하는 것이다. 또한 몸에서 어떤 반응이 일어나는지를 관찰하는 것이다. 색·수·상·행·식, 즉 몸과 마음을 전체적으로 판단 없이 알아차리고 관찰하는 것만으로도 그 오온의 괴로움에서 벗어날 수 있게 된다. '바라보면 사라진다'는 가르침이야말로 불교 명상의 가장 위대한 지혜다. 오온의 괴로움이 일어날 때, 바로 그 일어나는 지점을 분명하게 보고, 있는 그대로 바라보는 것만으로 오온의 괴로움은 소멸될 수 있다.

오온으로 행복 만들기

　오온은 곧 '나'이며 세상이다. 이 세상은 곧 오온으로 구성되어 있다. 이 세상은 무아로서 실체가 없지만 어쨌든 오온이라는 공한 것이 가합으로 만들어 낸 것이 바로 이 세상이다. 그러면 이 신기루 같고 비실체적인 영화 같은 세상을 어떻게 하면 잘 살 수 있을까?
　이 세상은 오온이라는 다섯 가지 요소로 이루어져 있다. 우리 몸은 오취온으로 이루어져 있다. 그러면 거꾸로, 방편으로 오취온을 어떻게 다루고 사용하면 이 세상과 나라는 존재를 아름답게 가꾸고 바꾸어 나갈 수 있는지에 대한 답이 나온다.
　불교가 무상·무아·공의 가르침이니 꿈과 같은 현실은 대충대충 살아도 된다는 말인가? 그렇지 않다. 우리가 태어난 이유는 삶을 아름답고도 최선을 다해, 매 순간순간 온전한 집중으로 살아냄으로써 아름답게 신기루를 펼쳐내고, 그것을 통해 깨달음으로 나아가라는 가르침이다. 저마다 자기 자신으로 태어난 것은 자신의 고유성을 삶을 통해 피워냄으로써 귀의(歸依)라는 깨달음으로 되돌아가는 성스러운 여정을 달성하기 위함이다. 우리는 우리 각자의 독자적인 삶을 통해 주어진 자신의 삶을 살아냄으로써 진리라는 바다의 물결이자 붓다의 파편으로 주어진 자신의 삶을 통해 진리를 드러낼 수 있는 것이다.

불교는 무상·무아·고이기 때문에 허무하고, 삶은 아무 의미 없이 소극적으로 보내도 된다는 가르침이 아니라, 이 무상한 가운데 인연 가합으로 만들어진 저마다의 꿈과 같고 영화와 같은 고요한 삶을 진하고 아름답게 살아내라는 가르침이다.『금강경』의 핵심 실천적 가르침을 '응무소주 이생기심'이라고 하는데, 이는 '집착하는 바 없이 그 마음을 내라'는 것을 뜻한다. 즉, 불교는 무상하고 무아이기 때문에 아무런 마음도 내고, 삶을 살지도 말라는 가르침이 아니라, 돈도 벌고, 성취도 하고, 꿈도 이루고, 자신에게 주어진 재능을 가지고 눈부시게 아름다운 저마다의 독자적 삶을 만들어내라는 것이다. 다만 그렇게 만들어낸 삶의 근본 성질이 무상하고 무아인 줄 알아 집착하지 말라는 것일 뿐이다.

우리는 저마다의 방식으로 만들어진 오온이라는 나를 통해 자신에게 주어진 자기만의 삶을 성취하고, 아름답게 가꾸어 나가야 한다.

여기 오온, 오취온이 들려주는 삶을 아름답게 창조해 나갈 수 있는 가르침이 있다. 오취온의 다섯 가지는 '나'의 정신적·신체적인 요소들이다. 즉 내가 평생 동안 이 다섯 가지 요소를 가지고 꿈과 같은 현실 세계를 아름답게 만들어 가는 것이다.

경전에서는 업보라고 하여 업을 짓는 대로 과보를 받는다고 말한다. 과보란 바로 우리의 생생한 현실이다. 지금 우리가 이생에서 받고 있는 모든 조건들은 바로 내가 스스로 지은 업에 대한 결과 즉 과보인 것이다. 그러면 이 과보는 누가 만들었는가? 바로 업이다. 업이 업보를 가져온다. 즉 부처님께서는 업, 즉 신구의(身口意) 삼업(三業), 세 가지 행위가 삶을 만들어낸다고 말한다.

이 삼업이 바로 삶을 창조하는 도구인 것이다. 그런데 여기에서 가장 중요한 것이 의업(意業)이다. 오온이 '나'이며, 나는 세 가지 삶의 창조 도구를 통해 삶을 만들어낸다.

여기에서 신업은 오온 가운데 색온이 행하며, 의업 즉 마음의 행동은 오온 가운데 수·상·행·식이 종합적으로 행하는 것이라고 볼 수 있다. 보통 심의식은 거의 동의어처럼 쓰이며, 통상 마음이라고 번역하고 있음을 볼 때, 수·상·행이라는 마음부수 즉 심소법의 작용을 바탕으로 식온이 종합적으로 대상을 식별하고 분별하는데, 이것이 삼업 가운데 의업의 작용을 일으키는 것이다. 즉 수·상·행 그 중에도 특히 행온의 작용을 바탕으로 식별하여 의업을 일으키는 것이다.

그래서 보통은 신·구·의 삼업을 신·구·의 삼행이라고도 한다. 신행·구행·의행이라는 말은 수·상·행·식이라는 작용 가운데 업을 짓는 작용은 주로 행온임을 설명하고 있는 것이다. 그렇지만 수·상·행의 도움을 받아 최종적으로 대상을 식별하여 아는 마음인 식과 의를 모두 심과 동의어로 보는 것을 보았을 때, 의는 곧 수·상·행·식과 연결 지어 생각할 수 있을 것이다.

결론적으로 의업 즉 마음으로 짓는 업을 좀 더 구체적으로 분류해보면 수·상·행·식이라는 마음작용의 도움을 통해 의업을 짓는다고 할 수 있다. 즉 대상을 느끼고 인식하고 의도하는 등 다양한 심리작용을 통해 최종적으로 대상을 식별하고 알아냄으로써 그 결과를 가지고 의업을 짓는 것이다.

그러면 수·상·행·식의 작용을 잘 사용한다면, 마음이 어떻게 현실을 만들어내고, 삶을 아름답게 창조할 수 있는지를 깨닫게 될 것이다. 앞에서 나와 이 세상은 마음에서 연기되어져 만들어졌다고 했고, 『법구경』에서는 "모든 일의 근본은 마음이다. 마음이 주인이 되어 모든 일을 시키고 세상을 만든다"고 했으며, 『화엄경』에서는 일체유심조(一切唯心造)라고 하여 마음이 모든 것을 만든다고 했는데, 바로 그 '마음'이 수·상·행·식이라면, 수·상·행·식이 곧 나와 나의 세상을 만들어낸다는 결론이 나온다. 이 장에서는 어떻게 수·상·행·식이라는 마음이 나의 삶을 만들어 가는지, 어떻게 수·상·행·식을 다룸으로써 보다 아름다운 세상을 창조해 낼 수 있는지에 대해 살펴보도록 하자.

수온, 느끼는 대로 만들어 진다

수·상·행·식의 첫 번째는 수온(受蘊)이다. 다시 말해 삶을 창조하는 첫 번째 마음 작용은 느낌과 감정이다. 감정으로써 느끼는 것이 나의 삶을 창조해낸다는 것이다. 무엇을 '느끼느냐' 하는 것은 곧 무엇을 '창조할 것인가'와 같은 말이다. 매 순간의 현재에 무엇을 느끼고 사느냐 하는 것이 바로 어떤 미래를 창조할 것이냐를 결정짓는다.

예를 들면 최근 일주일간을 돌이켜 보라. 내 마음 가운데 어떤 느낌이 나의 삶에 가장 크게 작용했는가? 행복했는지, 기뻤는지, 즐거웠는지, 불안했는지, 답답했는지, 괴로웠는지를 살펴보라. 내가 어떤 감정을 많이 느꼈느냐에 따라 앞으로의 삶에 어떤 감정을 더욱 더 많이 느끼게 될 것인지가 결정된다. 무언가를 느끼고 있음과 동시에 삶을 창조해내고 있는 것이다.

그러면 어떤 이는 이렇게 묻는다.

"상황이 좋으면 좋은 걸 느끼고, 상황이 나빠지면 나쁜 감정을 느끼는 것이지 그 느낌을 우리가 어찌할 수 없지 않습니까?"

과연 그럴까? 좋은 상황이라고 좋은 걸 느끼고, 나쁜 상황이라고 나쁜 걸 느낄까? 그렇지 않다. 보통 우리는 외부적인 어떤 좋거나 나쁜 상황이 생기면 그에 따라 나의 느낌은 수동적으로 결정된다고 배웠고 지금껏 그렇게 알아왔다. 그러나 앞에서 살펴본 것처럼 진실은 그렇지 않다. 동일한 외적 상황에서 무엇을 느끼는 지는 전적으로 나에게 달려 있다. 나 스스로 나의 느낌과 감정을 선택할 수 있다.

지난해 설악산에 단풍을 구경하러 갔었다. 어찌나 차가 많이 막히는지 입구에서부터 도통 앞으로 나아갈 생각을 하지 않았다. 차가 막히는 것은 좀 불편했지만, 단풍은 너무나도 아름다웠다. 꽉 막힌 도로 정도야 충분히 감수할 만했다. 그것보다는 놀라운 설악의 단풍을 감상하는 것이 더없는 기쁨이었기 때문이다. 꽉 막힌 도로와 아름다운 단풍처럼 우리 주변에는 항상 나쁜 일과 좋은 일이 동시에 있다. 거기에서 무엇을 선택하고 어느 쪽에 마음을 기울여 어떤 감정을 선택할 것인지는 언제나 나의 선택일 뿐이다.

내가 느끼는 것을 더욱더 느낄 수 있도록 우주법계가 상황을 조성해 주기 시작한다. 감동받기를 좋아하면 감동스러운 상황이 인생에 자꾸 등장하게 된다. 자연을 보고 더 많이 감탄하고 감동하게 된다면 어쩌면 직장에서 특별한 인연이 생겨 생각지 못했던 휴가를 받게 될지도 모른다. 직접 자연 속으로 뛰어들어 더 많이 자연을 느끼고 감동하고 오라는 우주법계의 피드백이며 공명인 것이다.

언제나 나에게서 나간 것은 우주법계를 스친 뒤에 다시 나에게로 되돌아오게 된다. 나쁜 감정을 내보냈다면 그 나쁜 감정은 하나의 에너지가 되어 자체의 생명력을 가지고 우주법계를 떠돌다가 인연이 맞아지는 때가 되면 다시 나에게로 되돌아온다. 불행함을 느끼는 사람은 점점 더 많은 불행할 일들이 생겨나게 된다. 그러나 행복한 감정, 평화로운 느낌, 기쁨에 넘치는 삶을 살아간다면 그 느낌과 감정이 고스란히 나 자신에게로 되돌아 와 나를 행복하게 만들어 줄 것이다. 감정과 느낌은 그 자체로써 본질적으로 공하지만 하나의 생명력을 지닌 에너지이기 때문에, 나에게서 나간 대로 들어올 수밖에 없는 것이다.

1991년부터 시작된 캘리포니아의 허트매스 협회(Institute of HeartMath)의 연구결과에 의하면 물리적 접촉 없이, 그저 일관된 감정과 느낌을 일으킴으로써 비커에 담긴 DNA 분자의 형태를 변화시킨다는 명료한 실험결과를 발표했다. 즉 인간의 감정이 생명의 본질인 DNA의 형태를 변화시킨다는 것이다. DNA는 태어날 때부터 정해진 것이라고 믿어왔던 사회적 통념이 거짓임이 드러난 것이다.

또한 글렌 레인 박사는 우리의 감정이 우리 몸의 세포 기능에 직접적 영향을 준다는 사실을 밝혀냈고, 줄리 모츠는 1993년 『어드밴스 Advances』에서 연구 자원자의 입 안에서 DNA 샘플을 채취한 뒤 수십 미터 떨어진 다른 방에서 감정상태를 변화시키는 다양한 영상을 보여주는 실험을 통해 DNA는 인간의 감정과 동시적으로 전기적 반응을 보임으로써 연결되어 있음을 입증했다. 비슷한 연구를 클리브 백스터 박사는 500km 떨어진 먼 거리에서도 성공시킴으로써 인간의 감정에 세포가 즉시 영향을 받는다는 사실을 밝혀냈다.

이처럼 현대 과학에서도 우리의 감정과 느낌이라는 수온은 곧 우리의 현실 세계를 이루고 있는 물질에 영향을 준다는 사실을 밝혀냈다.

먼저 느끼고 감동함으로써 더 많은 감동적인 현실을 창조할 수 있다는 것이 바로 수온이 우리에게 주는 일체유심조의 가르침이다.

무엇을 느끼느냐에 따라 미래는 바뀐다. 가만히 내 과거를 짚어보면 내 삶이 왜 안 좋아졌는지, 좋아졌는지가 나온다. 그러니까 지금까지 삶이 괴로웠던 사람, 부정적이었던 사람은 일상 속에서 먼저 행복을 찾고 느껴야 한다. 내가 먼저 행복을 느껴야 행복한 삶이 펼쳐진다.

상온, 생각하는 대로 만들어 진다

상온의 가르침에 의하면, 자신의 평소 생각·사고·판단·이성·개념 등을 어떻게 쓰고 있느냐에 따라 자신의 삶이 생각하는 대로 창조된다.

그 어떤 생각이나 사고, 사유와 판단, 사고방식과 가치관일지라도 내 안에서 일어난 생각은 특정한 에너지를 가지고 이 우주로 퍼져나간다. 하나의 특정한 생각 에너지는 그것을 생각했다는 것만으로도 하나의 특정한 창조적 에너지가 되어 이 세상을 일정 부분 만들어내는 데 일조를 하게 된다. 그러니 어떤 동일한 생각이 몇 번이고 반복되며, 심지어 그것이 내 안에 삶의 가치관이나 사고방식, 혹은 편견이나 선입견으로 자리 잡고 있다면 그것은 분명한 독자적인 생명력을 가지고 당신의 삶을 창조해 내게 될 것이다. 말 그대로 생각하는 대로 이루어지는 것이다.

KBS스페셜 '마음'의 '생각하면 이루어진다' 편에서는 머릿 속으로 아령을 들고 운동하는 모습을 상상하고 생각하기만 하더라도 실제 근육량이 늘어나는 것을 보여주기도 했다.『꿈을 이룬 사람들의 뇌』에서는 실제로 피아노를 만지지 않고 닷새 동안 매일 두 시간씩 생각으로 피아노 연습을 했던 피실험자들이 같은 기간 동안 실제 몸으로 피아노를 연습한 사람들과 뇌 회로는 거의 같은 숫자로 증가하는 것을 증명해 주었다. 신경과학에서는 단지 다르게 생각하는 것만을 가지고도 뇌를 변화시킬 수 있음을 입증하고 있다. 환경을 바꾸지 않고도 정신적 시연(mental rehearsal)을 통해서 뇌 속의 회로를 내 목적에 맞게 재조직할 수 있다는 것이다. 이뿐 아니라 플라시보 효과나 상상임신 같은 것을 보더라도 믿고 생각하는 것이 결과에 얼마나 큰 영향을 주는지는 확실해 보인다.

실제 양자물리학에서는 이 물질우주는 아원자 입자들로 이루어져 있는데 이러한 아원자 입자들은 무한한 장소에 동시에 존재할 수 있는 무한대의 가능성의 상태로 존재하다가 우리가 특정한 의도를 가지고 상상하고 생각할 때 물질로 만들어진다는 것을 발견했다. 그야말로 모든 곳에 꽉 차 있으면서도 동시에 아무 곳에도 없는, 즉 '텅 빈 충만'의 잠재적 무한 가능성의 상태로 있다가, 우리가 생각을 일으킴에 따라 물질 현실을 만들어 내는 것이다.

깊게 생각하고 여러 번 상상하였는데, 어느 순간 머릿속에 그렸던 일들이 똑같이 이루어지는 일을 경험해 본 적이 있을 것이다. 만약 그러한 일을 한 번도 경험해 보지 못했거나, 그런 경우가 많지 않았다면 스스로 마음의 에너지를 제한하고 있는 사람일 확률이 높다. 즉 내 스스로 마음속에서 '생각하는 대로 이루어지지 않아, 말도 안 돼, 어떻게 내가 생각했다고 그것이 그대로 현실이 되겠어?'라고 스스로의 마음의 능력을 의심하며 제한했기 때문에 이 우주는 '내 스스로 제한한' 자신의 능력을 고스란히 현실로 창조해 낸 것이다. 즉 100% 온전히 생각한 대로 현실이 된 것이다. 생각 속에서 '생각한 대로 이루어지지 않을 거야'라고 했기 때문에 생각한 대로 이루어지지 않게 된 것이다.

자신의 능력은 정해져 있지 않다. 언제나 그것을 정하는 쪽은 나 자신이다. 나 스스로 나 자신을 규정하고, 결정지을 뿐이다.

아무리 공부를 못하는 사람일지라도, '난 공부는 안 돼'라고 선언하지는 말라. 그 선언은 더욱 더 자신을 공부 못하는 사람으로 결정짓게 될 것이다.

물론 이런 방식으로 무언가를 이루었다고 할지라도 그 또한 무아이고 무상한 것으로서 신기루와 같으며, 환영과 같을 뿐임을 잊어서는 안 된다. 사실은 느낌과 생각으로 무엇을 만들어내든 그것의 실체는 무상하고 무아이기 때문에, 즉 고정된 실체가 아니기 때문에 무엇이든 마음을 가지고 만들어낼 수 있는 것이다. 만약에 이 세상 모든 것이 실체적인 것이고, 고정된 딱딱한 물질 우주로서 독자적으로 존재하는 것이라면, 그것을 바꾸기는 쉽지 않을 것이다. 그러나 겉보기에는 견고해 보이는 모든 물질 우주가 사실 그 내면을 들여다 보면 무상하고 무아이며 비실체적인 것이기 때문에, 우리는 느낌과 생각, 의지와 분별을 통해 삶을 우리 마음대로 창조할 수 있는 것이다.

이러한 사실을 잘 안다면, 상온을 통해 삶을 마음껏 창조할지라도 거기에도 얽매이지 않을 것이다. 실체가 아니고 항상 하는 것이 아님을 안다면 집착할 이유가 없기 때문이다.

이처럼 이 창조의 방법은 결과에 대한 집착이 없을 때 그 결과가 더욱 분명하게 나타난다. 이 부분은 다음의 행온 부분에서 조금 더 다루어보도록 하자.

행온, 집착 없이 원할 때 이루어진다

'행(行)'은 무언가를 바라는 마음의 욕구이자, 어떤 행위의 원동력이 되는 의지작용이다. 무엇인가를 간절히 바랄 때 그것은 이루어진다. 행온이 삶을 만들어내는 것이다.

그러나 이 행온은 아주 미묘한 것이다. 한 때 유행처럼 '간절히 바라면 이루어진다'는 말이 번져나갔다. 연금술사라는 책이 유행하면서 유행어가 되어버렸다. 그러나 그 말에는 한 가지 빠진 수식어가 있다. '집착 없이'라는 수식이 빠졌다. 즉 '집착 없이 간절히 바라면 이루어진다'가 맞는 말이다. 만약 그냥 '간절히 원하'기만 한다면 그것은 오히려 이루어지지 않기 쉽다. 왜냐하면 보통 사람들이 간절히 원할 때는 그것을 이루고자 하는 집착과 욕망이 따라붙기 때문이다. 집착이 개입되면 오히려 이루어지지 않게 된다.

왜 그럴까? 예를 들어 '진급되기를' 하고 간절히 원한다고 해 보자. 간절히 진급되기를 소망하고 열망한다. 그러나 진급에 집착하는 마음이 너무 강해지면 질수록 '진급하지 못하면 어쩌지?' 하는 불안과 두려움이 함께 생겨나게 된다. 그렇게 되면 우리 마음속에 진급을 연습하는 것이 아니라, 진급에서 떨어지는 것에 대한 두려움을 연습하게 된다. 그러니 진급에 대해 크게 집착하면 할수록 '진급에서 떨어지는

데 대한 두려움'이 연습되어 결과적으로 진급에서 떨어지는 것을 연습하게 되는 것일 뿐이다. 두려워하는 것은 언제나 지속되기 때문이다.

그러나 집착 없이 단순히 진급이 되기를 원한다면, 그것은 힘을 받을 것이다. 집착 없이 원한다는 말은 결과에 대한 두려움에서 벗어난다는 것을 의미한다. 즉, 진급이 되어도 좋고, 안 되어도 좋다는 마음의 여유로운 태도를 의미한다. 이런 마음은 결과로부터 자유롭다. 그렇기에 두려움과 불안이 없게 되고, 자연스럽게 그런 마음에는 진급 낙방에 대한 마음보다는 진급 그 자체를 연습하게 되는 것이다.

이것이 바로 불교계 거의 모든 종단의 소의경전인 『금강경』의 핵심 사구게(四句偈)인 '응무소주 이생기심(應無所住 而生其心)' 즉, 집착하는 바 없이 그 마음을 내라고 하는 가르침이고, 바가바드기타의 카르마 요가에서 설명한 집착 없이 행하라는 가르침이며, 노자의 무위자연(無爲自然), 무위행이기도 한 것이다. '집착 없이 원하라'는 가르침이야말로 인류의 수많은 성인들이 말한 진리를 실천하는 핵심 가르침이라고 할 수 있다.

예를 들어 이렇게 마음을 낼 수는 있다. "남들을 돕기 위해 부자가 되고 싶다.", "전역하고 나서 공무원 준비를 하겠다." 의도를 일으켜야지 평생 안 일으킬 수는 없을 것이다. 불교에서는 집착하지 말라고 가르치는 것이지 돈도 벌지 말고, 취직도 하지 말라는 것이 아니다. 당연히 마음을 다 내야 한다. 그러나 집착하지 않고 마음을 낼 수 있어야 한다. 욕망과 집착을 배제하고 원하고 의도하면 거기에는 힘이 붙는다. 반대로 욕망과 집착이 개입되면 힘이 실리지 않는다.

남을 돕기 위해 부자가 되겠다고 마음을 내었지만, 행여 부자가 되지 않더라도 상관이 없어야 하는 것이다. 공무원 준비를 해서 시험을 보겠다고 했지만, 공무원 시험에서 떨어지더라도 상관이 없어야 하는 것이다. 그것 자체를 위해 최선을 다하지만 결과에는 얽매이지 않게 되었을 때, 사실은 열정이 식는 것이 아니라, 편법이나 조급함이 사라진 자리에 깊은 현존이 드러나게 된다. 즉 미래에 집중하는 마음이 사라지고 현재에 더욱 충실하게 되는 것이다.

이와 같이 행온을 잘 쓰게 된다면, 즉 의도를 일으키되 머물러 집착하는 바 없이 마음을 내게 된다면 그것은 강력한 힘으로 현실을 창조하는 에너지가 되고, 일체유심조를 실현하는 방법이 될 것이다.

그런 점에서 사실은 행온이야말로 일체 모든 것을 만들어내는 핵심의 마음이다. 그래서 앞에서도 설명한 바와 같이 행온은 일체 모든 것들 즉, 유위법을 만들어 내는 마음으로서, 형성력이라고 했다. 이처럼 행온은 수온과 상온의 도움을 받아 의도하는 바를 만들어내는 형성력을 의미한다.

이는 현대 과학의 연구결과와도 일치한다. 허트매스 연구 센터에서 시행된 감정의 생리학, 심장과 뇌의 상호작용 등에 대한 연구에서 다음과 같은 결과를 입증해 냈다. 즉, "피실험자가 대상에 대해 고조된 느낌(수온)과 분명한 생각(상온)을 동시에 가질 때에만 그들이 의도(행온)하는 결과를 만들어낼 수 있었다(현실 창조)", "의도를 품은 생각은 촉매제를 필요로 한다. 그 촉매 에너지는 고양된 감정이다"라고 함으로써 수온과 상온이 함께할 때 행온은 결과를 만들어낸다는 것을 증명해 내기도 했다.

심지어 2000년, 이스라엘의 레오나르도 레이보비치 박사는 무작위

이중 맹검 대조시험을 통해, 실험이 있기 4년에서 10년 전 입원했던 환자들에게 '현재' 기도 명단을 보고 생각(상온)과 감정(수온) 그리고 의도(행온)를 담아 기도를 해 주었더니 기도를 받은 집단의 환자들이 열이 일찍 내리고 입원기간이 단축된 사실을 증명해 내었다. 기도는 현재 했지만, 변화는 '과거'에 일어난 것이다. 우리의 수온과 상온, 행온이 담긴 기도가 현재나 미래에 영향을 미칠 뿐만 아니라 과거에도 영향을 줄 수 있다는 사실을 증명한 것이다! 이것은 어떻게 가능할까?

불교나 양자물리학에서는 모든 가능성들이 과거·현재·미래를 넘어 동시에 존재한다고 보기 때문이다. 불교에서는 『법성게』에서 일념즉시무량겁이라고 하여 현재의 한 생각이 곧 무량한 시간과 다르지 않음을 설하고 있고, 물리학자 존 휠러는 유명한 이중슬릿 실험과 지연된 선택 실험을 통해 "사건이 이미 일어난 후에 그 특성을 선택할 수도 있다"라고 함으로써 오늘 내린 선택이 과거에 이미 일어난 일에 직접적 영향을 주는 것이 가능하다는 결과를 보여 주었다. 즉, 현재가 바뀌면 현재와 미래뿐 아니라 과거까지 동시에 변화될 수 있는 것이다. 지금 이 순간 내 안에서 일어나는 감정과 생각, 의지는 현재와 미래만을 변화시키는 것이 아니라, 과거까지 변화시킬 수 있는 강력한 창조적 에너지인 것이다.

이와 같이 수온과 상온이 행온과 함께할 때 우리의 마음은 강력한 힘이 되어, 우주의 모든 가능성을 현실화시킨다. 마음이 물질세계를 창조해 내는 것이다. 행복도, 불행도 이와 같은 방식으로 우리 마음에서 만들어 냈던 것이다. 그렇기에 우리에게 가장 중요한 것은, 과거나 미래가 아니라, '지금 여기'에서 어떻게 생각하고, 어떻게 느끼며, 어떤 의지를 가지고 삶을 살아갈 것이냐에 있다.

식온, 분별 인식하는 대로 경험한다

다음으로는 식온(識蘊)이다. 식은 '마음'과 동의어다. 즉, 앞서 설명한 수·상·행온이 마음의 부수적이고도 실질적인 작용이라면, 수·상·행온의 작용들을 통해 대상을 식별하고 인식하는 작용을 식온이라고 한다. 수·상·행온이 있기 때문에 식온은 대상을 수·상·행온을 통해 분별하고 인식하는 것이다. 그러니 수·상·행이 세상을 창조할 때, 그 모든 과정을 인식하고 분별하여 아는 마음이 바로 식온이다.

저마다 자신이 보고 느끼고 생각하고 의도하며 인식하는 세계는 다를 것이다. 그렇기에 자신이 만들어내는 세상도 다를 수밖에 없다. 동일한 대상을 어떻게 분별하여 인식해 아는가에 따라 자신이 분별한 대로 삶은 만들어지기도 하는 것이다.

예를 들어 두 사람이 동일한 한 직장에 취직했다. 그런데 한 사람은 그 직장에 대해 느끼고 생각하고 의도하며 인식하는 것이 아주 좋은 직장이고, 사장님과 직원들도 매우 진실되고 서로 아껴주는 행복한 직장으로 인식하였으며, 다른 한 사람은 그와는 반대로 나쁜 직장이고 사장님과 직원들도 형편없다고 인식했다. 전자의 인식, 식별작용에 따라 전자의 사람은 그 직장에서 점점 더 행복과 평안과 진실된 삶을 경험하게 될 것이다.

반면에 후자의 방식대로 인식한 사람은 그 직장 속에서 내가 인식한 것을 계속해서 더 많이 인식할 수밖에 없는 현실이 계속해서 벌어지게 될 것이다. 점점 더 직장이 싫어지고, 형편없어 지며, 사람들도 비뚫어진 시선으로 보게 될 것이고, 그렇게 보는 사람에게 직원들은 마음을 열고 다가설 수 없을 것이다. 이처럼 세상은 자신이 인식한 대로 더 많이 인식되도록 경험이 창조된다.

언젠가 누군가가 내게 와서 "스님께서는 사람을 너무 믿는 경향이 있어요. 사람들은 착한 것 같다가도 자기 이익과 관련되면 상대에게 어떤 짓도 합니다. 그러니 사람을 너무 믿지 마세요"라는 조언을 해 주었다. 그렇지만 그렇게 사람을 못 믿게 되면, 믿을 만한 사람을 만날지라도 그 사람이 그 마음을 읽고는 우리 앞에서 못 믿을 짓을 하게 되기 쉽다. 그러나 당신이 마음을 활짝 열고 다가가 상대방을 진실되게 믿어주면 그 사람이 설사 나쁜 사람이었다 할지라도 당신 앞에서만은 진실된 사람으로 바뀌게 된다. 내가 어떻게 하느냐에 따라 상대방이 어떤 존재로 되며 내게 인식될 지가 결정되는 것이지 상대방에 따라 내가 결정되는 것이 아니다. 내가 먼저 닫으면 나에게로 오는 모든 이가 마음을 닫지만, 내가 먼저 열면 나에게로 오는 모든 이가 마음을 열게 된다.

만약 여러분이 상대방을, 사람을 믿지 못하고 의심하게 된다면, 점점 더 내 삶에는 의심할 만한 사람, 믿지 못할 사람, 진실되지 못한 사람들이 자꾸만 내 삶에 나타나게 될 것이다. 그러면서 점점 더 내 안에 '사람은 믿을 게 못 된다'고 하는 인식이 증명되게 될 것이다. 그러나 타인에 대한 나의 인식과 분별이 긍정적이고 진실하다면 그 사람 앞에는 점점 더 좋은 사람, 긍정적이며, 믿을 만하고 아름다운 사람이 나타나게 될 것이다. 내가 먼저 타인을 긍정적이고 진실되게 인식하니 나를 좋게 봐 주는 사람 앞에서 타인도 좋은 사람이 될 수밖에 없다.

모든 것이 이와 같다. 내가 마음을 열고 세상 사람들을 아름답고 진실되며 한 사람의 부처님으로 인식하게 된다면 점점 더 많은 사람들이 나에게 진실되고 아름다운 존재로 경험되게 될 것이다. 내가 인식한 것과 같은 것을 내 인생에서 점점 더 경험하게 되는 것이다. 그래서 세상을 바라보는 필터가 어떠한가에 따라 자신의 필터대로 세상은 내게와 규정되는 것이다. 내가 세상을 규정하는 대로 세상은 규정되고, 그 인식과 규정을 점점 더 뒷받침하고 증명해 주는 방식으로 우리의 삶이 창조된다.

마음(수·상·행·식)이 어떻게 삶을 창조하지?

그러면 수·상·행·식이라는 마음이 삶을 어떻게 창조하는지에 대해 교리적으로 이해해 보자. 수온과 상온, 즉 느낌과 생각이 마음 작용의 두 가지 중요한 토대가 된다. 촉에서 수·상·행이 발생한다고 한 것처럼 수온과 상온이 일어남과 함께 행온이 발생한다.

행온은 유위를 조작하는 것(만들어내는 것)을 말하는데, 행은 의지를 가지고 유위를 조작하는 것이고, 유위는 행에 의해 조작되어진 것을 뜻한다. 유위란 만들어내는 것, 조작하는 것이며, 유위법은 만들어진 모든 것을 의미한다. 유위를 만들어내는 정신작용이 바로 행온이다. 즉 행온이야말로 수온과 상온의 도움을 받아 이 세상을 만드는, 유위를 조작하는, 삶을 창조하는 핵심 마음이다.

이렇게 행이 유위의 세상을 만들어내면 식온이 그것을 명색으로 인식한다. 유위나 명색이 바로 우리가 인식하는 대상, 곧 세계인 것이다. 수온과 상온, 즉 느낌과 생각을 토대로 행온은 명색이라는 유위의 세계를 만들어내고, 그렇게 만들어진 명색을 식온이 인식한다. 이와 같이 행온이 의지작용으로서, 즉 업으로써 세상(명색)을 만들어내는 것이다. 그런데 이 행온이 작용하기 위한 기초 자료가 바로 느낌과 생각이라는 수온과 상온이다.

결론적으로 수온과 상온의 기초자료를 가지고 행온이 의도를 일으켜 이 세상을 만들어낸다. 그렇기에 느낌과 생각의 기초 마음을 바꾸면 의도를 바꾸게 되고, 의도를 바꿈으로써 세상을 바꿀 수 있는 것이다. 어차피 이 만들어진 유위의 세상은 실체가 아니라 내 안에서 규정되어지고, 내 안에서 조작되어진 것이기 때문이다. 이것이 바로 마음을 바꾸면 세상이 바뀌는 이유다. 세상이란 내 바깥에 실체로서 존재하는 것이 아니라, 행온에 의해 조작되고 만들어진 것일 뿐이기 때문이다.

『상윳다 니까야』에 다음과 같은 구절이 나온다. "무엇이 행인가? 유위를 만들어내는 것을 행이라 한다. 어떤 유위를 만들어내는가? 물질적인 성질로 색이라는 유위를 만들어내고, 느끼는 성질로 수라는 유위를 만들어내며, 생각하는 성질로 상이라는 유위를 만들며, 유위를 만들어내는 성질로 행을 만들어내며, 분별해 인식하는 성질로 식이라는 유위를 만들어낸다. 이처럼 유위를 만들어낼 때 그것을 행이라 한다."

이 세상을 만들어내는 것을 행이라 하는데, 색·수·상·행·식의 다섯 가지 오온으로써 유위인 이 세상을 만들어낸다는 것을 의미한다.

그렇기에 색·수·상·행·식의 오온 가운데, 특별히 행온을 업이라고 부르며, 업이 세상을 만들어낸다고 하는 것이다. 그동안 우리는 업이 세상을 만들어내는 것이기에 신구의 삼업을 청정히 하면 그에 따른 결과로 좋은 과보를 받을 수 있다고 배워 왔다. 그러나 바로 그 행온이 오온을 토대로 세상을 만드는 전체적인 과정을 이해함으로써, 우리는 보다 구체적으로 수·상·행·식이라는 마음의 작용을 어떻게 써야만 행온이 현실세계를 원하는 대로 만들어낼 수 있는지를 살펴볼 수 있었다.

이처럼 '지금 여기'라는 매 순간의 현실에서 '어떻게 느끼는지', '어떻게 생각하는지', '어떻게 의도하는지', '어떻게 인식하는지'의 네 가지 마음 작용들이 합쳐져 현실이라는 삶을 만들어내는 것이다.

완전한 책임감과 깨어 있음

수·상·행·식이라는 마음의 요소들이 어떻게 일어나고 어떻게 사라지는지를 우리는 낱낱이 다 살펴보고 살지 않기 때문에 생각지 못한 현실세계를 보고 당황스러워하곤 한다. '내가 만들지 않은 현실이 어떻게 나타날 수 있지'라고 하겠지만, 사실 그 모든 것을 내가 만들었지만, 그 과정을 우리가 지켜보지 못하고 다 놓치고 살았던 것이다.

상온이라는 생각의 작용만 놓고 보더라도 우리 머릿속에서는 무수히 많은 생각이 일어나지만 우리는 그 중에 몇 가지의 생각을 뚜렷이 관찰하고 있을까? 우리는 생각의 대부분을 놓치고 살아간다. 느낌도 놓치고, 의도와 욕구도 놓치며, 대상들이 내게 와서 어떻게 인식되는지에 대해서도 우리는 아는 바가 없다.

일체 모든 것은 내 마음이 만들었다는 사실을 받아들여 보라. 그 누구도 원망할 필요가 없다. 그 모든 것은 내 안의 색·수·상·행·식이 만들어 낸 것일 뿐이다. 그 사실을 깨닫는다면 우리는 우리의 삶 그 자체를 결코 원망하거나 누구를 탓하지 않고 온전히 자신의 삶을 받아들이게 될 것이다.

  또한 그 누구에게도 책임을 전가하지 않는, 완전히 책임감을 지닌 사람이 될 것이다. 근원에서는 남들의 탓도 아니고, 이 세상의 탓도 아니며, 조건이나 환경의 문제도 아니다. 모든 것이 내 스스로가 만든 것일 뿐이지만, 다만 모르고 있을 뿐이다. 색·수·상·행·식이 만들어 내고 있는 것들을 낱낱이 관찰하지 못해 놓친 것이거나, 혹은 전생에 지은 잊힌 업식일 수도 있다.

  어쨌든 중요한 것은 우리는 이생에서 그 누구도 원망할 수 없다는 점이다. 스스로 책임감을 지녀야 한다. 상대방 때문에, 모순된 사회 구조 때문에, 내 바깥에 있는 조건들 때문에 이 문제가 생겼다고 하면, 그것은 더 이상 내 노력으로 해결할 수 없는 것이 되고 만다. 그러나 근원에서는 온전히 내 책임임을 받아들이고 나면 그 때, 내 안에는 삶을 완전히 뒤바꿀 수 있는 무한한 능력과 가능성을 스스로에게 부여해 주는 것과 같다. 그랬을 때 모든 힘의 원천은 내 바깥이 아닌 내 안에 있게 된다.

  그리고 또 한 가지, 오온이 내 삶을 만들어내고 있지만, 내 스스로 깨어있지 못함으로써 어떤 삶을 만들어내고 있는지를 놓쳤음을 안다면, 이제부터는 보다 깨어 있는 마음으로 색·수·상·행·식이 무엇을 만들어내고 있는지에 관심 갖지 않을 수 없을 것이다. 왜 위빠사나, 관찰, 깨어 있음의 관 수행이 필요한지를 깨달을 것이다.

5장

십이연기

십이연기가 곧 연기법

연기법의 장에서 부처님이 깨달으신 진리는 곧 연기법이라고 하였다. 그런데 경전에서 연기법은 구체적으로 십이연기임을 밝히고 있다. 『잡아함경』 299경에서는 다음과 같이 말하고 있다.

"연기법은 소위 이것이 있으므로 저것이 있고, 이것이 일어날 때 저것이 일어나는 것이다. 다시 말하면 무명이 있으므로 행이 있고 내지 큰 괴로움이 있으며, 무명이 멸하기 때문에 행이 멸하고 내지 큰 괴로움이 멸한다는 것이다."

즉 부처님이 깨달은 연기법은 곧 십이연기와 다르지 않은 것이다. 십이연기는 구체적으로 생로병사 우비고뇌(生老病死 憂悲苦惱)라는 인간 고(苦)의 문제가 어떻게 생겨나게 되었으며, 또한 어떻게 사라지는지를 연기적으로 밝혀 주는 가르침이다.

그러면 십이연기란 구체적으로 무엇인지 『잡아함경』 299경을 통해 살펴보자.

"연기법이란 무엇인가? 이른바 무명(無明)을 인연하여 행(行)이 있고, 행을 인연하여 식(識)이 있으며, 식을 인연하여 명색(名色)이 있고, 명색을 인연하여 육입(六入)이 있고, 육입을 인연하여 촉(觸)이 있고,

촉을 인연하여 수(受)가 있고, 수를 인연하여 애(愛)가 있고, 애를 인연하여 취(取)가 있고, 취를 인연하여 유(有)가 있고, 유를 인연하여 생(生)이 있으며, 생을 인연하여 노병사와 우비고뇌(늙음·병·죽음과 근심·걱정·고통·번민)가 이루 다 말할 수 없다."

즉 십이연기란 무명(無明), 행(行), 식(識), 명색(名色), 육입(六入), 촉(觸), 수(受), 애(愛), 취(取), 유(有), 생(生), 노사(老死)이다.

여기에서는 먼저 무명에서부터 노사까지의 12가지 지분에 대해 경전에 입각한 일반적인 이해를 먼저 살펴보고, 그 뒤에 보다 구체적으로 어떻게 노병사라는 구체적인 괴로움이 생겨나게 되었는지를 거꾸로 하나하나 살펴보는 방식으로 우리의 괴로움의 원인을 12연기로써 탐구해 보고자 한다.

십이연기 각 지분의 이해

　십이연기는 괴로움의 원인을 밝혀내는 순차적인 작업이기도 하지만, 사실 하나하나의 지분 모두가 결국 독립적으로 괴로움을 발생시키는 조건이 되고 있기도 하다. 그렇기 때문에 십이연기의 어느 한 지분을 소멸하게 된다면, 연이어 다음 지분이 소멸되고, 결국 노병사의 근원적인 괴로움이 소멸되게 될 것이다.

　『숫타니파타』에서는 "모든 괴로움은 무명으로 인해 생겨난다. 무명을 남김없이 소멸하면 괴로움은 더 이상 생겨나지 않는다. 모든 괴로움은 행으로 인해 생겨난다. 행을 남김없이 소멸하면 괴로움은 더 이상 생겨나지 않는다"라고 하였으며 마찬가지로 식·촉·수·애·취에 대해서도 설하고 있다. 모든 괴로움은 십이연기의 순환적인 관계성 속에서 생겨나기에 그 원인의 근원을 탐구해 들어가는 방법으로 십이연기가 설해지기도 하지만, 이처럼 십이연기는 각각의 지분 하나하나가 독자적으로 모든 괴로움을 소멸시키는 방법이 되는 것이다.

　그렇기에 불교의 십이연기의 가르침에 의하면, 괴로움을 소멸시키는 방법에는 한 가지 방법만 있을 수는 없다. 십이연기의 모든 지분이

제각기 독립적으로 괴로움을 소멸하는 하나의 방법이 되기 때문이다. 그래서 불교의 가르침에서는 다양한 수행의 방편과 가르침들이 설해진다. 먼저 십이연기에 대해 하나하나 살펴보다보면 불교에서 왜 그토록 다양한 방법으로 괴로움을 소멸하려 했는지 이해할 수 있을 것이다.

이 장에서는 십이연기의 의미와 함께 왜 각 지분을 소멸시켜야 하는지에 대해서도 함께 살펴볼 것이다.

아직 이 의미가 무엇인지 이해가 되지 않는다면, 하나하나 십이연기의 지분을 살펴보면서 더욱 분명해 지게 될 것이다. 각각의 지분을 살펴봄에 있어서, 기본적으로는 경전의 내용에 입각하여 살펴보겠지만, 부파불교 이래로 다양한 발전을 거치면서 완성된 십이연기의 해석인 삼세양중인과설, 업감연기설을 함께 살펴봄으로써 이해의 폭을 넓혀 보도록 하겠다.

십이연기를 관찰하는 방법에는 순관과 역관이 있다. 순관은 무명에서 노사까지 순서대로 사유하는 방법이고, 역관은 반대로 노사에서 무명까지 거꾸로 관찰하는 방법이다. 여기에서는 무명에서부터 노사에 이르는 십이연기의 지분을 살펴보도록 하겠다.

무명無明

무명이란 글자 그대로 '명(明)이 없다'는 말로, 그 의미는 각 경전마다의 해석이 조금씩 다르다. 일반적으로 진리에 대한 무지를 가리키며, 『잡아함경』과 『상윳따 니까야』에서는 보다 구체적으로 사성제에 대한 무지로 정의되고 있다.

진리에 대한 무지란 연기법에 대한 무지로서, 이 세상은 모두 연기되어진 존재이며, 그 모든 것들은 무상하고 무아이므로 고정된 자성이 없다는 것을 보는 것을 의미한다. 인연 따라 연기적으로 만들어졌을 뿐 실재하지 않는 무상하고 일시적 존재에 대해 실재한다고 여기고 계속될 것으로 여겨 거기에 얽매여 집착하는 상태가 바로 무지요, 무명이다.

우리가 분명히 아는 것은 무엇인가? 이렇게 어디서 와서 어디로 가는지조차 모르고 살며, 내가 누구인지조차 모르고 산다면 어떻게 지혜로운 삶을 살아갈 수 있겠는가? 이처럼 삶에 대해, 우주에 대해, 나에 대해, 과거와 미래에 대해 모르고 살기 때문에 어리석은 삶을 살 수 밖에 없는 것이다.

그래서 불교에서는 무명의 타파를 가장 중요하게 여긴다. 무명을 타파하여 명을 드러내는 것이야말로 불교의 핵심이다. 그러한 지혜가 바로 대승불교의 반야지혜다. 이처럼 무명은 타파해야 할 대상이며, 소멸시켜야 할 것이다. 무명이 소멸될 때 결국 모든 괴로움이 소멸되기 때문이다.

모르기 때문에 짓는 죄업, 그것이 바로 다음에 등장하는 행이다. 무위행이 아닌 유위행은 모두가 모르기 때문에 짓는 업행이며, 선행도 악행도 근원에서는 모두가 유위행으로서 업을 늘리는 무지의 행이 아닐 수 없다.

행行

무명을 조건으로 해서 행이 있다. 행이란 행위, 즉 업(業)을 가리키는 것으로, 삶을 향한 맹목적인 동기와 욕구를 형성한다. 쉽게 말하면 무명에 의해 실체적으로 존재한다고 여겨 집착된 대상을 실재화하려는 의지작용인 것이다. 그런 의미에서 행은 '유위(有爲)로 조작하는 것'이라고도 한다. 조작한다는 것은 한 마디로 없던 것을 만들어냈다는 것을 뜻한다. 본래 텅 빈 바탕 위에 어리석음이라는 무명을 일으킴으로써 무언가를 만들어낸 것이다. 마음에서 먼저 만들어내고, 말을 만들어내고, 행위를 만들어내는 것이다.

즉 지혜로운 사람은 이 세상이 인연 따라 비실체적으로 생겨난 것인 줄 아는 까닭에 '나'에도 '세상'에도 집착하지 않고, 이 모든 것이 무아임을 안다. 그러므로 그 어떤 행위를 하더라도 그 모든 행위가 마치 꿈 속에서 행하는 것처럼 비실체적인 것임을 알아 스스로가 일으킨 그 어떤 행위에도 집착하지 않고, 그렇기에 행위를 했어도 한 바가 없는 무위의 행이 되며, 따라서 그 어떤 것도 조작하여 만들어내지 않는다. 만들어냈다고 할지라도 그 또한 환영이며 신기루임을 알기 때문에, 그것은 만들어낸 것이라고도 할 수 없다.

그러나 어리석은 사람은 반대로 이 세상이 모두 실재인 줄 알아 나와 세상에 집착하고, 그 모든 것을 가지려고 함으로써 말과 생각과 행동을 통해 자신의 삶을 조작해내는 것이다. 말과 생각과 행동으로 조작해내는 것, 그것이 바로 행이다. 어리석은 무명을 원인으로 하여 사람들은 자연스러운 무위의 삶에서 벗어나 억지로 조작하는 유위의 삶을 살게 된 것이다. 이러한 행동과 말과 생각을 세 가지 종류의 행, 이른바 신행(身行)과 구행(口行)과 의행(意行)이라고 한다. 즉, 어리석음 때문에 세상이 진짜인 것으로 착각하고 그 착각으로 인해 그러한 세상을 내 것으로 더 많이 가지려고 하고, 남들보다 더 많이 소유하려고 하는 신구의 삼행의 행위를 일으키게 되는 것이다. 그럼으로써 괴로운 현실이 생겨나는 것이다.

우리가 일으키는 모든 행은 어리석은 마음, 무명에서 일어난 행위로 거의 대부분이 유위행이다. 사랑을 하더라도 그 사람이 실체인 줄 아는 어리석음 때문에 그 사람을 내 사람으로 만들려는 집착의 행을 일으킨다. 이것이 바로 유위행이다. 행위에 집착이 개입되어 있는 행위가 바로 유위행이다. 이와 같이 어리석음이 있으면 우리는 어리석은 행을 하게 된다. 무명이 있으면 행이 있는 것이다.

반면에 밝음, 명, 지혜에서 일어난 행위는 해도 한 바가 없어 흔적이 남지 않는 무위행이다. 즉 명(지혜)에서는 행이 일어나지 않는다. 그래서 불교에서는 행을 소멸함으로써 모든 괴로움이 소멸됨을 설하고 있다. 이 말이 모든 행위를 하지 않는다는 뜻은 아니다. 행위를 하되 함이 없이 한다, 집착 없이 한다는 것을 의미한다. 행을 소멸하게 되면, 모든 유위행이 무위행으로 바뀌기 때문에 해도 한 바가 없고, 흔적이 없는 것이다. 이것이 바로 부처님의 행이다.

부파불교에서는, 이 연기설에 업(業) 사상을 결합하여, 삼세양중인과설을 제시하고, 업감연기설(業感緣起說)을 전개하였다. 다시 말해, 이는 인간의 과거·현재·미래라는 삼세를 거치며, 십이연기 각각의 지분이 어떻게 연결되어 있는가를 윤회·업 사상을 통해 설명한 것이라고 보면 된다. 업감연기설에 의해서 보면, 무명(無明)과 행(行)은 과거세의 원인이라고 한다. 즉, 과거에 어리석은 마음[無明]으로 인해 행(行)을 지어, 그 행위·업력에 의해 이번 생에 윤회를 하여 몸을 받아 태어난다는 것이다.

이상의 두 가지, 무명·행으로 인해 이번 생에 몸을 받았다면, 몸을 받은 뒤에는 업력으로 인해 무엇이 생기게 될까? 아래에서 십이연기의 지분을 자세히 살펴보자.

식識

행을 조건으로 해서 식이 있다. 눈·귀·코·혀·몸·뜻으로 제각각 보고, 듣고, 냄새 맡고, 맛보고, 촉감하고, 생각하는 것에 따라 인식이 일어나게 되는 것을 말한다.

예를 들어, 과거에 맛있는 음식을 먹어 본 경험, 행위(行)로 인해 지금 그 음식을 보면 그 음식에 대한 각종의 분별과 인식(識)이 일어나기 마련이다. 푹 삭힌 홍어를 어릴 적에 처음 먹어 본 사람이 아주 안 좋은 인식을 가졌고, 삭힌 홍어에 대한 좋지 않은 분별심을 일으킨 경험이 있었다면 어른이 되어서도 삭힌 홍어를 보면 자동적으로 그 음식에 대한 나쁜 분별심이 생겨날 것이다. 즉 어릴 적에 보고, 먹고, 냄새 맡고, 그에 대해 생각했던 각각의 안식·비식·설식·의식들이 잠재의식으로 남았다가 인연 따라 다시 올라오게 되는 것이다. 만약 먹기 싫은 분별심이 일어났지만 꾹 참고 먹었더니 신기하게도 맛이 있었다면, 이 사람에게는 식의 증장이 일어난 것이다. 이처럼 행을 조건으로 식이 일어나고, 그 식은 다시 새로운 행에 의해 증장되기도 하는 것이다.

그러면 식은 왜 소멸되어야 하는 것일까? 분명 십이연기는 각각의 지분을 소멸시킴으로써 괴로움을 소멸하는 가르침이다. 식은 있는 그대로의 대상을 있는 그대로 인식하는 것이 아니라, 분별하여 자기 식대로 색안경을 끼고 바라보는 인식이다. 말 그대로 분별심인 것이다. 대상을 있는 그대로 보지 못하고 자기 방식대로 분별해서 보기 때문에 모든 문제가 시작된다.

식의 소멸은 곧 분별심을 무분별심으로 바꾸는 것을 의미한다. 우리는 늘 대상을 분별해서 인식하지만, 분별하지 않고 판단하지 않은 채로 있는 그대로 인식할 수도 있다. 어떤 사람을 볼 때, 그 사람의 과거의 행을 떠올림으로써 나쁜 사람으로 인식하거나 좋은 사람으로 인식하곤 하지만, 깨어 있는 지혜로운 이라면 과거의 행위는 이미 지나간 과거이므로 내려놓은 채 지금 이 순간에는 좋거나 나쁜 사람이 아닌 그저 텅 빈 한 사람으로 인식할 것이다. 이것이 바로 무분별심이다.

즉 식을 소멸하면 대상을 전혀 알아보지도 못하고 인식하지 못할 것이라고 여기겠지만, 그렇지 않다. 끊임없이 분별하던 습관적인 차별심을 넘어서 무분별심으로 인식하게 된다. 무분별심은 곧 대평등심이다. 훌륭하고 못난 대상도 없고, 좋고 나쁠 것도 없으며, 옳고 그를 것도 없고, 착하고 착하지 않은 것도 없고, 더럽거나 깨끗한 것도 없는 대평등심으로써 일체 모든 존재를 있는 그대로, 텅 비어 맑은 시선으로 바라보게 되는 것이다. 그런 무분별의 인식이 있게 될 때 모든 괴로움은 소멸될 수 있다.

이를, 부파불교의 업감연기의 해석으로 살펴보자. 앞에서, 과거세의 무명과 행으로 인해 이번 생에 몸을 받는다고 하였다. 이렇듯, 우리의 행위에 의해 몸이 형성되면, 그곳에 식(識)이 발생한다. 몸이 형성되자, 거기에 '나다' 하는 아상(我相)을 짓고, 따라서 '나다'라는 생각으로 인해 거기에 분별하는 인식작용이 발생하게 되는 것이다.

부파불교 업감연기의 설에서 보면, 인간이 이생에서 몸을 받자마자, 그 업력으로 인하여 인간의 몸에 여섯 가지 기관(六根)이 생기고, 그 기관에서 제각각의 식별(六識)을 한다고 한다. 이렇게 하여, 안·이·비·설·신·의식의 여섯 가지 식이 생긴다는 것이다. 그렇다면, 이러한 여섯 가지 식이 성립하기 위해서, 우리 몸에 인식할 수 있는 감각기관과 인식할 수 있는 대상이 있어야겠다. 그것이 바로 안근·이근·비근·설근·신근·의근의 육근(六根)과, 색·성·향·미·촉·법의 육경(六境)이며, 이것을 표현한 것이, 십이연기의 네 번째인 명색(六境)과, 다섯 번째의 육입(六根)인 것이다. 여기서 중요한 것은, 식, 명색, 육입은 따로따로 생기는 것이 아니라, 동시에 있어야 한다는 것이다. 다시 말해, 이 세 항목은 시간적으로 선후 관계가 아닌 동시적인 것이다.

명색名色

식을 조건으로 해서 명색(名色)이 있다. 명색은 명과 색을 말하는 것으로 명(名)은 정신적인 작용을, 색(色)은 물질적인 부분을 말한다. 즉 명색은 일체 모든 인식의 대상을 말하는 것으로, 명은 '이름'이고, 색은 '모양, 형태'를 말한다. 우리는 정신적인 것과 물질적인 것들을 대상으로 인식하고 있다. 자동차라는 물질은 '색과 명'으로 기억하고, 고백, 질투, 사랑 등의 정신적인 것은 '이름'으로 기억하는 것이다. 정신적인 것이든 물질적인 것이든 모든 대상은 이처럼 명과 색으로 인식된다.

여기에서 분명히 알아야 하는 점이 하나 있는데, 그것은 명색은 외부에 있는 생생한 대상 그 자체가 아니라 그 대상이 나에게로 와서 이름과 모양을 통해 내 식대로 인식되는 나의 의식 상태를 말한다는 점이다. 대상이 나에게 와서 인식되려면 어떤 특정한 이름으로 기억되거나 특정한 모양으로 기억되어야 한다. 그렇게 명색은 대상 그 자체를 의미하는 용어가 아니라, 그 대상이 나에게 이름과 형태를 통해 인식되어진 것을 의미한다.

그렇기에 명색을 멸해야 한다. 대상 그 자체를 소멸시켜야 한다는 말이 아니라, 내 안에 명색으로 인식되어지고 내 식대로 짜맞추어진 명색이라는 허망한 마음을 소멸시켜야 한다는 것이다.

내 안에 명색으로 자리 잡고 있는 모든 대상들이 실체가 아닌 줄을 알아야 하는 것이다. 실체라고 생각하면, 그러한 실체적인 대상에 집착하지 않을 수 없다. 돈이나 아파트나 자동차라는 명색을 실체라고 생각하면, 더 많은 돈, 더 좋은 아파트, 더 좋은 자동차에 집착할 수밖에 없다. 그러나 명색이 비실체적이며 무상하고 무아인 줄 안다면 그 어떤 대상에 대해서도 집착하지 않을 것이다.

내 외부에 있는 자동차 그 자체가 아니라, 내 마음 속에 특정한 이름으로 저장된 세계 최고의 자동차 회사 메이커가 달린 이름(명)과 어떠 어떠하게 생긴 자동차의 모양(색)이라는 명색으로 인식되고, 그 이름과 모양에 대해 실체화시킴으로써, 좋은 자동차를 사고 싶다고 집착하게 되는 것이다. 사실 자동차 그 자체는 좋을 수도 있고 나쁠 수도 있다. 중립적일 뿐이다. 그러나 내 안에 인식된 특정 메이커의 자동차는 명색으로 인식됨으로 인해 나에게 특별한 가치를 지니고, 집은 없더라도 차는 사고 싶은 욕망과 집착이 생겨나게 되는 것이다. 그래서 외부의 자동차 그 자체를 불태워 없애버리거나 폐차를 시켜 소멸시키라는 것이 아니라, 내 안에 명색으로 입력됨으로써 특별한 가치가 부여되고 실체성이 부여된 바로 그 명색의 허망한 마음을 소멸시키라는 것이다.

『잡아함경』 298경에 따르면 구체적으로 명은 수·상·행·식을 말하며, 색은 지·수·화·풍의 사대와 사대로 이루어진 물질을 말한다. 즉, 오온을 물질과 정신으로 나누어 놓은 것이다.

여기에서는 다음에 나올 육입이라는 주관적 감각기관의 객관적 대상인 육경을 지목한 것이라고 해석할 수도 있다. 오온을 명색이라고 할 수도 있지만, 육경 또한 명색이기 때문이다.

식의 대상이 명색인데, 이 말은 식이 인식하는 모든 것을 명색이라고 부른다는 뜻이다. 식은 오온을 나로 인식하고, 마찬가지로 육근을 나의 감각으로 인식하며, 육경을 감각의 대상이라고 인식한다. 식은 오온도 인식하고 육경도 인식하는 것이다.

명색에 집착하지 않게 된다면, 오온과 육경에도 집착하지 않게 될 것이다. 명색을 멸하게 된다면, 즉 대상을 실제로 이름과 모양을 지닌 존재로 착각하는 마음이 소멸하게 된다면, 오온과 육경에 대한 집착 또한 사라지게 될 것이다.

　식을 조건으로 해서 명색이 있다는 말은, 식이 있기 때문에 명색을 명색으로 인식함을 의미한다. 내 바깥에 이름과 모양을 가진 정신적·물질적인 대상이 있을지라도 내 안에서 인식되지 않는다면 그것은 없는 것이다. 지하철에서 옆에 앉아 있는 여자 친구에게 떨리는 마음으로 사랑을 고백했지만 그 여자 친구는 이어폰을 한 채 큰 소리로 들려오는 노랫소리를 듣느라 고백을 듣지 못했다면 그 고백은 여자 친구에게는 없는 것이다. 식을 조건으로 해서 명색이 있는데, 그녀는 그 고백이라는 이름의 '명'을 인식하지 않았으므로, 즉 식이 없으므로 명도 없는 것이다.

육입六入

　명색을 조건으로 해서 육입이 있다. 육입은 육내입처를 뜻한다. 육내입처는 인연 따라 생겨난 감각기능과 감각활동을 보고 '나'라고 여기는 잘못된 착각을 말한다. 육입에는 안입(眼入), 이입(耳入), 비입(鼻入), 설입(舌入), 신입(身入), 의입(意入)이 있다. 즉 눈·귀·코·혀·몸·뜻이라는 여섯 가지 주관적 감각기관, 감각기능, 감각활동을 보고 '나'라고 여기는 허망한 의식이다.

　명색이 생기고 나면 명색이라는 대상을 눈으로 보고, 귀로 듣고, 코로 냄새 맡고, 혀로 맛보고, 몸으로 감촉을 느끼고, 뜻으로 생각하면서 그러한 보고 듣고 냄새 맡고, 맛보고, 촉감을 느끼고 생각하는 것이 곧 '나'라는 생각을 하게 된다. 명색을 감각하는 존재를 '나'라고 착각하는 의식이 바로 육입이다.

당연히 이 육입은 멸해야 할 것이다. 육입을 멸한다는 것은 곧 '나'라는 허망한 착각을 멸하는 것으로, 이는 곧 무아를 깨닫는 것과 다르지 않다. 또한 이는 육입이 사실은 인연 따라 생겨난 것임을 자각하는 것이며, 그렇기에 비실체적인 것임을 아는 것이다.

육입이라는 허망한 착각, 아상을 소멸시킨다는 것이 곧 여섯 가지 감각기능이 마비되어 쓰지 못한다는 것은 아니다. 내가 사라진다는 것도 아니다. 그러한 여섯 가지 감각기능과 활동을 보고 '나'라고 착각하지만 않을 뿐, 우리는 여전히 여섯 가지 감각기능을 잘 사용할 수 있다. 그것이 바로 육근청정이다. 육입처는 소멸하였지만, 육근은 청정하게 수호되는 것이다. 육근이 청정해지면, 눈으로 무엇을 보든, 귀로 무엇을 듣든, 코로 어떤 냄새를 맡든, 혀로 어떤 것을 맛보든 그 대상에 휘둘리지 않고, 사로잡히지 않는다.

위의 식, 명색, 육입은 이상에서와 같이 이해할 수도 있지만, 시간적인 선후관계가 아닌 동시적인 것으로 보기도 한다. 앞에서 살펴보았던 십팔계에서처럼 주관적인 감각기능을 나로 아는 육입과 객관적인 대상으로 인식되는 명색, 그리고 그 사이에서 생겨나는 인식작용은 세 가지가 함께 작용을 했을 때 일어나는 것인 까닭이다.

촉觸

육입을 조건으로 해서 촉이 있다. 촉이란 육입을 '나'라고 생각하면서 나에 의해 접촉되면서 지각되고 감각되는 것들이 외부에 실제로 '있다'는 착각을 하는 것이다.

이 촉입처 또한 멸해야 할 허망한 의식이다. 촉을 멸한다는 것은 눈으로 대상을 보지도 않고, 의식하지도 않는다는 뜻이 아니다. 접촉을 하지만 접촉하면서 접촉하는 무언가가 실제로 존재한다는 허망한 착각을 하지 않는 것이다. 우리는 접촉한 것은, 접촉했기 때문에 실제로 존재한다고 여긴다.

많은 사람들이 확신하는 것들은 주로, 내가 두 눈으로 똑똑히 보았기 때문에, 혹은 귀로 똑똑히 들었기 때문에 그것은 사실로서 존재한다고 주장하곤 한다. 눈·귀·코·혀·몸·뜻이 접촉하는 경험을 통해 그것이 실제로 존재한다고 여기는 것이다. 그러나 과연 그럴까? 두 눈으로 보았다고 해서 정말 있는 것이라고 할 수 있을까? 두 눈으로 똑똑히 보았을지라도 자신이 잘못 본 것일 수도 있고, 환영을 본 것일 수도 있다. 귀로 똑똑히 들었다고 할지라도 잘못 들었을 수도 있다.

전날 밤에 길을 걷다가 뱀을 보고 놀라 먼 길로 돌아갔는데, 그 다음날 보니 그것이 뱀이 아니고 새끼줄이었다면, 그 뱀은 실제로 존재하는 것일까? 아니다. 눈이라는 육입으로 뱀이라는 명색을 분명히 보고 접촉했으며, 무서운 뱀이라고 분별심을 내 두려움에 빠져 먼 길을 돌아 집으로 왔지만, 단지 그렇게 내가 실제로 보고 접촉했다고 해서 실제로 '있다'고 할 수 없는 것과 같다.

이처럼 촉 또한 허망한 의식일 뿐이며, 소멸해야 할 의식이다. 촉입처가 소멸하면 우리는 눈으로 보았다고 해서 다 있다고 착각하지 않을 것이며, 들었다고 해서 함부로 결론짓지 않을 것이다. 단지 눈으로 보았을 뿐이라고 말할 뿐 보았기 때문에 실제로 존재한다고 말하지는 않을 것이다.

촉입처를 멸하게 되면, 이와 같이 다만 보고 듣고 맛보고 경험할 뿐, 그것 때문에 실재론적인 오류를 범하지 않게 된다.

수(受)

촉을 조건으로 해서 수(受)가 있다. 즉, 육입과 명색 그리고 식의 삼자가 촉함으로써 수가 있게 된다. 내가 대상을 접촉하여 있는 것으로 의식할 때 느낌·감정이 일어나는 것이다. 즉, 대상이 실제로 '있다'고 여길 때 우리는 그 대상에 대해 좋거나 싫은 감정을 일으킨다.

안·이·비·설·신·의 여섯 가지 감각기관이 색·성·향·미·촉·법 여섯 가지 대상을 인식하고 접촉하면 좋거나 싫거나 그저 그런 3가지 느낌이 일어난다. 여기에서부터 모든 문제는 시작된다고 해도 과언이 아니다. 삼자의 접촉은 있을지언정 좋거나 싫은 느낌으로 이어지지 않는다면 다음에 살펴볼 애욕이나 취착으로 이어지지도 않을 것이다. 그러나 촉을 조건으로 해서 좋거나 싫은 느낌이 있기 때문에 좋은 느낌은 더욱 취하려고 하고, 싫은 느낌에서는 멀어지려고 하기 때문에 탐욕과 성냄 등의 번뇌가 일어나는 것이다.

그렇기 때문에 당연히 수는 멸해야 할 것이다. 수를 멸한다는 말은 아무런 감정도 느끼지 못하는 존재가 된다는 것은 아니다. 느끼되 느끼는 그 대상에 속지 않는 것이다. 느낌이 진짜가 아님을 아는 것이다. 그 느낌은 '촉'에서 나왔음을 알기 때문이다.

여기에서 한 가지 더 살펴보고 넘어가야 할 점이 있다. 십이연기에서는 수(受)만 언급되어 있지만, 잡아함경 306경에서는 "촉에서 수·상·사가 함께 생겨난다"라고 함으로써 수뿐 아니라, 상(想)과 사(思)가 함께 생겨남을 설명하고 있다. 수·상·사는 곧 오온의 수·상·행이다. 결국 촉에서는 수만 생기는 것이 아니라 상(想)과 행(行)도 함께 생긴다.

이쯤에서, 부파불교의 삼세양중 업감연기를 살펴보자. 앞에서, 무명과 행이 과거세의 두 가지 원인이 되었음을 말했는데, 그러면 그 과거세의 두 가지 인(因)의 결과는 무엇일까? 바로, 현재세의 결과로, 식·명색·육입·촉·수가 그것이다. 다시 말해, 과거세에 어리석음[無明]으로 인해 업[行]을 지었고, 그로 인해 현세에 인간의 감각기관이 생기고[六入], 그에 따른 대상이 생기며[名色], 그 두 가지가 만나 인식작용[識]이 일어나게 되는 것이다. 이 세 가지가 합쳐져 있다고 여겨지는 의식을 촉(觸)이라고 하며, 촉이 있으면 느낌·감정인 수(受)가 생겨나게 된다.

이렇듯, 다섯 가지는 현재세의 결과라고 한다. 이를 구체적으로 다음과 같이 말하기도 한다. 식(識)이란, 처음으로 어머니의 태 속에 들어가는 단계이며, 명색(名色)은 아이가 어머니 태 속에 있을 때 심신(心

身)이 점차로 발육하기는 해도 아직 오관이 갖추어지지 못한 상태와 같은 것이고, 육입(六入)은 심신이 완전해서 감각기관인 안·이·비·설·신·의 여섯 가지가 모두 갖추어진 상태를 말한다는 것이다. 촉(觸)은 어린아기가 출생한 후 대략 2~3세 때 외계에 접촉함을 말한다고 한다. 수(受)는 대략 6~7세 이후에 즐겁다거나 괴롭다는 것을 스스로 느끼는 것을 말한다. 이것이 현세의 5과다.

애愛

수를 조건으로 해서 애(愛)가 있다. 애란 갈애(渴愛)로서 욕망·애욕·탐욕을 말하는 것으로, 앞서 수(受)에서의 좋고 싫다는 느낌이 더욱 깊어진 상태로, 좋은 것은 더욱 갈망·욕망하려 하고, 싫은 것은 멀리하려는 생각이 일어나는 것을 말한다. 수를 조건으로 애가 있다고 한 바와 같이, 낙수(樂受)인 좋은 느낌의 대상을 만나면 자연히 애착과 갈애가 생겨나고, 고수(苦受)인 싫은 느낌의 대상을 만나면 미움과 증오를 일으키게 된다. 미움과 증오 역시 애의 일종이다. 그렇기 때문에 고수와 낙수 등의 감수작용이 심해질수록 그것을 조건으로 해서 일어나는 애착심과 증오심 등의 갈애 또한 커지는 것이다.

이처럼 좋거나 싫은 대상에 대한 갈애가 커지게 됨으로써 좋은 대상은 더욱 더 갈망하고〔貪心〕, 싫은 대상은 더욱 더 증오〔瞋心〕하는 등의 중도에서 벗어난 극단적인 치우침의 어리석은 마음〔癡心〕이 생겨난다. 이 세 가지 번뇌야말로 인간이 끊어 없애야 할 근본적인 번뇌의 독인 탐진치 삼독(三毒)심이다. 그래서 12연기의 모든 지분이 괴로움의 원인을 해명해 주는 중요한 요인이 되고 있지만, 그 가운데에도 탐진치 삼독 가운데 탐심과 진심의 원인인 '갈애'와 치심인 '무명', 이 두 가지를 가장 큰 괴로움의 원인이라고 보는 것이다. 이러한 극단적인 마음은 12연기의 앞선 지분에서 보듯이 그 근원적인 원인은 부명이라는 어리석음 때문이다. 무명이 근본 원인이 되어 행·식·명색·육입·촉·수라는 과정을 거쳐 좋거나 싫은 대상에 대한 애착과 증오의 분별이 커감으로써 애욕을 키운다.

이처럼 갈애는 무명과 더불어 12연기 순관에서 밝히고 있는 괴로움의 원인 가운데 가장 중요한 것이다. 『잡아함경』 913경에서도 "중생에게 일어나는 모든 괴로움은 모두 다 애욕이 근본이 된다. 그것은 애욕에서 생기고, 모이며, 일어나고, 애욕이 원인이며, 애욕을 인연하여 생긴다"고 하고 있다. 또한 일반적으로 사성제를 설명할 때 괴로움의 원인인 집성제를 '욕망'이라고 설하고 있다. 또 사고팔고(四苦八苦)의 여덟 가지 괴로움이 생기는 직접적인 원인을 갈애라고 보기도 한다. 이런 점을 보더라도 욕망이 무명과 함께 인간 괴로움의 근본적인 원인이라는 점을 알 수 있다.

이러한 애에는 욕계의 욕망인 욕애, 색계의 욕망인 색애, 무색계의 욕망인 무색애가 있다고 한다. 애를 욕애·색애·무색애로 나누는 것은 아무리 높은 천상세계에 있다고 할지라고 근본적으로는 미세한 애욕이 남아 있음을 뜻하며, 그러한 애욕이 남아 있는 이상 삼계를 윤회할 수밖에 없음을 의미한다.

그렇기에 당연히 애 또한 소멸되어야 할 십이연기의 지분이다. 애욕이 소멸되면 곧 괴로움이 소멸된다. 수많은 부처님의 가르침에서 끊임없이 애욕과 욕망을 버리라고 설하는 이유도 여기에 있다. 애욕과 욕망을 소멸할 때 비로소 모든 괴로움에서 벗어날 수 있기 때문이다.

이러한 욕망 중에는, 죽을 때 본능적으로 나타나는 세 가지 애착심이 있다. 첫째는, 자체애(自體愛)라 해서, 자신의 몸뚱이에 대한 애착을 나타내는 것이고, 둘째로, 경계애(境界愛)라 하여, 사랑하는 사람·자식·부모·재산·명예 등 내 주위 경계에 대해서 애착을 나타내는 것이며, 셋째로, 당생애(當生愛)라 하여, 다음 생에 좋은 세상에 좋은 사람으로 태어나기를 바라는 애착심이다. 죽기 직전에 이러한 애욕을 끊어내지 못함으로써 끊임없는 윤회의 수레바퀴를 돌고 돌 수밖에 없는 것이다.

취取

애를 조건으로 해서 취가 있다. 취는 취착, 집착, 혹은 아집(我執)을 의미한다. 애욕, 욕망에 의해 추구된 대상을 완전히 자기화하려는 것으로, '내 것'으로 만들려고 붙잡아 집착하는 것이다. 애욕이 커지면서 발생하는 강렬한 애착, 취착심이다.

좋은 느낌에서 갈애가 생기고, 갈애에서 취착심이 생기며, 싫은 느낌에서 미움이 생기고, 미움에서 거부심이 생기는 것이다. 수가 좋고 싫은 느낌을, 애가 갈애와 미움을 모두 포함하듯이, 취 또한 집착과 거부를 모두 포함한다. 좋은 것을 가지려고 집착하거나 싫은 것을 밀쳐

내려고 거부하는 것 모두가 '취'에 속한다.

이러한 취착에는 다시 사취(四取)가 있으니, 그것은 욕취(欲取), 견취(見取), 계취(戒取), 아취(我取)이다.

욕취는 애욕의 대상을 '내 것'으로 만들려는 취착이다. 끊임없이 애욕의 대상을 자기 것으로 만들고자 하는 아집으로 인해 더 많이 소유하려 하고, 더 많이 축적하려 하는 것이다. 애욕의 대상에는 색·성·향·미·촉의 다섯 가지 대상과 다섯 가지 욕망인 재물욕·성욕·음식욕·명예욕·수면욕 등이 있다. 이러한 욕망의 대상들을 내 것으로 만들려는 집착심인 것이다.

다음은 견취로 이는 갖가지 잘못된 견해를 진실로 알고 자기화하여 집착하는 것이다. '내가 옳다'고 하는 자기 생각에 대한 집착심으로, 그릇된 의견·사상·학설에 사로잡혀 집착하는 것이다. 편견과 고정관념에 사로잡혀 자기 주장만 내세우는 경우도 이에 속한다.

계취는 계금취(戒禁取)라고도 하며 그러한 잘못된 견해나 사상을 바탕으로 행하는 잘못된 삶의 방식 내지는 계율 등에 집착하는 것을 의미한다.

다음은 아취인데, 아취는 아어취(我語取)라고도 하며 오온의 화합을 참다운 나라고 집착하는 견해에 집착하는 것이다. 즉, '나'라는 것은 다만 사대인 색온과 정신인 수온·상온·행온·식온 다섯 가지의 요소가 인연화합함으로써 잠시 비실체적인 나를 이루었음을 알지 못하고 '나'를 실체화하여 집착하여 아집을 일으키는 것을 말한다. 사실 모든 인간고의 뿌리는 앞서 사고팔고에서도 살펴보았듯이 오취온에 대한 잘못된 집착, 즉 아취에 있다. 비실체적인 오온의 집합인 '나'를 실체화하는 무명을 일으킴으로써 나를 내세우고자 하고, 욕취와 견취·계취를 일으키는 것이다.

당연히 이 취 또한 소멸되어야 할 것이다. 아니 어쩌면 불교는 무집착의 종교라고 할 수 있을 정도로 집착을 버리라는 가르침을 중요시 여긴다. 방하착, 모든 집착을 내려놓으라는 가르침이야말로 불법 수행의 핵심이다. 이러한 무집착·방하착의 가르침이 중요한 이유가 여기에 있다. 집착을 소멸시키는 것이야말로 12연기를 실천하여 고를 소멸하는 핵심 방법이기 때문이다.

유(有)

취를 조건으로 해서 유가 있다. 유(有)란 존재 혹은 생존이다. 혹은 업(業)으로 이해되거나 존재양식·생활방식 등으로 이해되기도 한다. 욕애(欲愛)·색애(色愛)·무색애(無色愛) 등 다양한 방향의 애욕을 가지고 사는 중생들이 자신이 욕망하는 바의 애욕을 취하여 집착하는 삶을 살게 되면, 그러한 애욕과 집착을 중심으로 하는 존재방식으로 계속해서 업을 짓게 된다. 그러한 업이 하나의 생존의 존재방식이 되어 다음 생에 어떤 업을 가지고 어떤 곳에서 태어날 지가 결정되는 것이다. 쉽게 말해 유는 욕계(欲界)·색계(色界)·무색계(無色界) 가운데 어느 곳에 태어날 만한 업을 지으며 살아가고 있는가 하는 것을 알려 준다. 그래서 유를 업이라고도 하고, 생존·존재방식 등으로도 이해되고 있는 것이다.

유(有)에도 욕유·색유·무색유의 세 가지 존재가 있다. 욕애는 욕유·욕계와 대응하고, 색애는 색유·색계와 대응하며, 무색애는 무색유·무색계와 대응한다. 즉, 욕계의 애욕인 욕애가 있으면 욕계에 대응하는 감각적 욕망을 가지게 되고, 그러한 욕계의 애를 취착하려는 집착심을 일으키며 그로 인해 결국 욕계에 태어날 수밖에 없는 욕계의 업인 욕유가 생겨나는 것이다. 색유와 무색유 또한 마찬가지다. 이는 곧 욕계를 초래하는 욕유의 생존방식이 있고, 색계를 초래하는 색유의 생존방식이 있으며, 무색계를 초래하는 무색유의 생존방식이 있음을 의미한다.

쉽게 설명하면, 식욕이나 성욕·명예욕 등의 욕계의 욕망을 지니며 살아가게 되면 욕계의 감각적 욕망을 집착하고 취하는 삶을 이어가게 되고, 그렇게 애와 취가 계속되면, 결국 욕계에 태어날 수밖에 없는 업이 생겨나게 되는 것이다. 그것이 욕유다. 욕계의 애욕을 취함으로써 욕계와 대응하는 삶의 방식으로 굳어지고, 그러한 삶의 방식이 곧 욕계에 태어날 수밖에 없는 업들이 모임으로써 욕유가 생겨나는 것이다. 욕유는 욕계의 업들이 생겨나는 것, '있는 것(有)' 정도로 해석해 볼 수도 있겠다. 욕계의 업이 있게 되면 그 욕유를 조건으로 다음 지분인 욕계의 세상에 태어나는 생(生)이 있는 것이다.

이러한 욕·색·무색이라는 나름대로의 욕망의 수준에 따라 각기 집착하는 것이 다르고, 짓는 업이 다름으로써 나름대로의 독자적인 욕·색·무색의 유가 생기면, 그에 따라 생이 생겨난다.

부파불교의 삼세양중 업감연기에서는, 앞의 세 가지 애(愛)·취(取)·유(有)가 현재생의 세 가지 원인으로 작용하며, 이 결과로 미래의 두 가지 결과인 생(生)·노사(老死)를 초래한다고 말한다. 다시 말해, 현재 살아가면서 애착하고 취하려고 하기 때문에 이에 따른 업(有)을 낳고, 그 업력으로 인해 다음 생(生)을 받게 되며, 자연히 노병사(老病死)의 괴로움을 받는다는 것이다.

생生

유(有)를 조건으로 해서 생이 있다. 생이란 업에 의해 태어남으로써 정신적·육체적 기관인 오온과 여섯 감각기관인 육근을 받는 것을 말한다. 유 즉, 업이야말로 태어남이 있게 한 원인이다. 태어남이란 이상에서와 같은 12가지 조건으로 인해 생겨나는 것이다. 이렇듯 무명과 갈애 등의 지분을 원인으로 태어났기 때문에 그 태어남 또한 완전하지 않을 수밖에 없다. 그렇기에 불완전한 인간의 무명은 또다시 생명에 집착을 가져오고 되풀이되는 무명과 행위·애욕·집착 등을 가져옴으로써 끊임없는 괴로움의 윤회의 수레바퀴를 돌고 돌도록 만드는 것이다.

이처럼 생이란 오온이 생겨나는 태어남이라고 생각할 수 있지만, 보다 근원적으로는 태어나도 태어난 바 없는 불생불멸을 깨닫지 못한 채, 어리석은 무명에 갇혀 이렇게 오온이 허망하게 생겨난 것을 가지고 실제 내가 태어났다고 생각하는 허망한 마음이 바로 '생'이다. 부처님의 지혜에서 본다면, 태어나고 죽는다는 것은 그저 허망하게 일어나고 사라진 하룻밤 꿈과 같은 일일 뿐이다. 거기에 실체적인 어떤 것은 없다. 본래 생멸이 있는 것이 아니라, 본래는 불생불멸인 것이다. 우리는 그저 매 순간 존재할 뿐이지, 그 존재하는 놈을 상정해 놓고 그 존재하는 '나'가 태어나고 죽어간다고 생각할 필요는 없는 것이다. 이것이야말로 오온무아에 무지한 어리석은 중생들의 허망한 착각에 불과한 것이다.

그래서 어리석은 중생들에게는 생사가 나뉘어져 있지만, 12연기를 깨달은 각자(覺者)에게는 더 이상 생사가 따로 없다. 생이라는 것 또한 이와 같이 본래 있는 것이 아니다. 이 몸과 마음이라는 오온을 '나'라고 생각하면서, 내가 태어났다고 개념 짓고, 상을 낼 뿐이지, 본래 생이란 없다.

부처님께서는 이상에서와 같은 십이연기를 깨달으심으로써 반열반에 들어 더 이상 생을 받지 않는다. 업이 다하게 되면 업으로 인해 태어나는 업생 또한 소멸하게 되는 것이다. 다음 지분에서 이야기 되겠지만, 업으로 인해 태어나면 반드시 업의 과보를 받고, 결국 늙고 병들고 죽게 되는 과보를 받지 않을 수 없다. 노사 우비고뇌의 괴로움이 연기하는 것이다.

노사 老死

생을 조건으로 해서 노사가 있다. 『증일아함경』 46권에서는 노사를 "늙음이란 중생의 몸에서 이가 빠지고, 머리털이 세며, 기력이 쇠하고, 감관이 녹으며, 수명이 줄어들어 본래의 정신이 없는 것이고, 죽음이란 중생들이 받은 몸의 온기가 없어지면서 덧없고 변하여 오온을 버리고 목숨이 끊어지는 것이다"라고 설하고 있다. 그런데 노사란 늙음과 죽음만을 의미하는 것이 아니라 노병사를 포함한 인간의 모든 괴로움을 의미하는 것이다. 노병사 우비고뇌 즉, 늙음과 병듦, 죽음과 근심, 걱정, 고통, 번민 등 인간의 모든 괴로움을 의미한다.

당연히 앞의 12연기의 각각의 지분이 소멸하게 된다면, 그로 인해 연기한 노사로 대표되는 괴로움 또한 소멸될 수밖에 없는 것이다. 모든 짐승들의 발자국이 코끼리 발자국에 포섭되듯이 부처님의 가르침은 괴로움과 괴로움의 소멸에 대한 가르침에 포섭된다. 그런 점에서 바로 이 노사라는 괴로움과 노사라는 괴로움의 소멸이야말로 십이연기의 핵심이며, 나아가 부처님 가르침의 핵심이 되는 것이다.

이상에서와 같이 무명(無明)을 조건으로 해서 유위의 행(行)이 일어나고 행을 조건으로 해서 식(識), 명색(名色), 육입(六入)이 일어나며 이 세 가지가 접촉[觸]함에 따라 좋고 나쁜 느낌의 수(受)가 일어나고 연이어 애욕[愛]과 집착[取]을 일으킴으로써 결과적으로 존재[有]와 태어남[生], 그리고 노사(老死) 등의 온갖 괴로움이 생겨나게 된다는 것이 십이연기의 순관이다. 즉, 인간의 어리석음이 바탕이 되어 유위의 업인 행이 생기고 그에 따라 인간의 몸과 마음인 육입이 나와 세계라는 대상인 명색을 인식하고 그 세 가지가 접촉함으로써 느낌이 생겨 애욕과 집착을 일으킴으로써 대상을 자기화하려는 어리석은 업을 계속 짓게 된다. 그에 따라 생과 노사가 일어나는 것이다.

괴로움의 원인 12가지

앞에서 십이연기 각 지분의 의미에 대해 살펴보았다. 그런데 모든 짐승들의 발자국이 코끼리 발자국에 포섭되듯이 부처님의 가르침은 괴로움과 괴로움의 소멸에 대한 가르침에 포섭된다고 했던 말에 주목해 보자. 그런 점에서 바로 이 노사라는 괴로움과 노사라는 괴로움의 소멸이야말로 십이연기의 핵심이며, 나아가 부처님 가르침의 핵심이라고 했다. 즉, 십이연기가 설해진 이유는 괴로움의 원인 탐구와 소멸에 있다. 부처님께서는 십이연기의 유전문을 통해 모든 괴로움의 원인이 무엇인지를 분명히 아셨고, 십이연기의 환멸문을 통해 바로 그 괴로움의 원인을 소멸할 때 모든 괴로움이 사라진다는 것을 깨달은 분이다. 십이연기의 유전문은 생사윤회와 노병사의 괴로움이 어떻게 발생하고 있는가를 보여주며, 환멸문은 그러한 괴로움의 원인을 멸함으로써 오는 참된 열반의 길을 보여주는 가르침이다.

그렇기 때문에 십이연기를 이해할 때는 이와 같은 관점에서 이해되지 않으면 안 된다. 즉 노사라는 괴로움의 문제를 중심에 두고, 그 괴로움의 원인을 하나하나 거슬러가며 살펴보는 방식이다. 부처님께서 십이연기를 깨닫게 된 것 또한 이와 같은 방법에 의해서다. 처음부터 무명이 원인임을 깨달은 것이 아니라, 노사 우비고뇌라는 괴로움의 원인을 탐구하다 보니 그 원인이 생에 있음을 아셨고, 생의 원인을 탐구해 보니 유임을 알았고, 유의 원인이 무엇인가를 살펴보니 취, 그렇게 하여 애·수·촉·육입·명색·식·행·무명의 원인들을 차례로 깨닫게 된 것이다. 이와 같은 십이연기를 사유하는 관찰방법을 역관(逆觀)이라고 한다. 노사에서 무명으로 거꾸로 관찰하는 방법이 역관이고, 무명에서 노사의 방향으로 관찰하는 방법을 순관(順觀)이라고 한다.

이 장에서는 이러한 십이연기를 통해 괴로움의 원인을 탐구해 가는 과정을 역관을 통해 하나하나 살펴보도록 하겠다. 부처님께서 바로 이 역관을 통해 괴로움의 원인을 깨달았기 때문이다.

부처님께서 노병사와 우비고뇌라는 괴로움의 문제의 원인이 무엇인지를 사유해 보았더니, 당연히 그 원인은 생에 있었다. 태어나지 않았더라면 노사라는 괴로움의 문제도 없었을 것이다.

그렇다면 생의 원인은 무엇일까? 그것은 바로 유(有)다. 즉 어떻게 태어날지에 대한 업이 있어야지 태어날 수 있는 것이다. 업이 없다면 더 이상 윤회의 생을 받을 아무런 이유도, 원동력도 없다. 사람마다 업이 다 다르다. 태어남을 받으려면 업이라는 어떤 생의 원인이 '있어야(有)' 하는데, 바로 그 업유는 저마다 다를 수밖에 없다. 욕유·색유·무색유는 저마다 다른 업유를 크게 세 가지로 구분한 것에 불과하다. 그러나 어찌 유의 종류가 세 가지만 있겠는가. 존재의 숫자만큼 많은 유의 방식이 있다.

이처럼 생의 원인이 업유에 있다면, 그 유의 원인은 어디에 있을까? 취에 있다. 즉 집착·취착심이 있을 때 그 취착하고자 하는 대상을 취하려는 행위인 업을 일으킨다. 대상을 취하여 집착하려는 마음으로, 생각을 일으키고, 말을 하고, 행동을 함으로써 신구의 삼업을 일으키는 것이다. 가만히 사유해 보면, 우리가 하는 모든 신구의 삼업은 모두가 대상을 취하고자 하는 의도에서 시작된다. 어떤 아름다운 여인이 있다고 해서 무조선 그녀에게 사랑한다고 말하거나, 행동으로 구애하지는 않는다. 내 안에 그녀에 대한 취착심이 생겨나야지만 사랑한다고 말하고, 꽃도 사다 주고, 쫓아다니는 행위를 할 수 있는 것이다. 직업을 가지는 것도 돈을 취하려는, 직장을 취하려는 마음이 있기 때문에 직장생활을 하게 되는 것이고, 공부하는 행위도 좋은 성적을 취하려는, 혹은 좋은 대학을 취하려는 마음에서 시작되는 것이며, 운동하는 것도 건강한 몸을 취하려는 취착심에서 시작되는 것이다. 이처럼 모든 행위, 즉 모든 업의 원인은 취착심에 있다.

그렇다면 취착심은 어디에서 올까? 취의 원인은 애에 있다. 애욕, 욕망이 있기 때문에 취하려는 마음이 생기는 것이다. 좋아하는 욕망, 사랑하는 욕망이 있을 때 그 대상을 내 것으로 취하려는 마음이 일어나는 것이다.

그러면 애의 원인은 무엇일까? 그것은 수에 있다. 대상에 대해 좋은 느낌이 일어나면, 그 좋은 느낌에는 애욕이 따라오기 마련이다. 대뜸 애욕과 집착이 일어나는 것이 아니라, 거기에 앞서 좋은 느낌이 먼저 일어난다. 좋은 느낌에는 애욕이 따르고 취착심이 따르는 것처럼, 싫은 느낌에는 미움과 증오 같은 싫은 마음이 따르고 연이어 거부감이 일어난다. 좋은 느낌에는 애욕이 생기면서 '내 것'으로 붙잡으려는 취착심이 따르고, 싫은 느낌에는 미움·증오가 생기면서 내 바깥으로 보내버리려는 거부감이 생기는 것이다. '내 안'으로 끌어당기려는 집착이나 '내 바깥'으로 밀어내려는 집착이나 모두 결과적으로는 '취착심'에 다름 아니다.

그러면 수의 원인은 무엇일까? 수의 원인은 촉에 있다. 좋거나 싫은 느낌이 일어나려면 대상과 접촉해야 한다. 내 앞에 어떤 대상이 '있다'는 느낌이 일어나야 그것에 대해 좋거나 싫은 느낌을 일으킬 수 있지 않겠는가.

촉은 어떻게 해서 일어나는 것일까? 그것은 앞의 십팔계에서 이미 배운 것처럼 육내입처와 육외입처, 그리고 육식이 화합함으로써 일어난다. 그래서 촉의 원인은 차례로 육입(육내입처)과, 명색(육외입처), 식(육식)이 이어질 수밖에 없는 것이다. 촉을 하려면 당연히 우리 안에 감각기관, 감각기능이 있어야 한다. 바로 이 여섯 가지 감각기관, 기능, 감각활동을 육입이라고 한다.

육입의 원인은 명색이다. 대상이 없다면 감각기능이 있을지라도 감각할 수 없을 것이다. 감각활동은 감각의 대상이 있을 때 일어난다. 육입의 대상은 육외입처인데, 엄밀히 말하면, 육입이 감각적으로 접촉하는 대상은 육외입처만이 아니라 육내입처도 포함된다. 눈은 외부 사물만을 바라보는 것이 아니라, 나 자신도 바라보고, 귀 또한 외부의 소리만을 듣는 것이 아니라 나 자신의 소리도 들으며, 코 또한 외부의 냄새만 맡는 것이 아니라 나 자신의 냄새도 맡는 것이다. 그런 점에서 육입의 원인은 육외입처라기보다는 명색이라고 할 수 있다. 즉, 이름과 모양을 가진 안팎의 모든 것을 대상으로 하는 것이다.

명색은 식으로 인해 일어난다. 물론 식 또한 명색으로 인해 발생한다. 식과 명색은 순환 연기의 관계에 있다. 눈·귀·코·혀·몸·뜻 육입이 그 대상인 명색을 인식하는 것이다. 육입에 들어온 대상인 명색이 있을 때 비로소 그 대상을 분별하고 인식하여 아는 것이다.

그러면 식의 원인은 무엇일까? 식의 원인은 행에 있다. 오온에서 이미 배웠듯이 수상행의 도움을 받아 식이 최종적으로 대상을 분별하여 아는 것이다. 그런데 이 과정을 조금 더 자세히 살펴보면 수온과 상온의 기초자료를 가지고 행온이 의지작용인 업을 일으켜 유위를 만들어낸다. 앞에서 업이 유위를 만들어내면 식온은 행온이 만들어낸 유위를 인식한다고 했다. 그리고 식이 그 행에 의해 조작된 유위를 인식할 때 이름과 형태를 부여해 명색으로 인식한다고 했다. 이 과정이 바로 '행-식-명색'이 일어나는 과정이다. 이러한 과정 또한 일방적인 직선적 관계가 아니라 서로 순환되고, 되먹이는 관계로 이해할 수 있다.

즉 식이 있으면 식이 인식할 유위를 만들어내는 행의 작용이 있는 것이다. 이러한 행의 원인은 무엇일까? 우리가 업을 짓는 원인은 앞에서 취착과 애욕이라고 했다. 여기에서는 그러한 직접적인 업의 원인을 탐구함으로써 그러한 취착과 애욕이 일어나는 근원적인 원인을 묻고 있는 것이다. 왜 우리는 애욕을 일으키고, 취착을 일으킬까? 그 근원적인 원인은 바로 어리석음, 즉 무명에 있다.

오온무아에서 본 것처럼, 본래 실체적인 것이 아님을 깨달아 안다면 그 어떤 대상에 대해서도 집착하려 하거나 애욕심을 일으키지 않을 것이다. 오온무아를 모르는 상태가 바로 무명이다. 즉 '나'라는 것이 고정된 실체가 아닌 줄 모르고, 나에 집착하고, '내 것'을 취하려 하며, '내 생각'이 옳다고 집착하게 되는 것이다. 이처럼 모든 무명, 어리석음은 '나'를 실체화하려는 데서 시작된다. 부처님 가르침의 핵심은 이 세상은 연기법으로 돌아가며, 그렇기에 이 세상은 무아이고, 그렇기 때문에 중도를 실천해야 한다고 설하셨다. 연기와 중도와 무아는 서로 다른 개념이 아니다. 이처럼 연기와 무아를 모르는 상태가 바로 무명이요, 어리석음인 것이다.

이처럼 우리가 업을 짓는 근원적인 원인은 바로 어리석음에서 기인하는 것임을 부처님께서는 십이연기를 통해 통찰한 것이다. 괴로움이 왜 생기는지를 보았더니 집착과 애욕 때문이고, 왜 집착과 애욕이 생기는지 살펴보았더니, 결국 어리석음으로 인한 것임을 깨달아 아신 것이다.

괴로움을 없애는 12가지 방법

이상에서처럼 우리는 괴로움이 왜 생겨났는지를 순차적으로 살펴봄으로써 그 원인이 열두 가지 연결고리의 지분에서 기인함을 알았다. 결론적으로 십이연기의 어느 한 지분을 소멸시킨다면 그 다음의 지분이 연이어 소멸되고, 결국 노사와 우비고뇌라는 모든 괴로움이 소멸될 것이다.

많은 사람들은 불교를 공부하다 보면 불교 교리와 실천 수행이 너무 방대하고, 복잡하며, 모두 다 핵심 가르침이라고 하니 도대체 어떤 것이 진짜 핵심 가르침이고 실천 수행인지를 잘 모르겠다고 말하곤 한다. 어떤 경전에서는 무명을 타파하는 것이 불교의 요체라고 하고, 또 다른 경전에서는 집착만 버리면 열반에 이른다고 하고, 또 어떤 스님들은 애욕이야말로 끊어야 할 가장 중요한 것이라고 말하며, 또 어떤 가르침에서는 업장만 소멸하면 열반에 이른다고 말한다. 또한 분별심만 타파하면 된다고도 하고, 느낌을 잘 관찰하기만 해도 된다고도 하며, 육근관찰을 통해 육근이 청정해지면 그것이 바로 궁극의 경지라고도 한다.

그렇다면 왜 이렇게 불교는 핵심이 많은 것일까? 도대체 무엇이 진짜 핵심일까? 왜 이렇게 경전마다, 스님들마다 다 중요하다고 하는 내용이 다른 것일까? 더욱이 실천 수행적인 부분에서는 더욱 헷갈린다. 악업을 닦거나, 업장 소멸이 가장 중요한지, 분별심의 타파가 더 중요한지, 육근 관찰이 중요한지, 수념처라는 느낌 관찰이 중요한지, 애욕의 타파가 중요한지, 무집착의 실천이 중요한지 그 누구도 이것 하나만이 최고라고 말해 주지 않는다.

바로 여기에 그 이유가 있다. 십이연기에 그 원인이 있는 것이다. 십이연기에 의하면, 십이연기의 각 지분을 소멸하는 것이 중요하지, 어떤 특정한 지분만이 더 중요한 것이 아니다. 어떤 지분을 소멸하게 될지라도 결국에는 모든 괴로움이 소멸되기 때문이다. 각각의 지분이 모두 연기적으로 연결되어 있기 때문이다.

이 말은 다시 말하면, 괴로움을 없애기 위해서는 12가지 지분 중 어느 하나를 소멸해야 하고, 이는 곧 12가지 괴로움을 없애는 수행의 방법이 있음을 암시하는 것이다. 12가지 지분 가운데 어느 하나만 없애더라도 괴로움이 소멸된다면, 각각의 지분을 소멸시키는 것은 곧 고를 소멸하는 구체적인 수행법이 되는 것이다.

그러면 십이연기의 각 지분에서 말하고 있는 '고의 소멸'을 위한 실천수행 방법은 무엇이 있는지를 살펴보자.

첫 번째 '무명(無明)'의 지분에서는 어리석음을 타파하고 지혜를 드러내는 것이 핵심 실천 수행이다. 불교의 가장 중요한 목적은 바로 무명을 타파하여 '명(明)' 즉 밝은 지혜를 드러내는 데 있다. 대승경전의 시초인 반야경에서도 반야지혜를 닦는 것이야말로 깨달음의 핵심임을 설하고 있다. 부처님오신날이 되면 연등을 달고, 인등을 켜며, 불전에

촛불을 밝히는 모든 행위가 무명을 타파하고 밝은 지혜의 등불을 켠다는 상징적 의미를 담고 있는 이유도 여기에 있다.

두 번째 '행(行)'의 지분에서 중요한 실천 수행은 업의 정화와 업장 소멸, 선업의 증장과 악업의 소멸에 있다. 업이 완전히 소멸되면 그것이 곧 열반이다. 많은 스님들은 설법할 때 '업장 소멸'이라는 말을 즐겨 사용한다. 『금강경』에도 능정업장분에서, 능히 업장을 깨끗이 맑히는 것에 대해 설하고 있으며, 진언수행에도 관세음보살 멸업장진언과 지장보살 멸정업다라니가 있다. 초기불교의 중요한 수행법의 모음인 삼십칠조도품 중에는 사정근이 있다. 사정근은 모든 악업을 끊어 없애고 모든 선업을 키우기 위해 정진하는 업을 다스리는 수행을 의미한다.

세 번째 '식'의 지분에서 중요한 실천 수행은 '분별심의 타파'에 있다. 스님들의 설법에 자주 등장하는 말이 바로 '알음알이를 내지 말라', '분별심을 내지 말라'는 설법이다. 사찰에 가면 일주문에 『전등록』의 평전보안 선사의 법문을 인용한 '입차문래 막존지해(入此門來 莫存知解)' 즉, "이 문 안으로 들어오는 자는 알음알이를 일으키지 말라"는 글귀를 볼 수 있다.

또한 승찬 대사는 『신심명』에서 '지도무난 유혐간택 단막증애 통연명백(至道無難 唯嫌揀擇 但莫憎愛 洞然明白)'이라고 하여 "지극한 도는 어렵지 않으니 분별 간택만 하지 않으면 된다. 좋다거나 싫다는 분별심만 일으키지 않으면 통연히 명백해질 것이다"라고 함으로써, 분별심을 여의는 것이야말로 곧 깨달음의 길임을 설하고 있다. 또한 유식사상에서도 전식득지(轉識得智)라고 하여, 우리의 사량 분별심인 식을 지혜로 바꾸는 것을 중요한 실천 수행으로 삼고 있다.

네 번째 '명색'의 지분에서 중요한 실천 수행은 '이름과 형색', 혹은 '정신적인 것과 물질적인 것'에 얽매이지 않는 데 있다. 명색은 인식의 대상을 뜻하니, 인식의 대상에, 특히 바깥 대상에 끄달리지 않는 것을 의미한다. 자기 안에 중심을 세우고, 바깥 대상에 끄달리지 말라는 가르침이야말로 불교의 오랜 법문이다. 명색은 곧 오온이며 육경이라고 할 수도 있다. 오온이 실체가 아니며 무아인 줄 알고, 바깥 경계인 육경이 곧 육진으로 티끌 같은 것인 줄 안다면 명색에 집착하지 않을 것이다. 이름과 개념에 사로잡히지 않고, 형색에 사로잡히지 않는 것이야말로 수행인에게 중요한 실천 수행이다.

『금강경』에서는 "여래는 세계가 세계가 아니라 그 이름이 세계일 뿐"이라거나, "실상은 곧 실상이 아니므로 실상이라고 여래는 설하셨다", "중생은 중생이 아니라고 설하나니 다만 이름이 중생인 것이다" 등에서 볼 수 있듯이, 이름과 형색이라는 것은 다만 이름 지은 것일 뿐 실체가 아님을 무수히 설하고 계신다. 『반야심경』의 '색즉시공 공즉시색'의 가르침 또한 색이라는 것이 곧 공임을 설하고 있다. 이처럼 명색이란 이름이 명색일 뿐 실체가 아님을 깨달을 때 명색의 지분이 소멸되어 곧 열반에 이르게 된다.

다섯 번째 '육입'의 지분에서 중요한 실천 수행은 육근 청정과 육근 관찰에 있다. 앞서 육근에서 설명한 것처럼 육근 청정은 육근을 잘 조복 받고, 수호하며, 잘 지켜나가는 것을 의미하는 것으로, 육근으로 육경을 접촉할 때 분별이 개입되지 않으며, '있는 그대로' 관찰하는 것을 의미한다. 육근이 청정하면 눈으로 대상을 보더라도 분별하지 않고 있는 그대로 바라보게 되며, 귀로 어떤 소리를 듣더라도 좋고 싫은 분별없이 있는 그대로 듣게 되기 때문에 보고 들리는 경계에 휘둘리지 않게 된다.

여섯 번째 '촉'은 단순한 육근과 육경, 육식의 접촉이 아니라, 이 세 가지 계역이 힙쳐져 집촉함으로써 '무언가가 있다는 의식'이 일어나는 것을 말한다. 이 촉의 지분은 실체론을 타파할 것을 설하고 있다. 실체론을 타파함으로써 모든 존재의 비실체성과 오온 무아, 공과 연기를 깨닫게 되는 것이다. 부처님께서 실체론을 기반으로 해서 만들어진 쟁론들인 운명론이나 우연론, 신의설 등을 삼종외도라고 하신 이유도 바로 이 모든 존재에 대한 설들이 '있다'라는 것을 전제로 만들어진 것들이기 때문이다. 이처럼 십이연기의 촉의 지분은 모든 실체론적 사유방식을 타파하고, 연기무아적 비실체성을 드러내 주고 있다.

일곱 번째 '수'의 지분에서 중요한 실천 수행은 '느낌'과 '감정'을 관찰하는 사념처 수행의 두 번째 '수념처' 수행에 있다. 느낌에 끄달리고, 집착하게 되면 그 느낌은 곧바로 애욕과 집착으로 나아가지만, 느낌이 일어날 때 그 느낌을 있는 그대로 판단 없이 관찰하게 된다면 그 느낌은 더 이상 애욕과 집착으로 나아가지 않는다. 느낌과 감정이 일어날 때 그것을 다룸으로써, 그 느낌의 비실체성을 깨닫게 되는 것이다. 이 수의 지분에서 중요한 수행은 이처럼 느낌 관찰, 즉 수념처에 있다.

여덟 번째 '애'의 지분에서 중요한 실천 수행은 애욕과 욕망, 갈애의 소멸에 있다. 앞서 십이연기의 지분에서 설명한 것처럼 괴로움의 원인 가운데 가장 중요한 것이 바로 애욕이며, 모든 괴로움은 애욕이 근본이 된다. 말할 것도 없이 애욕과 갈애를 소멸시키는 것이야말로 불교 수행의 핵심이다. 수행자들의 계율에 그토록 애욕과 갈애를 즐기지 말 것을 설하는 이유도 여기에 있다. 『사분율』에는 "애욕은 착한 가르침을 태워버리는 불꽃과 같아서 모든 공덕을 없애 버린다. 애욕은 늪과 같고, 꽁꽁 묶인 밧줄과 같고, 시퍼런 칼날과 같다. 애욕은 험한 가시덤불에 들어가는 것과 같고, 성난 독사를 건드리는 것과 같고, 더러운 시궁창과 같다"고 했다. 또한 『법구경』에서는 "애욕은 마치 횃불을 잡고서 바람을 거슬러 달리는 것과 같아서 반드시 손을 태울 염려가 있다. 어리석은 사람은 자기 자신을 애욕으로 얽어매어 피안으로 건너가지 못하게 한다. 애욕은 남도 해치고 자기 자신도 해친다"라고 함으로써 애욕의 위험을 경고하고 있다. 애욕과 갈애를 소멸시키는 것이야말로 불교 수행의 핵심이다.

아홉 번째 '취'의 지분에서는 당연히 '무집착', '방하착', '무소유' 즉 집착하거나 취하지 않는 실천 수행을 설하고 있다. 법정 스님께서 무소유를 설하신 것도, 불교에서 그토록 '집착을 놓으라'고 하는 이유도, 선가에서 '방하착'을 설하는 이유도 모두 십이연기의 취의 지분에 대한 소멸을 설하는 것에 다름이 아니다.

또한 『잡아함경』에서는 "자기 마음에 드는 것에 집착하지 않아야 할 것이니 이것은 탐심을 끊어버리기 위함이다. … 수행은 집착하지 않고 동요하지 않는 지혜의 연마이다"라고 했고, 『열반경』에서는 "집착하는 까닭에 탐욕이 생기고, 탐욕이 생기는 까닭에 얽매이게 되며, 얽매이는 까닭에 생로병사와 근심, 슬픔, 괴로움과 같은 갖가지 번뇌가 뒤따른다"라고 했으며, 『화엄경』에서는 "내 것이라고 집착하는 마음이 갖가지 괴로움을 일으키는 근본이 된다. 온갖 것에 대해 취하려는 생각을 하지 않으면 훗날 마음이 편안하여 마침내 근심이 없어진 다"라고 했다.

또한 『금강경』에서는 "마땅히 법에도 집착하지 말고, 법 아닌 것에도 집착하지 말아야 한다. 이런 뜻에서 여래는 항상 말하기를 '너희 비구는 나의 법문이 뗏목의 비유와 같음을 알라' 했으니, 법도 오히려 놓아버려야 하거늘 하물며 법 아님에 있어서이겠는가"라고 함으로써 진리 그 자체에 대해서도 집착해서는 안 됨을 설하고 있다.

이처럼 불교에서는 궁극적 진리에 대한 집착까지도 경계하고 있을 정도로 무집착에 대한 가르침을 중요한 실천 수행으로 여긴다.

열 번째 '유'는 앞서 설한 행의 지분에서와 같이 업을 의미하기도 하면서, 동시에 그러한 업들이 쌓여 다음 생의 원동력이 되는 업유로 익어간 것을 의미하는 것이다. 그렇기에 이 유의 지분에서 소멸할 것은 단순한 하나하나의 업만을 의미하는 것이 아니라, 업이 모이고 쌓여 결국에 다음 생에 어떻게 태어날 것인지, 어떤 존재로 태어날 것인지를 결정지을 만큼 업의 세력이 강화되고 쌓인 업유를 소멸하는 것을 의미한다. 유에는 욕유·색유·무색유가 있지만, 욕계와 색계·무색계는 그 각각의 세계 안에 무수히 많은 무량한 세계를 포함하고 있기 때문에 무수히 많은 생의 종류로 곧 태어나게 될 업유들이 그만큼 무량하다는 것을 의미한다.

저마다 각자 지은 업들이 모여 다음 생에 어떤 존재로 태어날지가 결정되는 원인이 업유인 만큼, 이 유의 지분이야말로 생의 직접적인 원인이라 할 수 있다. 십이연기에서 보듯이 유의 지분 또한 소멸해야 하는 것인 만큼 불교에서는 욕유·색유·무색유 또한 소멸되어야 할 것이며, 그 유를 원인으로 태어나게 되는 세계인 욕계·색계·무색계 또한 결국에서 소멸되어야 할 것으로 본다.

열한 번째는 '생'을 소멸하는 것이다. 생의 지분을 소멸한다는 것은 육도윤회를 벗어난다는 것을 의미한다. 사향사과라는 초기불교의 수행단계를 보면 예류, 일래, 불환, 아라한을 설하고 있는데, 예류는 아직 일곱 번을 더 천상과 인간계로 왕래해야 깨달음을 얻을 수 있는 단계이며, 일래는 한 번만 더 태어남을 받으면 되고, 불환에서는 더 이상 생을 받아 되돌아 올 필요가 없는 깨달음의 단계를 의미한다.

부처님께서는 깨달음을 얻으심으로써 더 이상 생을 받지 않는 완전한 열반에 이르셨다. 생을 소멸한다는 것은, 불생불멸이라는 이치 즉 본래 나고 죽음이 없는 이치를 깨닫는다는 것과 다르지 않다. 우리의 어리석은 의식 속에서는 이 몸과 마음이라는 오온을 보고 태어났다고 생각하며, 오온이 소멸될 때를 죽음이라고 생각함으로써 생사의 사고방식에 갇히고, 생사를 실체적인 것으로 여기지만, 본래 오온 또한 무아이며, 생사라는 것 또한 실체적인 생사가 아니라, 인연 따라 비실체적으로 허망하게 오고 가는 연기적인 것일 뿐이다.

그럼에도 불구하고 중생들은 '생'이라고 착각하고, 태어남을 실체적인 '생'이라고 착각하기 때문에, 늙고 병들고 죽는 것을 노병사의 실체적인 괴로움이라고 착각하는 것이다. 이렇게 하여 '괴로움'이라는 거대한 환상이 연기하는 것이다.

열두 번째는 '노병사'의 소멸이다. 이는 곧 모든 괴로움의 소멸을 의미한다. 불교에서는 이 세상을 고해(苦海)라고 하여 고통의 바다라고 말한다. 이는 한 번 태어난 존재는 반드시 늙고 병들고 죽음이라는 괴로움을 향해 달려가고 있기 때문이다. 그러나 앞서 설명한 것처럼 본래 태어남이 없다는 불생불멸의 이치를 안다면, 죽음이 더 이상 고통이 아닐 것이다. 그러나 이 생이라는 것을 실체라고 생각하는 허망한 착각 때문에 노병사가 직접적인 고통으로 느껴지는 것일 뿐이다.

처음 부처님께서 출가할 때 출가하지 말라는 정반왕에게 "노병사를 벗어날 수 있게 해 준다면 출가하지 않겠다"고 말한다. 보통 우리는 부처님은 정각을 성취함으로써 생사를 벗어났다고 말한다. 그러나 많은 사람들은 "부처님은 생사의 문제를 해결했다고 하면서 왜 죽었느냐?"고 질문한다. 이 십이연기를 보면 그 답이 보인다. 부처님께서는 십이연기를 깨달으심으로써 생도 멸하고, 노사도 멸하신 분이다. 즉 생이 본래 없고, 노병사가 본래 없으며, 이 모든 것은 서로 연기되어 일어난 비실체적 것일 뿐임을 분명히 보신 것이다. 무아임을 보신 것이다.

우리가 늙고 병들고 죽음을 괴로워하는 이유는, 나라는 실체적인 존재가 정말로 '있다'고 생각하기 때문에 그 실제로 있는 내가 죽는다는 것에 대해 괴로워하는 것일 뿐이다. 그러나 나라는 오온이 무아임을 깨닫고, 그렇기에 생과 노사가 본래 없다는 것을 깨닫게 된다면 이 모든 것이 꿈속에서 일어나는 것과 다르지 않은 환영임을 보게 될 것이다. 그렇기에 살아도 살았다거나, 죽어도 죽었다는 관념에 집착하지 않아 생사에서 자유로워지는 것이다. 그것이야말로 진정한 의미의 생사에서 벗어남이다.

이처럼 부처님께서는 이상에서와 같은 십이연기를 통해 생로병사 우비고뇌의 모든 괴로움을 소멸하셨다. 그리고 그 괴로움을 소멸하는 과정에서, 괴로움의 원인을 탐구하셨고, 그 괴로움의 원인이 열두 가지 지분을 원인으로 한다는 사실을 깨달으셨다. 그 열두 가지 지분 가운데 어느 하나의 지분이 소멸되면 다른 지분 또한 소멸될 것이며, 모든 괴로움이 소멸될 것임을 보셨다. 그렇기에 지금까지 불교의 가르침이 2,500여 년을 이어져 오면서 수많은 경전과 수행자, 스님들은 십이연기의 각 지분을 소멸시키기 위한 다양한 수행법과 가르침을 실천해 오고 있다. 불교의 수행에 수많은 방편이 있고, 수많은 깨달음으로 가는 가르침들이 존재하는 이유는 여기에서 기인한다.

    그렇다면 다음 장에서는 노사라는 괴로움과 괴로움의 원인, 괴로움의 소멸, 괴로움의 소멸에 이르는 길에 대한 가르침인 사성제에 대해 살펴보도록 하자.

6장

사성제

고苦와 고의 소멸에 대한 진리

앞 장에서 십이연기를 살펴봄으로써 노사라는 괴로움의 문제에 대한 원인을 고찰해 보았다. 십이연기의 교설은 이처럼 연기법을 기초로 하여 괴로움과 괴로움의 원인, 괴로움의 소멸에 관한 귀한 가르침을 담고 있다. 사성제(四聖諦)의 가르침 또한 연기법의 이치에 기초하여 괴로움과 괴로움의 원인, 괴로움의 소멸과 소멸에 이르는 길을 체계적으로 설하고 있는 교설로서, 사성제는 곧 십이연기의 가르침을 실천적으로 재조직한 교설이라고 할 수 있다.

먼저 사성제의 가르침이 불교의 교설에서 차지하는 중요성에 대해 살펴보자. 『맛지마 니까야』에서는 사성제에 대해 다음과 같이 설하고 있다.

"비구들이여, 움직이는 모든 동물들의 발자국들이 모두 코끼리의 발자국에 포섭될 수 있고 코끼리의 발자국이야말로 가장 큰 크기인 것과 같이 어떤 가르침이든 그것들은 모두 네 가지 성스러운 진리에 포섭된다. 무엇이 네 가지인가? 그것은 괴로움의 성스러운 진리, 괴로움의 원인에 대한 성스러운 진리, 괴로움의 소멸에 대한 성스러운 진리, 괴로움의 소멸에 이르는 수행이라는 성스러운 진리이다."

이처럼, 부처님께서는 사성제의 교설은, 마치 코끼리의 발자국이 다른 모든 동물의 발자국을 포용하듯이, 불교의 다른 모든 가르침을 포괄하는 가르침이라고 말씀하셨다.

사성제의 구체적 내용은, 고성제(苦聖諦), 집성제(集聖諦), 멸성제(滅聖諦), 도성제(道聖諦)이다. 그 내용은 경전에서와 같이 고성제는 괴로움의 성스러운 진리, 집성제는 괴로움의 원인에 대한 성스러운 진리, 멸성제는 괴로움의 소멸에 대한 성스러운 진리, 도성제는 괴로움의 소멸에 이르는 수행이라는 성스러운 진리를 나타낸다.

이 사성제의 교설은 마치 의사가 병에 따라 약을 주듯이, 환자가 병을 치료하는 방법에 비유할 수 있다. 노병사라는 괴로움의 상태인 고성제는 환자가 병을 발견한 상태라고 할 수 있으며, 병을 발견했으므로 그 병의 원인을 알아야 하듯이 괴로움의 원인을 발견하는 작업이 바로 집성제이다. 병을 다 치료하여 건강한 상태는 어떠한가를 보여주는 것이 바로 괴로움의 소멸인 멸성제이다. 여기에서 환자는 병이 다 치유된 상태를 보게 되고, 치유될 수 있다는 확신을 가지게 된다. 그렇다면 가장 중요한 것은 병을 치료하는 방법이다. 결론적으로 마지막에 괴로움을 소멸시키는 방법에 대하여 구체적인 실천의 가르침을 베풀고 있는데, 그것이 바로 도성제이다.

괴로움의 진실 받아들이기, 고성제

불교는 지극히 현실적인 종교이다. 그러므로 불교의 총설이라고 할 수 있는 사성제(四聖諦)의 교설의 첫 번째 성스러운 진리는, 현실·현상 세계에 대한 관찰과, 그 관찰을 토대로 한 현실의 판단이라고 할 수 있다. 다시 말해, 우리가 살고 있는 세계를 관찰해 보고는, '괴롭다'라는 판단을 내린 것이다. 이렇게 현상의 세계를 '괴롭다'라고 하니, 혹자는, 불교는 허무주의에 빠져 있다고 극단적인 결론을 내리기도 한다. 그러나 실로 사성제의 첫 번째 진리인 고성제(苦聖諦)는, 우리가 처해 있는 현실을, 더하지도 빼지도 않고, 그저 있는 그대로 관찰해서 얻어낸 결론이다.

다른 것은 제쳐두고라도, 죽음의 고통을 보자. 우리는 마냥 행복한 삶을 살 수 있을 것 같지만, 우리들 모두는 반드시 죽게 마련이다. 내 부모님·자식·친구·친지의 죽음을 직접 겪어 본 사람은, 죽음에 대해 한 번쯤 생각해 보게 된다. 이런 사람에게 죽음은 당연히 괴로움이라고 느껴질 수밖에 없을 것이다. 시한부 인생을 사는 사람을 가정해 보면, 죽음을 눈앞에 두고 괴로워하지 않을 사람이 얼마나 될까? 사실 우리는, 언제, 어디에서, 어떻게 죽음을 당할지 아무도 알 수 없는 시한부 인생들이다. 이렇듯, 죽음이라는 한 가지 절대불변의 현실만을 관찰하더라도, 우리의 현실은 결국 괴로움으로 귀결된다는 것을 알 수 있을 것이다.

이와 같이, 죽음만을 놓고 보더라도, 우리의 인생은 괴로움이라고 할 수 있다. 그러나 우리의 괴로움은 죽음에만 한정되는 것이 아니다. 태어나고, 늙고, 병드는 것도 괴로움이다. 좋아하는 대상을 만나지 못하는 것, 싫어하는 대상과 만나야 하는 것, 구하고자 하지만 얻지 못하는 것, '나다' 하는 상에서 오는 것, 즉, 오온이 치성한 데서 오는 괴로움 등 사고팔고(四苦八苦)가 우리를 끊임없이 괴롭히고 있다.

부처님께서는 이처럼 현실세계를 괴로움으로 규정하셨다. 그렇다면 왜 이러한 '괴로움'이라는 현실 관찰에 대해 '성스러운 진리'라고 하셨을까? 그것은 바로 현실이라는 삶에 대한 있는 그대로의 온전한 통찰을 담고 있으며, 괴로움을 통해서 저 진리의 피안에 이를 수 있기 때문이다.

천상세계는 모든 것이 완벽하게 갖추어져 있기 때문에, 너무 편리하고 편안하여 도를 성취하겠다거나, 깨달음을 얻겠다거나, 더 높은 행복을 추구하겠다는 등의 생각이 없다. 지옥세계는 너무 괴롭기 때문에 깨달음을 성취하겠다는 생각을 일으킬 수 없다. 다만 인간계에서만 괴로움이라는 성스러운 진리를 통찰하고 받아들임으로써, 괴로움을 딛고 일어날 수 있고, 괴로움을 소멸시키고자 하는 마음을 낼 수 있으며, 거기에서 깨달음을 구하는 마음도, 도의 성취를 이루고자 하는 마음도 일으킬 수 있는 것이다.

우리 삶의 목적은 귀의(歸依)에 있다. 불법승에 귀의한다는 것은 곧 내 근원인 부처와 진리와 수행자의 성품으로 되돌아가 의지한다는 것이다. 즉 우리가 나온 본래의 부처 자리로 되돌아가는 여정이 바로 우리 삶이다. 귀의(歸依)라는 성스러운 본연의 회귀를 이루어내려는 이들이 스스로 괴로움을 통해 깨달음에 이를 수 있는 곳이 바로 이곳 사바세계인 지구별, 인간계인 것이다. 이처럼 인간계는 육도 윤회하는 세계 가운데에서도 매우 특별한 곳이다.

육도 윤회하는 세계 가운데 인간계만이 업을 짓고 받는다. 다른 세계는 업을 주로 받기만 한다. 또한 인간만이 수행을 통해 깨달음을 얻고, 삶의 성숙을 이룰 수 있다. 인간계는 적당히 행복도 누릴 수 있고, 또한 적당히 우리를 깨닫게 해 줄 괴로운 일들도 일어난다. 이 양 극단을 모두 체험해 봄으로써 그 속에서 삶의 균형을 맞추고, 삶의 지혜를 깨달아 갈 수 있는 최적의 조건을 갖춘 곳이 인간계이다.

이처럼 삶이란 괴로움이라는 성스러운 진리를 통해 삶을 배우고 깨달아 나감으로써 결국에 귀의를 완성하는, 곧 나온 자리로 되돌아가는 여정인 것이다. 그런 점에서 괴로움은 겉으로는 고통처럼 보이지만, 사실 우리는 괴로움을 통해 삶을 배우고 깨달아갈 수 있다. 이것이 바로 괴로움이 '성스러운 진리'인 이유다. 괴로움 속에 빠져 좌절하라고 괴로움이 있는 것이 아니라, 그것을 통해 삶을 배우고 깨달으라는 것이다. 그렇기에 모든 괴로움은 성스러운 목적을 가지고 있다. 괴로움이라는 성스러운 진리를 통해 우리는 귀의를 완성할 수 있고, 열반에 이를 수 있다.

실제 사람들은 평안하고 행복할 때는 절을 찾지도 않고, 수행이나 기도를 하지도 않다가, 무언가 괴로운 일이 생길 때, 혹은 역경에 처했을 때 저절로 기도·수행에 관심을 갖게 된다. 괴로움이 겉으로 보기에는 그저 괴로움이기만 한 것 같지만 사실 우리 중생들은 그 괴로움이라는 경계가 있었을 때 비로소 괴로움을 타파해 나가고자 하는 의지를 일으키게 되고, 그럼으로써 괴로움 타파의 과정에서 삶을 깨닫고, 지혜를 증득하며, 수행해 나갈 수 있는 것이다.

그렇기에 우리 중생들에게 괴로움은 우리를 괴롭히기 위해 나타난 게 아니다. 괴로움의 목적은 우리를 깨닫게 하고, 업장을 소멸시켜 주기 위한 자비의 구현이다. 우리가 사는 이 세계를 불교에서 사바세계라고 하는 이유도 여기에 있다. 사바세계는 한자어로 인토(忍土), 혹은 감인토(堪忍土)로서, 참고 인내하는 세계라는 뜻이다. 괴로움을 받아들여 참고 인내하게 되었을 때, 비로소 그 괴로움이 우리에게 주려고 했던 보배의 지혜가 드러나게 된다.

그렇기 때문에 괴로움은 우리를 괴롭히는 악마이거나 마장이 아니라, 사실은 괴로움이라는 방편을 쓰고 나타난 우리를 깨닫게 해 주는 고맙고도 자비로운 경계이다. 그래서 '괴로움'을 불교에서는 '성스러운 진리'라고 표현하고 있다.

고성제라는, 괴로움이라는 성스러운 진리의 장에서 우리는 괴로움을 온전히 받아들이는 가르침을 배우게 된다. 괴로움이 생겼을 때, 우리는 그 괴로움에서 벗어나기를 원하고, 괴로움을 거부하려고 든다. 부처님께 기도를 드리는 이유도 모든 괴로움은 안 왔으면 좋겠고, 모든 즐거움만 다 왔으면 좋겠다는 생각이 아닌가. 그러나 참된 수행자라면, 이 세상이라는 사바예토가 본래 괴로움이라는 고해를 통해 깨달음을 얻고, 지혜와 자비를 증득하는 인생수업의 세계임을 깨달아 모든 괴로움을 받아들임으로써 깨달음으로 나아갈 것이다.

　괴로움은 성스러운 진리이다. 괴로움이 올 때, 성스러운 진리가 오고 있음을 바로 알아 괴로움을 통째로 받아들여 보라. 괴로움이 왔을 때 마음을 활짝 열어 받아들임으로써, 오는 것을 거부하지 않고, 충분히 올 만큼 와서, 머물고 싶은 만큼 머물다가, 가고 싶을 때 갈 수 있도록 허용해 주어 보라. 괴로움을 받아들일 때 우리는 더 깊이 괴로움 속으로 뛰어들어, 그것과 하나가 될 수 있고, 그랬을 때 비로소 괴로움이 온 목적을 이해하게 된다.

　괴로움을 거부하게 되면 오히려 그 괴로움은 더욱 지속될 수밖에 없다. 괴로움을 거부하는 마음으로 인해 괴로움이 가져다 주려고 하는 깨달음을 얻을 수 없게 될 것이며, 그러면 우주법계는 더욱 더 지속적으로 남아 있으면서 더 큰 괴로움을 가져다 줌으로써 어떻게든 괴로움을 통해 깨닫도록 해 주려고 할 것이다. 결과적으로 괴로움을 거부하고 싫어하는 마음을 일으키면 일으킬수록 더욱 더 괴로움에서 벗어나기 힘들어 질 수밖에 없다. 괴로움의 목적은 깨달음이기 때문이다. 그렇기에 받아들여서 그것이 주는 의미를 이해하게 되면 괴로움도 빨리 사라지게 된다.

괴로움의 원인 규명하기, 집성제

앞에서 집성제는, 괴로움을 해결하기 위해 그 괴로움의 원인이 무엇인지를 밝히는 가르침이라고 한 바 있다. 다시 말해, 현실에 대한 여실한 통찰을 통해, 현실을 괴롭다고 파악했으면, 그 원인이 무엇인가를 규명해 보아야 하는 것은 당연한 순서일 것이다.

사고팔고라는 괴로움이 생겨난 원인은 무엇일까? 모든 괴로움을 대표하는 괴로움을 불교에서는 사고(四苦)라고 하며, 이는 생로병사이다. 이미 태어난 존재에게 있어 가장 큰 괴로움은 노병사인 것이다. 늙고 병들고 죽는 것이야말로 우리에게 가장 큰 괴로움이다. 그렇다면 노병사의 원인은 무엇일까? 그것은 이미 앞 장의 십이연기에서 살펴본 바와 같다. 그렇다. 바로 십이연기의 유전문이 바로 괴로움의 원인에 대한 진리, 즉 집성제인 것이다.

십이연기의 유전문(流轉門)이란 중생들의 생사윤회라는 유전이 어떻게 해서 생겨나게 되었는가를 나타내 보여주는 가르침이다. 무명이 있어서 행이 있고, 행이 있어서 식이 있고, 결과적으로 생과 노사라는 모든 괴로운 삶이 생겨나게 되었음을 보여주는 것이 바로 유전문이다. 이러한 십이연기의 유전문은 곧 사성제의 집성제를 의미한다. 모든 괴로움이 어떻게 일어나게 되었는지 보여주는 가르침이기 때문이다.

부처님께서는, 노병사(老病死)의 괴로움의 원인을 파악해 보고 그 원인이 생(生)에 있음을 아셨다. 태어났기에 노병사의 괴로움이 있는 것이다. 그리고 생의 원인이 무엇인가를 살펴보니, 욕계·색계·무색계라는 삼계의 생사 윤회하는 원동력이 되는 유(有)임을 아셨고, 그 원인은 다시 어떤 대상에 집착하는 취(取)에 있음을 아셨고, 또 그 원인은 애(愛), 그리고 그 원인은 수(受)…. 이렇게 하나하나 그 원인을 고찰해 올라가다 보니, 결국에는 무명(無明)이 생로병사의 근본 원인임을 여실히 아셨던 것이다. 이것이 바로 십이연기이며, 십이연기의 유전문(流轉門)이라고 한다.

집(集)이라는 말은 '집기(集起)'라고 번역할 수 있는데, 이는 '모여서 일어난다'는 뜻으로, '연기'라는 말과 매우 가까운 개념이다. 즉, 집성제는 괴로움의 원인이 어느 특정한 한 가지에만 있는 것이 아니라, 연기적으로 여러 가지 원인들이 모여서 일어난 것임을 깨달으신 것이다. 그렇기에 십이연기의 모든 지분들이 모여서 결국 노병사라는 괴로움이 연기한 것이다.

이와 같이, 부처님께서는 인생이 괴로움임을 여실히 보시고, 그 원인을 하나하나 살펴보셨다. 그 결과 궁극의 괴로움의 원인은 무명(無明)임을 아셨다. 모든 괴로움의 근본 원인은 바로 '어리석음'이라는 것이다. 그러나 이것은 태초에 근본무명으로 인해 한 생각 잘못 일으킨 어리석음이라고 할 수 있다. 그러므로 그 근본을 끊으려면 지혜를 닦아야 한다. 그러나 무명이 괴로움의 근본 원인이라고는 하지만, 나머지 행·식·명색·육입·촉·수·애·취·유 모두가 생로병사의 원인이 되고 있다는 것을 부인할 수는 없다.

그렇다면, 이러한 십이연기의 지분 중에서 괴로움의 가장 현실적이고 직접적인 원인이 되는 것은 무엇일까? 그것은 바로 애(愛)·취(取)·유(有)다.

결론적으로, 괴로움, 고성제의 원인은 애욕과 애욕으로 인해 그 대상에 집착하여 취하려는 취착심, 그리고 그러한 애욕·취착으로 인한 잘못된 행위[有]가 바로 괴로움의 직접적인 원인이다. 이것을 불교에서는 '번뇌(煩惱)'라고 말한다. 이러한 번뇌의 종류는 108가지나 된다고 하지만, 그 근본 원인은 무명임을 올바로 일러주는 교설이 바로 '십이연기설'이다.

그런 연유로 사성제의 집성제를 '무명'과 '갈애(애욕)'라고 설명하기도 한다. 십이연기에서 가장 직접적 원인이 갈애이며, 근원적인 원인이 무명이기 때문이다. 그런가 하면 『상윳따 니까야』에서는 "수행자들이여, 괴로움의 원인에 대한 성스러운 진리는 바로 갈애이다"라고 함으로써, 십이연기의 지분들 가운데에서도 가장 직접적인 원인인 갈애를 집성제로 보기도 한다.

결론적으로 사성제의 집성제, 즉 괴로움의 원인은 십이연기의 유전문으로 십이연기의 모든 지분을 의미하며, 그것은 근본적으로 무명에서 시작되고, 직접적인 원인으로는 갈애를 들 수 있기 때문에 무명과 갈애라고도 하며, 혹은 생의 직접적 원인이 된다고 하여 집성제를 갈애라고 설명하기도 한다.

괴로움의 소멸 확신하기, 멸성제

멸이란, '니르바나'의 음역으로, '불이 꺼진 상태'를 말하며, 흔히 '열반'이라 표현한다. 다시 말해, 괴로움의 원인인 온갖 번뇌의 불길이 모두 꺼진 상태, 즉, 고가 소멸된 상태이다. 현대적으로 표현한다면, '최고의 행복', '절대적 행복'의 경지라고 말할 수 있다.

집성제는, 십이연기의 유전문을 통해 괴로움의 원인을 고찰해 십이지분을 거슬러 올라가 보니, 그 근본원인이 무명(無明)이라고 관찰한 것이다. 그렇다면, 괴로움에서 벗어나기 위해서 멸성제는 어떻게 하면 될까? 불교는 현상계가 '괴롭다'라고 하여, 그 원인을 밝히는 것 그 자체에 목적을 두지는 않는다. 즉, 괴로움의 원인을 밝힌 것은, 그 원인을 제거하여 괴로움이 없는 깨달음의 세계로 나아가기 위한 준비 작업일 뿐이다. 집성제인 괴로움의 원인을 십이연기의 유전문을 통해 살펴보았다면, 멸성제에서는 그 십이연기의 지분을 소멸시켜 나가는 환멸문을 통해 괴로움의 소멸에 이르는 길을 설하고 있다.

좀 더 자세히 말하면, 노병사의 괴로움을 멸하기 위해 그 원인인 생(生)을 멸해야 하고, 생을 멸하기 위해 그 원인인 유(有)를 멸해야 하고, 유를 멸하기 위해 취(取)를 멸해야 하고, 이렇게 해서, 결국에는 무명(無明)을 멸하면 괴로움의 모든 고리가 풀려서 괴로움의 소멸인 열반의 상태까지 다다르게 되는 것이다. 이러한 것을 '십이연기의 환멸문(還滅門)'이라 하며, 이렇게 관찰하여 열반의 상태로 다다르는 관법이 바로 역관(逆觀)이다. 이러한 십이연기의 환멸문이 바로 멸성제인 것이다. 그렇기에 멸성제는 다른 말로, 괴로움의 원인이 되는 지분이 모두 소멸된 경지이기 때문에 열반이라고도 표현되는 것이다.

멸성제에서는 괴로움의 원인이 소멸될 수 있음을 설하고 있으며, 괴로움의 원인이 소멸되면 열반에 이를 수 있음을 설하고 있다. 이것이 바로 괴로움의 소멸에 대한 성스러운 진리인 것이다. 이 멸성제는 우리에게 깨달음의 가능성과 고를 소멸할 수 있는 가능성에 눈뜨게 한다. 누구나 고를 소멸하고 열반에 이를 수 있다는 확신을 심어주는 것이다.

이러한 열반에는 두 가지 종류가 있다고 한다. 살아 있는 동안 성취하는 열반을, '생존의 근원, 즉, 육신이 남아 있는 열반'이라 하여 '유여의열반(有餘依涅槃)'이라 하고, '생존의 근원이 남아 있지 않은 열반'을 '무여의열반(無餘依涅槃)'이라 한다. 후자는 완전한 열반을 의미하므로 반열반(般涅槃)이라고 하는데, 이는 정신적·육체적인 일체의 고(苦)가 모두 소멸된 열반의 경지이다.

괴로움의 소멸 실천하기, 도성제

이상에서와 같이 괴로움의 원인을 탐구하였고, 원인을 소멸할 수 있다는 확신을 심어 주었다면, 이번에는 구체적으로 어떻게 해야 그 괴로움의 원인을 소멸시킬 수 있는지에 대한 구체적인 실천 수행방법을 설하고 있는 도성제다. 도성제는 말 그대로 괴로움의 소멸에 이르는 성스러운 길로서, 열반에 이르는 길이다.

보통 도성제는 '중도(中道)' 혹은 팔정도로 알려져 있다. 양 극단을 떠난 조화로운 실천 수행법인 중도는 구체적으로 팔정도로 구현된다. 또한 팔정도는 계정혜 삼학의 실천이기도 하다.

도성제, 즉 괴로움의 소멸에 이르기 위한 수행에 대해서는 장을 달리하여 살펴보기로 하자.

7장 불교의 수행법

중도

중도의 의미

도성제는 괴로움을 소멸하고 열반에 이르는 길이다. 중도는 양극단을 떠난 실천으로 지나치게 쾌락적인 생활도 아니고, 반대로 극단적인 고행 생활도 아닌, 몸과 마음의 조화를 유지할 수 있는 상태의 길을 말한다. 부처님 당시에는 쾌락주의자나 고행주의자 같은 외도의 사문들이 성행한 시절이었다.

부처님께서도 고행주의의 극단까지 가보셨지만 그것이 곧 깨달음에 이르는 실질적인 방법은 아님을 깨달으시고 당시의 시대적인 실천 수행법을 모두 버린 채 중도의 독자적 길로 걸어가신 것이다.

『소나경』은 이러한 중도에 대해 거문고 줄을 너무 강하게 조여도 소리가 잘 나지 않으며, 너무 느슨하게 해도 소리가 잘 나지 않는 것처럼 수행도 너무 지나치면 마음이 동요되고, 너무 느슨해지면 나태하게 되므로 중도적인 균형을 유지해야 한다고 설하고 있다.

이러한 중도야말로 수행자에게 있어 어떻게 삶을 살아가야 하는지, 어떻게 수행을 실천해야 하는지에 대한 구체적인 삶의 길을 알려 준다. 중도란 단순히 어정쩡하게 중간의 길을 걸어가라는 것을 의미하지는 않는다. 어느 한 쪽이든 극단으로 치우쳐 집착하게 되는 삶의 방식을 문제 삼고 있는 것이다.

불교의 기본 교설은 연기법이라고 했다. 연기법에 따르면 이 세상 모든 것들은 서로 연결되어 있고, 인연 따라 일어나는 것이다. 이 세상의 모든 것들은 이처럼 고정된 실체가 있어서 독자적으로 일어나는 것이 아니라 서로 긴밀한 인연 관계에 따라 생성되고 소멸될 따름이다. 그렇기에 초기불교는 연기를 곧 무아라고 이해한다. 실체적인 자아가 있는 것이 아니라 다만 인연 따라 생겨난 것이기 때문이다.

이렇게 인연 따라 생겨난 모든 것들은 비실체적인 것이기 때문에, 어떤 하나의 가치나 표현을 가지고 그것을 규정지을 수는 없다. 길다거나 짧다, 옳다거나 그르다, 아름답거나 추하다는 등의 모든 상대적인 극단은 사실 인연 따라 그렇게 불려지는 것에 불과하다.

연필은 긴가 짧은가? 그것은 긴 것도 아니고, 짧은 것도 아니다. 다만 어떤 인연이 옆에 오느냐에 따라 달라진다. 전봇대 옆에서 연필은 짧은 것이지만, 성냥개비 옆에서는 긴 것이 된다. 인연 따라 길거나 짧다고 느끼는 것이지 고정된 실체는 없기 때문이다.

이처럼 인연 따라 생겨난 모든 것은 실체가 없고, 그렇기에 그 모든 것들은 중도적으로 이해될 뿐, 극단으로 치우쳐서 바라볼 수는 없다. 그래서 연기된 모든 것들은 무아이고 중도적으로 이해된다.

연기된다는 것은 나 홀로 독자적으로 만들어진 것이 아니라는 뜻이다. 내가 있기 위해서는 나와 연관된 일체 모든 존재가 크고 작은 인연으로 도울 때 가능한 것이다. 이 연결성은 앞에 연기법에서 살펴본 바와 같이 이 우주법계 전체가 모두 함께 동참하여 꽃을 피우고, 내가 이 자리에 있도록 도운 것으로서, 중중무진으로 이어진다.

그렇기에 사실은 나를 있게 한 것은 이 우주 전체다. 결국 '나'라는 존재는 실체로서 존재하는 것이 아니라, 이 우주 전체가 인연 따라 잠시 나의 모습으로 잠깐 드러난 것일 뿐이다. 결국 나는 이 우주 전체와 다르지 않다. 이 우주법계를 바다라고 한다면, 나와 너, 모든 크고 작은 존재는 단지 그 일부인 파도일 뿐이다. 파도와 바다는 다르지 않다. 그렇기에 너와 나는 서로 다르지 않고, 나와 우주는 서로 다르지 않다. 너에게 베푸는 것은 곧 나에게 베푸는 것이며, 너를 도울 때 내가 도움 받게 된다.

이것이야말로 진정한 의미의 무주상보시이며, 자비다. '내가 너를 돕는다'는 상을 낼 아무런 이유가 없는 것이다. 너와 나는 다르지 않기 때문이다. 이처럼 너와 내가 다르지 않다는 동체적인 생각, 불이(不二)적인 사유의 바탕에서 우리는 언제나 서로가 서로를 돕지 않을 수 없다. 상 없이 자비를 베풀지 않을 수 없는 것이다.

결국 연기와 무아, 자비와 중도는 서로 다르지 않은 가르침이다. 이처럼 연기와 무아, 자비의 가르침이 현실로 드러날 때 중도적인 시각과 중도적인 관찰, 중도적인 실천이 뒤따를 수밖에 없는 것이다. 중도야말로 석가모니 부처님께서 설하신 대표적인 수행방법이며, 고를 소멸하는 구체적인 수행방법이다.

요즘 불교를 공부하는 사람들은 수행이라고 하면, 염불하고, 좌선하고, 독경하며, 다라니를 외고, 사경하며, 절 하는 것 등만을 수행이라고 여긴다. 그러나 사실 엄밀히 따져본다면 석가모니 부처님은 염불하라고 한 적도 없고, 다라니나 진언을 외우라고 한 적도 없으며, 사경이나 간화선을 얘기한 적도 없다. 오로지 부처님께서는 중도를 실천하라고 하셨을 뿐이다. 즉 중도적인 시각, 중도적인 관찰이 중요한 것이다.

세상을 중도적으로 보는 것이야말로 우리의 수행이다. 절을 3,000번 하고, 10시간씩 앉아서 꼼짝하지 않고 좌선을 하는 것에 앞서 세상을 중도적으로 바로 보는 것이야말로 참된 수행이다.

과도하게 어떤 한 가지 가치에 사로잡혀 있다거나, 특정한 목표에 집착해 있다거나, 한 사람을 유난히 애착하거나 미워한다거나, 특정한 정치적 성향에 과도하게 집착한다거나, 내가 믿는 종교만이 절대적이고 다른 종교는 다 틀린 것이라고 여긴다거나, 심지어 수행을 통해 하루 빨리 깨달아야 한다고 깨달음에 집착하는 것조차 중도에서 어긋난 것이다.

보통 사람들은 자신이 생각하기에 옳다고 여기는 생각·가치관·삶의 방식을 '옳다'고 여기고, 그것과는 다른 상대방의 생각을 '틀렸다'고 생각함으로써 내 생각에는 집착하고 상대방의 생각에는 마음을 열지 않는다. 그러나 중도적인 가르침에서 본다면, 아무리 옳은 가르침이라고 할지라도 그것만이 절대적으로 옳다고 여기며 집착하게 된다면 그것은 올바른 수행의 길이 아니다.

『금강경』에서 "마땅히 법에도 집착하지 말고, 법 아닌 것에도 집착하지 말아야 한다"라고 한 것처럼, 불교의 중도적 가르침에서는 부처님 가르침인 법이라 할지라도 그것만이 절대적으로 옳다고 생각해 집착해서는 안 됨을 설하고 있다. 불교만이 절대적으로 옳고, 타종교는 절대적으로 틀렸다고 생각한다면 그것은 중도적이지 않은 관찰이다. 만약 불교만이 절대적으로 옳고 절대선이며, 타종교는 절대적으로 틀렸고 절대악이라고 여긴다면 불교는 타종교를 상대로 싸움을 걸거나, 심지어 전쟁을 일으킬지도 모른다. 더욱이 그 옳고 그르다는 생각이 실체화된다면 실체적인 선인 불교를 위해 실체적인 악인 타종교와 전쟁을 일으켜 죽여도 된다는 논리가 생겨나게 될 수도 있다. 이것이야말로 비불교적이며, 중도를 벗어난 어리석은 생각이다.

어떤 사람에 대한 판단도 마찬가지다. 중도적인 사람이라면 어떤 사람에 대해 특별히 과도하게 좋아하거나, 과도하게 싫어하지 않을 것이다. 또한 어떤 생각이나 판단에 대해서도 과도하게 절대적으로 옳다고 추종하거나, 과도하게 잘못이라고 폄하하지도 않을 것이다. 누구를 만나더라도 중도적으로 대한다. 중도적으로 대한다는 것은 좋거나 나쁜 어느 한 쪽을 선택하는 것이 아닌 그저 있는 그대로를 있는 그대로 보는 치우치지 않은 시선을 말한다.

이처럼 중도는 어느 한쪽만을 절대적으로 옳다고 보거나, 다른 한 쪽을 틀렸다고 보는 극단적 편견을 버리고, 활짝 열린 마음으로 선입견과 차별심 없이 바라보는 삶의 실천이다. 차별과 분별없이 다만 자비로운 시선으로 바라보는 것이다. 분별없이 바라보는 것이야말로 자비의 실천이다. 사랑하고 미워하는 사람을 나누어 놓고 어느 한 쪽을 사랑하는 것은 진정한 자비가 아니다. 분별없이 있는 그대로 받아들여 주고 그 존재 자체를 허용해 주는 것이야말로 진정한 의미의 자비이기 때문이다.

끊임없이 매 순간 순간을 관찰함으로써 매 순간 나의 행위가 중도에 어긋나지 않는지, 나의 생각이 중도에 어긋나지 않는지, 나의 말이 중도에 어긋나지 않는지, 나의 견해가 극단에 치우치지는 않았는지, 나의 직업이 중도에 어긋나는 직업은 아닌지 등에 대해 매 순간 깨어 있는 마음으로 지켜보는 것이야말로 우리의 수행이다.

분별 없는 중도적 관찰

우리의 삶을 가만히 바라보면 끊임없는 선택과 분별의 연속이다. 단 한 순간도 선택을 멈춘 적이 없다. 분별하고 선택하지 않으면 세상을 살 수 없을 것 같다. 매 순간 순간 올바른 선택을 하는 것이야말로 우리 삶을 가장 아름답게 가꾸어 갈 수 있는 유일한 길처럼 느껴진다. 그러나 선택이 모든 문제의 시작이라는 점은 좀처럼 생각지 못한다. 선택이 우리를 괴롭히며, 선택이 우리를 어리석음으로 몰고 간다.

우리는 올바른 선택을 해야 한다고 생각한다. 순간 순간 올바로 선택하기 위해 애쓰며, 공부하고 자료를 찾으며 온갖 정보를 구하는 것이 아닌가. 그것이 우리가 할 수 있는 최선의 삶이라고 배워왔다. 그러나 그 모든 배움들은 이제 다 놓아버릴 때가 되었다.

모든 분별과 차별, 그로 인한 '선택'은 삶에 대한 근원적인 대답을 주지 않는다. 언제나 하나를 선택하면 다른 하나는 선택받지 못한다.

한 가지를 옳다고 선택하면 다른 하나는 그른 것이 되어 선택받지 못하고 만다. 그러면 우리 삶은 둘로 나뉜다. 옳고 그른 것, 맞고 틀린 것으로 나뉜다. 그렇게 둘로 나뉘면 반드시 그 중 하나는 좋고 하나는 싫어진다.

보통 사람들은 그 가운데 좋은 것은 선택하여 내 것으로 가지려 하고 싫은 것은 선택하지 않은 채 버려두거나 혐오하고 심지어 파괴시키고 죽이려 하지 않는가. 그러나 좋고 싫은 것으로 나누는 것, 그것은 삶을 있는 그대로 본 중도적 관점이 아니다. 그것은 우리 마음에 혼란과 분열, 시기와 질투 그리고 투쟁과 전쟁을 가져올 뿐이다.

그럼에도 불구하고 우리 마음은 더욱 더 좋고 싫은 것을 나누게 되고, 점점 더 사물을 치우친 시선으로 보게 된다. 있는 그대로 보는 중도적 시선을 잃고 만다. 항상 우리의 답변은 둘 중 하나다. 좋거나 싫거나, 옳거나 그르거나. 그러나 어찌 항상 좋을 수만 있고, 옳을 수만 있는가. 어찌 항상 싫을 수만 있고, 그를 수만 있겠는가.

좋고 싫은 색안경이 있는 이상 우리는 사물을 '있는 그대로' 볼 수 없다. 중도적으로 볼 수 없다. 우리 마음은 더욱 더 왜곡되고 분열될 뿐이다. 본질적으로 세상을 살아가는 방법은 분별하지 않고, 선택하지 않는 일이다. 판단하지 않는 일이다. 선택하지 않고 있는 그대로 다만 보기만 하는 것이다. 그것이 바로 무분별의 중도적 관찰이며, 뒤에서 나오게 될 중도를 실천하기 위한 사념처의 수행이다.

누가 나에게 욕을 했다고? 시험에 진급에 떨어졌다고? 아이의 성적이 나쁘다고? 친구에게 배신을 당했다고? 원하지 않는 일이 벌어졌다고? 실패를 했다고? 그것이 뭐 어쨌단 말인가? 그 사실 자체는 좋은 것도 아니고 나쁜 것도 아니다. 다만 내가 그 사실, 그 상황에 대해 이런저런 좋고 나쁜 분별을 가져다 붙인 것일 뿐이다.

대그룹 입사 시험에 떨어졌다고 생각해 보자. 그 사실은 항상 두 가지를 내포하고 있을 수 있다. 하나는 시험에 떨어져서 그 일을 할 수 없다는 것이고, 또 다른 하나는 시험에 떨어졌기 때문에 또다른 일을 시작할 수 있다는 것이다. 그 두 가지의 상황 가운데 우리는 보통 전자를 선택함으로써 괴로운 상황으로 몰고 가곤 한다. 그러나 왜 그 선택만을 고집해야 하는가? 그 선택에만 갇혀 있어야 하는가?

보다 중도적인 지혜로운 사람이라면 시험에 떨어졌다는 그 사실에 아무런 판단이나 선택도 가하지 않을 것이다. 그것은 단지 둘 중 하나의 상황일 뿐이다. 분명 이렇게 될 수도 있고, 저렇게 될 수도 있었다. 다만 내 스스로 '반드시 이렇게 되어야 한다'고, '반드시 합격해야 한다'고 고집했을 뿐이다. 그리고 그 고집과 집착이 나를 괴롭히고 있을 뿐이다.

실패가 왜 반드시 나쁜 것이기만 한 것인가. 그로 인해 더 큰 성공을 할 수 있는 소중한 경험이 되었을 수도 있고, 그러한 몇 번의 실패로 인해 내적인 힘이 쌓였을 수도 있으며, 과거의 악업을 소멸시킬 수 있는 소중한 인연의 때였을 수도 있고, 때때로 실패가 훗날 생각해 보면 더 큰 성공을 위한 정말 필요한 기초 작업이었을 수도 있다.

그러니 그 어떤 판단도 버리고, 둘 중 어떤 것을 꼭 선택해야 한다고 집착할 필요는 없다. 물론 선택할지라도 그 선택에 대한 집착 없이, 결과에 대한 집착 없이 자연스럽게 선택할 수는 있다. 집착이 없이 선택하는 것이야말로 참된 중도적인 방식이다. 중도는 이처럼 아무런 판단도 없고, 분별도 없이 사는 것이 아니라, 판단하고 분별하고 매 순간 선택하며 살지언정 그 판단과 선택에 전적으로 집착해 얽매이지 않는 것이다.

어느 하나를 선택하는 순간 우리는 그 사람을 있는 그대로 볼 수 없고, 그 상황을 있는 그대로 볼 수 없다. 사람도, 상황도 그것 자체는 완전한 무분별이다. 완전 중립이다. 다만 그 사람에 대한, 그 상황에 대한 해석이 모든 문제를 가져올 뿐이다. 그렇기에 그 어느 쪽도 선택하지 말고, 다만 있는 그대로 바라보아야 하는 것이다.

선택 없이 분별 없이 다만 바라보기만 할 때, 비로소 우리는 이 세상을 대상으로 힘겨운 투쟁을 버리지 않아도 되고, 마음에 온갖 혼란과 분열을 가져오지 않아도 되며, 우리 삶을 괴롭히는 그 모든 것으로부터 해방될 수 있는 길이 있다.

중도의 생활 실천

수행자의 마음은 극단적으로 치우치지 않는다. 언제나 자연스러운 중도를 지킨다. 그러나 중도를 지키면서도 스스로 중도를 지킨다는 생각이 없다. 중도를 지키는 것에 대해 자랑하지도 중도를 지키지 않는 것에 대해 비난하지도 않는다.

어느 한 쪽을 택하거나 옳다고 여기거나 집착하지 않지만, 한 쪽을 집착하지 않는다고 자랑하지도 않는다. 집착을 다 버리고 자연스럽게 살아가지만 그렇다고 집착을 버리는 것만이 전적으로 옳다고 생각하여 집착하는 자들에 비해 내가 더 우월하다는 생각에 빠져 있지도 않다.

수많은 고승들이 했던 뼈를 깎는 구도의 행각들을 우러러 보지도 않고 그렇다고 얕보지도 않는다. 수행과는 거리가 먼, 세속의 집착에 찌들어 사는 사람들에 대해 경멸하거나 우월하게 느끼지도 않는다.

중도적인 이는 자연 속에서 자연과 교감하며 살면서도 자연을 벗어나 도심에 사는 사람을 깔보지도 않는다. 자연 속에서 사는 것도 제각기 온전한 몫이고 도심에서 일을 하며 사는 것 또한 온전한 그대의 몫임을 안다.

출가 수행자의 길을 올곧게 걸어가지만, 그렇다고 재가자의 길이 출가자보다 못하다고 여기지도 않는다. 출가자의 길이나 재가자의 길이나 저마다의 온전한 몫이며 저마다 부처님의 향기를 자기다운 모습으로 꽃피우고 있음을 안다. 그 어떤 꽃도 차이가 있을 지언정 차별이 있지는 않음을 안다.

재물이며 돈을 많이 모으고자 애쓰지도 않지만 그렇다고 재력가를 탓하지도 않는다. 부유함을 그리워하지도 않고 그렇다고 가난의 정신만이 옳다고 믿지도 않는다. 부유하면 부유한 대로, 가난하면 가난한 대로 살면서 인연 따라 많으면 나눌 줄 알고 적더라도 만족할 줄 안다. 절약과 절제의 미덕을 버리지 않지만 과도하게 소비하는 사람을 미워하지도 않는다.

불교만이 옳다고 고집하지도 않고, 어떤 특정한 경전만이 우수하다고 믿지도 않고, 어떤 수행법만이 완전하다고 여기지도 않고, 또한 어떤 특정한 스님들만이 존경받을 만하다고 여기지도 않는다. 저축하고 절약하는 삶을 애써 실천하지만 그렇다고 그러한 청빈의 삶을 모두에게 강요하지는 않는다. 작은 경제력 안에서도 힘써 나누며 베풀지만 그렇다고 부유하면서 나누지 않고 사는 사람을 혐오하지도 않는다.

중도를 실천하는 이는 특정한 어떤 한 견해에 고집하지 않는다. 어떤 한 생각에 머물러 있지 않다. 그 어떤 생각도, 그 어떤 견해도, 그 어떤 신념도 때로는 옳을 수도 있고 또 때로는 그를 수도 있음을 안다. 그렇기에 어떤 한 가지 견해에 전적으로 집착하지도 않고 절대적으로 폄하하지도 않는다.

그는 활짝 열려 있다. 매우 유연하다. 그렇기에 그 어떤 사람도, 그 어떤 견해를 가진 사람도, 그 어떤 종교를 가진 사람도, 그 사람에게서 그 어떤 장애나 불편이나 다툼을 느끼지 않는다.

그는 모든 사람을 완전히 수용하고 받아들인다. 그 어떤 견해도 다 받아들일 준비가 되어 있다. 그렇다고 그것이 줏대 없이 이리저리 휘둘린다는 말은 아니다. 확실히 중심이 잡힌 사람은 그 어떤 중심에도 마음이 머물러 있지 않은 사람이라는 것을 안다.

수많은 인연에, 상황에, 조건에, 사람에, 견해에 다 응해 주고 그것과 하나 되어 주지만 그 어떤 인연에도, 상황에도, 조건에도, 사람에도, 견해에도 고정되게 머물러 있지는 않다.

중심이 없는 가운데 온전한 중심이 오롯이 서 있고, 모든 것을 행하는 가운데 함이 없는 무위를 즐긴다. 그 어디에도 치우치지 않는다. 아무리 옳은 것도 치우치는 순간 그른 것이 된다. 아무리 온전한 진리일지라도 그것만이 진리라고 고정 짓는 순간 그것은 더 이상 진리로서의 기능을 잃게 된다.

오직 중도의 길을 걷는다. 어느 한 쪽에 전적으로 치우치지 않는다. 고집하지 않는다. 그것이야말로 온전한 수행자의 중도적 삶의 모습이다.

팔정도

팔정도는 초기불교의 대표적인 실천 수행이며, 중도의 수행을 구체적으로 실천 구현하는 방법을 설한 가르침이다. 『중아함경』에서는 팔정도에 대해 '고를 소멸하기 위해서', '무명을 끊기 위해서' 수행하는 실천임을 설하고 있으며, 『잡아함경』에서는 '애욕을 끊기 위하여', '삼독을 끊어 없애기 위하여', 또 『증일아함경』에서는 '생사의 어려움을 건너기 위하여' 팔정도를 수행한다고 설하고 있다. 이처럼 팔정도는 그야말로 부처님 가르침에서 가장 중요한 실천 수행법이라고 할 수 있다.

팔정도는 정견(正見), 정사(正思), 정어(正語), 정업(正業), 정명(正命), 정정진(正精進), 정념(正念), 정정(正定)의 여덟 가지 바른 길이다.

많은 사람들이 이 팔정도를 처음 접하면서 가장 궁금해 하는 점이 바로 '정(正)'이 무엇을 의미하느냐이다. 바른 견해, 바른 사유, 바른 말 등을 해야 하는 것은 알겠는데, 그런 말이야 누구인들 못하겠는가. 그러나 부처님께서는 이 팔정도야말로 '고를 소멸하고, 무명과 애욕과 삼독을 끊으며, 생사를 건너기 위해' 실천해야 하는 중요한 수행이라고 하신 데는, 그만한 이유가 있는 것이다. 팔정도에서는 '바른'이라는 수식에 담긴 의미를 이해하는 것이 무엇보다 중요하다.

팔정도의 정(正)은 중도의 중(中)을 의미한다. 그리고 앞서 설명한 것처럼 중도는 곧 연기·무아·무분별·자비를 의미한다. 이는 또한 대승불교의 공사상과 무자성과도 같은 의미이다. 부처님께서는 연기법이라는 진리를 이처럼 다양한 방법으로, 다양한 측면에서 이해할 수 있도록 설명하신 것이다.

팔정도의 정(正)은 바로 연기·무아·중도·자비를 의미하며, 이는 나아가 무분별·무자성·무집착·공·무위행 등으로 이해될 수 있는 것이다. 또 한 가지 팔정도가 의미하는 중요한 사실이 하나 있다. 그것은 팔정도야말로 부처님 가르침의 핵심 사상인 연기와 중도, 무아와 자비를 실천하는 대표적인 수행법이라는 것이다. 보통 우리는 바른 견해를 가지고, 바른 생각을 하며, 바른 언어생활을 하는 등의 행위를 '수행'이라고는 생각하지 않는다. 좌선을 하고, 절을 하고, 염불을 하는 것만이 수행이라고 여기곤 한다. 그러나 초기불교의 대표적인 수행법이 팔정도라는 사실은 곧 바르게 보고, 사유하고, 말하고, 행동하고, 생활하고, 노력하고, 알아차리며, 고요히 하는 것 자체가 모두 낱낱이 중요한 삶 속의 '수행'이라는 것을 알려준다.

사실 염불, 독경, 진언, 절, 간화선 등 우리가 보편적으로 수행이라고 생각하는 것들은 석가모니 부처님께서 말씀하신 것이라기보다는, 2,500년의 역사를 이어오면서 만들어진 역사의 산물이다. 부처님께서 설하신 고구정녕한 수행법은 염불이나 진언이나 간화선이 아니라 팔정도다. 그럼에도 우리들은 염불이나 독경, 절, 간화선 같은 수행을 해야지만 수행한 것 같은 느낌이 들고, 팔정도를 수행하는 것은 수행이라고 여기지 않는다. 바르게 말하고, 사유하고, 행동하고, 바른 직업을 가지는 것을 수행이라고 여기지는 않는 것이다. 이것은 매우 전도된 사고방식이다. 역사 속에서 만들어진 방편이 본질과 뒤바뀐 것이다. 팔정도는 구체적으로 삶 속에서 어떻게 살아야 하는지, 어떤 말과 생각과 행동과 견해와 직업과 평정과 마음관찰과 노력을 해 나가야 하는지를 직접적으로 알려주는 진짜 수행법인 것이다.

그렇다면 이러한 이해를 토대로 팔정도를 하나하나 살펴보자.

정견正見

정견(正見)은 '바른 견해'로, 팔정도 중 가장 먼저 나오는 것으로 여덟 지분 가운데 가장 중요한 내용을 담고 있다. 『잡아함경』 28권에서는 "정견이 있으므로 정지(正志) 내지 정정(正定)을 일으킨다"고 함으로써 나머지 일곱 가지 실천의 구체적 내용을 규정하고 있으며 팔정도 성립의 근본이 됨을 설명하고 있다. 주로 경전에서는 정견을 '사성제에 대한 바른 지혜', 혹은 '연기에 대한 바른 지혜'라고 설명하며, 이는 곧 무명의 반대가 되는 명(明)과 같은 의미로 사용되고 있기도 하다.

'바른' 견해라는 것은 곧 연기와 사성제, 무아와 중도, 자비에 대한 바른 이해를 바탕으로 하는 견해를 의미한다. 정견은 세상을 독자적으로 홀로 존재하는 것으로 보지 않고 연결되어 있는 연기적인 것으로 보는 견해이며, 고정된 실체관념으로 보는 것이 아니라 비실체적인 무아로 보는 견해이고, 어느 한 극단에 치우친 견해가 아닌 중도적인 견해로 보는 것이다. 또한 이처럼 일체 모든 것이 연결되어 있기 때문에 너와 내가 둘이 아니고, 그러한 동체적인 자각 속에서 동체대비의 자비심으로 세상 모든 것을 보는 견해가 나온다. 이러한 연기·무아·중도의 견해가 생겨난다면 비실체적인 것임을 자각하기에 어느 것에도 집착하지 않을 것이며, 세상을 둘로 나누어 분별하는 분별심을 여읠 수 있을 것이다.

이러한 연기와 무아·중도가 바탕이 된 정견은 어떤 특정한 견해만을 의미하는 것은 아니다. 어떤 특정한 견해만이 진리라고 집착한다면 그 또한 중도에 어긋나게 된다. 그래서 『맛지마 니까야』 72경에서는 "고타마 붓다는 어떤 견해를 취하고 있는가?"라는 질문에 "여래는 그 어떤 견해도 취하지 않으며, 모든 견해를 없애버렸다"고 답하고 있다. 나아가 "여래는 모든 견해, 모든 짐작, 모든 '나'라는 견해, '나의 것'이라는 견해를 깨버렸고, 떠났으며, 멸해 버렸고, 없앴기에 그 어떤 사견도 생겨나지 않아 해탈을 얻었다"고 설하고 있다.

사실 이 세상에는 절대적으로 옳은 일도 없고 그른 일도 없으며, 의미 있는 일도 없고 의미 없는 일도 없다. 그저 끊임없는 변화 속에서 중도적인 행위와 사건들이 연속적으로 이어질 뿐이다. 삶 또한 사실은 자기 규정이며, 자신 스스로 자신이 하는 일에 의미를 부여하고 있는 것일 뿐이다. 이 세상은 누구나 자신이 규정하고 의미를 부여한 자기다운 삶의 방식이 있을 뿐, 옳거나 그른 삶의 방식이란 없다.

그렇기 때문에 누구나 자기답게, 자기 자신으로 피어난 삶이라는 한 송이 꽃을 아름답게 키울 수 있어야 한다. 남처럼 살려고 애쓰거나, 다른 사람의 삶을 기웃거릴 아무런 이유도 없다. 어차피 그 사람의 삶도 그 사람 스스로가 부여한 방식일 뿐, 옳거나 그른 것은 아니기 때문이다. 그러니 지금 이 순간 나로 피어난 나의 삶을 나답게 고유한 삶으로서, 자기다운 독창적인 방식으로 꽃 피울 수 있을 뿐이다. 그리고 그렇게 피어난 독자적인 저마다의 삶들은 좋고 나쁘거나, 옳고 그르거나, 아름답고 추할 것도 없이 나름대로의 방식으로서 온전하고도 아름답다. 그렇기에 모든 존재의 삶의 방식을 있는 그대로 인정해 주고 존중해 주는 참된 자비와 중도적 지혜가 드러나는 것이다.

결국 정견이란 어떤 특정한 견해에도 집착함이 없는 것이다. 어떤 특정한 진리에도 집착하지 않는 것이다. 사실 고정된 진리는 없다. '이것이 진리다'라고 할 만한 것이 없다는 것이야말로, 불법의 핵심 가르침이다.

이러한 정견의 바른 가르침을 붓다 입멸 후 500여 년 경 나가르주나라는 제2의 석가라고 불린 보살은, 승의제·제일의제라고 이름함으로써, 말로 표현되지 못하는 진리라고 설했다. 우리가 진리라고 말하며, 절에서 가르칠 수 있는 진리는 그저 세속제, 즉 방편의 진리밖에 없음을 역설하였다.

'낙서 금지'라고 벽에 씀으로써 낙서를 금지할 수 있는 방편은 될 수 있지만, 낙서 금지라는 그 말 자체가 이미 낙서가 될 수밖에 없다는 것이다. 낙서 금지라는 말을 방편으로 받아들일지언정, 그 말을 따라 너도 나도 벽에다 '낙서 금지'라고 쓸 필요는 없지 않은가. 지금까지 역사가 해 온 일, 종교와 사상가와 진리라고 들어온 모든 가르침이 해 온 일이 '낙서 금지'라는 말의 덧칠에 불과했다. 낙서 금지라는 그 말을 분석하고, 따라 쓸 것을 생각하지 말고, 그저 그 텅 빈 벽에 어떤 낙서도 하지 않는 것이야말로 본질적인 참된 실천이다.

이와 같이 팔정도의 정견 즉 '바른 견해'는 어떤 특정한 견해만을, 특정한 종교만을, 특정한 사상과 진리만을 '바르다'고 규정짓는 치우친 견해가 아니다. 중도적인 견해다. 고정된 실체적인 진리와 견해가 따로 있는 것이 아니며(무아), 같은 견해가 인연 따라 진리가 되기도 하고 진리가 아닌 것이기도 하는 연기적인 견해이고, 그렇기에 그 어떤 특정한 견해만을 절대적으로 추종하거나, 혹은 특정한 견해를 전적으로 잘못된 것이라고 여기지도 않는다.

이러한 가르침 속에는 종교전쟁 같은 것은 발디딜 수 없는 것이며, 나아가 그 어떤 견해를 가진 사람도, 그 어떤 종교나 사상이나 나라나 피부색이 나와 다를지라도 그 모두를 자비롭게 수용하는 동체대비의 자비의 실천이 뒤따르는 것이다.

정사正思

정사는 정사유(正思惟) 혹은 정지(正志)라고도 부르며, '바른 생각' '바른 뜻' 혹은 '바른 마음가짐' 정도로 해석된다. 여기에서도 '바른'이라는 것은 연기와 중도, 무아와 자비를 의미하는 것으로, 대상에 대해 생각할 때 실체관에 사로잡히지 않고, 어느 한 쪽에 치우치지 않는 중도적인 생각을 의미한다.

마음속에서 좋거나 나쁜 한 생각이 일어났을 때 우리는 그것을 '내 생각'이라고 여기기 쉽다. 좋은 아이디어가 하나 떠오를 때 '내가 똑똑하다'고 여기거나, 이기적인 생각이 올라올 때 '나는 이기적이다'라고 여김으로써 그 올라오는 생각을 나와 동일시하는 것이다. 이렇게 되면 좋은 생각이 일어날 때 나는 좋은 사람이라고 여기고, 나쁜 생각이 올라올 때 나는 나쁜 사람이라고 여기게 된다. 타인에 대해서도 마찬가지다. 그 생각 하나를 가지고 양 극단으로 치우치게 되고, 분별을 하게 되는 것이다. 그것은 연기와 무아·중도에 대한 무지에서 오는 바르지 못한 사유일 뿐이다.

연기와 무아·중도적인 사유라면 그 생각 또한 무아임을 알아서 그 생각을 '내 생각'이라고 실체화하지 않으며, 그 생각이란 앞에서 오온과 십팔계에서 공부했듯이 십팔계가 촉함으로써 수·상·행이, 즉 생각과 느낌과 의지 작용이 일어나는 것일 뿐임을 알게 될 것이다. 오온과 십팔계의 교리에서 본 것처럼 생각도 느낌도, 의지도 모두 인연 따라〔緣起〕생겨난 것일 뿐 고정된 실체가 있지 않으며〔無我〕, 그렇기에 어떤 특정한 생각에 치우쳐〔中道〕집착해서는 안 되는 것임을 깨닫게 될 것이다. 이처럼 정사유란 어떤 생각이나 사유가 일어날 때에도 그것이 비실체적인 줄 알아 집착하지 않고, 어떤 한 가지 생각에도 치우치지 않으며, 그렇기에 누구도 과도하게 미워하거나, 애착하는 생각을 내지 않고 있는 그대로 분별없이 봄으로써 진정한 자비로움으로써 상대방을 대하게 되는 것이다.

참된 자비란, 과도하게 좋아하거나 싫어하는 양 극단을 떠나 일체 모든 존재를 있는 그대로 분별없이 바라보는 것이다. 즉 자비는 특별히 좋아하는 대상에게 행하는 것이 아니라, 좋아하거나 싫어하는 양 극단의 분별을 넘어서 있는 그대로를 있는 그대로 바라보는 데서 오는 무분별의 자비로움인 것이다. 그런 점에서 정사유를 실천하게 될 때

비로소 모든 대상에 대해 참된 자비심이 피어나게 된다.

그래서 『잡아함경』에서는 정사를 "어떤 것이 정사인가. 탐욕을 뛰어넘은 생각, 성냄을 없앤 생각, 해침이 없는 생각이다"라고 말하고 있다. 즉 정사유를 실천하게 되었을 때 그 어떤 대상에 대해서도 과도하게 싫어하지 않으며 그 어떤 잘못에 대해서도 성내지 않는다. 또한 그 어떤 대상에 대해서도 과도하게 애착함으로써 탐욕을 일으키지 않게 된다. 이러한 정사유는 일체 모든 대상을 무한히 자비롭게 바라볼 뿐 타인을 해치려는 생각이 있을 수 없다.

이러한 사유, 생각은 결과를 끌어오는 강력한 힘을 지닌 행위다. 불교에서는 행위를 업이라고 하는데, 인간의 행위 즉 업에는 말과 생각과 행동의 세 가지가 있다. 업보는 업을 지으면 반드시 그에 따르는 과보를 받게 되는 것을 의미한다. 업에 신·구·의 삼업이 있다는 것은 곧 행동과 말과 생각은 모두 결과를 가져오는 힘을 지녔다는 것을 뜻한다. 업은 곧 힘을 지닌 행위이기 때문에, 우리가 어떻게 업을 짓느냐에 따라 우리에게 다가올 삶의 양상은 다르게 나타날 수밖에 없다.

신·구·의 삼업 가운데 가장 중요하면서 근원이 되는 것이 바로 의업이다. 생각과 사유는 마음속에서 일어나는 것이기 때문에 행동과 말에 비해 표면에 드러나지 않으므로 그 결과를 끌어오는 힘이 작다고 생각하기 쉽지만, 결코 그렇지 않다. 사실 말과 행동은 생각이 바탕이 되어 부수적으로 일어나는 행위일 뿐이다. 무슨 말을 하고, 무슨 행동을 할 것인지는 전적으로 어떤 견해를 가지고 어떤 사유를 하느냐에 달린 것이기 때문이다. 그렇기에 생각은 곧 물질현실을 만들어내는 강력한 힘을 지닌 의업인 것이다. 그래서 바른 사유가 중요하다. 사유가 바르지 못하면, 연이어 말과 행동 또한 바르지 못하게 될 것이기 때문이다.

앞에 연기법에서 잠시 살펴보았지만, 양자물리학에서는 생각은 비국소적으로 우주 끝까지 도달하며, 동시에 그 생각과 비슷한 물질현실과 공명하면서 현실을 창조해 낸다. 또한 생각과 사유라는 파동에너지가 물질현실을 만들어내는 힘은 $1cm^3$라는 작은 공간 안에 담겨 있는 힘만 1094erg라고 하는데, 이는 우리에게 알려져 있는 우주 속의 모든 물질 에너지 총합보다 억 만의 억 만의 억 만의 억만의 억 만 배보다 많다는 것을 의미한다고 했다. 그만큼 생각과 사유의 힘은 우리가 생각하는 것보다 훨씬 강력한 에너지로 우리의 현실을 만들어낸다.

그러니 정사유 즉 바른 생각을 일으키는 것이야말로 정견의 바탕에서 피어나는 첫 번째 강력한 힘을 가진 행위이며, 불교 수행에 있어 그 무엇보다도 앞서 언급되는 중요한 '수행'인 것이다. 이제 팔정도를 올바로 사유하고 공부한 수행자라면, 염불하고 독경하고 좌선하는 것 못지 않게 바르게 생각하는 것, 중도적으로 생각하는 것 또한 분명한 수행임을 잊지 않아야 하겠다.

좌선도 오래 하고, 절이며 염불·독경·사경 수행도 많이 했지만 삿된 생각을 일으키고, 탐욕과 성냄과 남을 해치려는 생각이 일어난다면 그 사람의 수행은 올바로 가고 있는 것이 아니다.

'바른 생각의 수행' 다음에 오는 중요한 수행법은 '바른 말의 수행' 즉 정어다.

정어 正語

정어는 '바른 말' '올바른 언어 생활', '올바른 언어 행위'로 해석될 수 있다.

입으로 하는 말과 몸으로 하는 행위는 그 바탕에 뜻의 행위 즉 생각이라는 의업이 깔려 있다. 그렇기에 팔정도의 순서는 정견에 이어 정사유(바른 의업)와 정어(바른 구업), 정업(바른 신업)이 이어지는 것이다. 우리는 견해와 생각을 바탕으로 말과 행동을 한다. 바른 견해가 있을 때 바른 사유가 뒤따르게 되고, 바른 견해와 사유를 바탕으로 바른 말과 바른 행동이 나오는 것이다.

바른 생각이 현실을 만들어내는 업력의 힘으로 작용하는 것처럼, 말이라는 언어 생활 또한 힘을 가진 행위이다. 우리는 보통 말에 대해서는 그다지 중요하게 여기지 않곤 한다. 말은 그저 허공에서 흩어지는 것으로 알 뿐이다. 그러나 결코 그렇지 않다. 의업 즉 생각이 강력한 힘을 가진 업력이라면, 그 의업의 강력한 힘을 현실로 구현하는 첫 번째 기관이 바로 입이며, 말과 언어다.

머릿속에서 희미하게 떠도는 생각일 때는 아직 현실을 창조하는 힘을 지니지 못할 수도 있겠지만, 그것이 말로 튀어나오는 순간 그것은 하나의 강력한 힘을 지닌 업력이 되어 업보를 불러오게 된다. 말로 나오는 순간 소리 파동은 강력한 힘을 지닌 언어가 되어 우주법계에 진동을 울리고 결국 그 말이 물질현실로 창조되는 결과를 가져오는 것이다. 실제로 우리 뇌는 소리 내어 말을 하면, 자신이 한 말도 외부에서 입력하는 지시적 정보로 받아들여서 그 방향으로 작업을 한다고 한다. 그뿐 아니라, 수많은 자기 계발서에는 자신이 원하는 것을 말로 써서 벽에 붙여 놓고, 소리 내어 반복해 말하게 되면 실제 결과로 이어진다는 성공사례를 무수히 설명하고 있기도 하다.

또한 에모토 마사루 교수는 『물은 답을 알고 있다』는 책에서 초등학교 어린이들이 물에게 말을 거는 연구를 진행했는데, "너 정말 예뻐"라고 말한 물은 아름다운 결정 모양을 지닌 데 반해 "망할 놈"이라고 말을 건 물의 결정 모양은 결정이 완전히 찌그러져 없어진 모양을 띠었으며, 나아가 물에 글을 보여준 연구에서도 "사랑, 감사"라는 글을 보여주었을 때는 아름다운 결정의 모습을 보이다가 "죽여버릴 거야"라는 글을 보여주었을 때는 결정의 모양이 다 소멸되어 어린아이가 폭력을 당한 듯한 형상을 보이기도 했다.

또한 『식물의 정신세계』에서는 식물도 인간처럼 생각하고, 느끼고, 기뻐하고, 슬퍼하며, 예쁘다는 말을 들은 난초는 더욱 아름답게 자라고, 볼품없다는 말을 들은 장미는 자학 끝에 시들어 버린다고 한다. 이처럼 식물이나 물 같은 자연환경의 대상들조차 말 한마디에 울고 웃으며, 인간의 말과 언어에 민감하게 반응한다.

우리의 말 한 마디는 타인에게 뿐 아니라, 내 주변의 자연 만물에 이르기까지 광범위하게 영향을 미치고 있는 것이다. 그러니 말 한 마디를 어떻게 하느냐에 따라 우리 몸의 70%를 구성하는 모든 물의 결정이 영향을 받을 것이고, 우리 몸의 모든 세포 하나하나에 이르기까지 그 소리의 파동은 영향을 행사할 것이다.

오늘날 말과 언어는 신문 · 잡지 · 인터넷 · 스마트폰 등의 발달로 인해 그 어느 때보다도 중요해졌다. 별 생각 없이 올린 인터넷 악성 댓글을 보고 누군가는 자살을 하기도 한다니 말과 언어의 파장은 요즘 같은 정보화 시대에 더욱 강력해지고 있다. 이런 때일수록 바른 말, 정어는 그 어느 때보다도 중요한 삶의 실천 덕목이라 하겠다.

『잡아함경』 28경에서는 "어떤 것이 정어인가. 망어·양설·악구·기어를 떠난 것이다"라고 말하고 있다. 망어란 진실하지 못한 거짓된 말이며, 양설이란 화합을 깨뜨리는 이간질의 말이고, 악구란 욕설과 같이 거칠고 사나운 말이고, 기어란 쓸데없는 말, 꾸며낸 말, 법답지 못한 말을 통틀어 지칭하는 말이다.

이러한 네 가지 삿된 말들은 앞에서 언급한 정견과 정사가 바탕이 되지 못한 어리석은 견해와 어리석은 생각이 바탕이 되어 나오는 말들로, 어리석은 정견과 정사가 선행되면 자신도 모르는 사이에 망어·양설·악구·기어와 같은 삿된 말들이 쏟아져 나오는 것이다.

'바른 말'에서 바르다는 의미도 물론 연기와 중도, 무아와 자비를 의미한다. 너와 내가 서로 연결되어 있음을 안다면 상대방을 향해 욕설을 한다거나, 거짓말이나 이간질하는 말을 할 수 없을 것이다. 상대에게 하는 것이 곧 나에게 하는 것이라는 연기적 자각에서는 자연스럽게 자비로운 말이 나올 수밖에 없다.

또한 무아와 중도라는 자각이 바탕이 된다면 우리의 언어생활은 실체론적인 사고방식을 내포하는 언어나 치우친 언어를 사용하지 않게 될 것이다. 상대방을 향해 옳다거나 그르다는 양 극단의 판단이 내포된 말 대신 그저 있는 그대로의 현실을 고스란히 드러내 주는 무분별의 말들을 사용하게 될 것이다. 남이 나를 향해 격앙된 말투로 큰 소리를 쳤을지라도, '그 녀석이 나에게 화를 냈다'거나, '나를 미워한다' 거나 하고 판단하는 대신 있는 그대로 '그가 나에게 큰 목소리로 말했 다'고만 말하게 될 것이다. 내 안에서 현실을 걸러서 해석한 언어가 아 닌 있는 그대로의 현실을 드러내 주는 표현들이 사용될 것이다.

정업 正業

정업이란 바른 행위다. 앞서 설명했듯이, 팔정도를 이 삼업에 대비 해 본다면 정사는 의업, 정어는 구업 그리고 정업은 신업을 가리키는 말로 볼 수 있다. 정견이라는 무명이 사라진 바른 견해가 먼저 있고 나면 정사라는 의업이 바로 설 수 있고, 그 다음으로 입으로 짓는 구 업과 연이어 몸으로 짓는 정업이 바로 설 수 있는 것과 같은 순서의 이 치라 볼 수 있다.

정(正)을 연기·중도·무아·자비로 이해할 수 있다고 했는데, 그렇 다면 정업은 '연기'적인 견해와 사유가 바탕이 된 바른 행위를 의미하 며, 어느 한 쪽에 치우치지 않는 '중도'적인 행위를 의미하고, 실체론적 인 집착에 사로잡히지 않는 '무아'의 행위이며, 결과적으로 살생과 도 둑질, 사음 등의 몸으로 짓는 악업을 여읜 '자비'로운 행위를 의미한다.

예를 들어 너무 게을러 몸을 전혀 움직이지 않거나, 혹은 몸을 너무 혹사시키는 양 극단을 떠나 조화로운 중도로써 적절히 일하고, 운동 하고, 움직이며 행위하는 것이 곧 정업이다. 또한 이 몸이 지수화풍이 인연 따라 모여 인연 가합된 무아임을 모르고, 이 몸을 '나'라고 착각하여 집착하게 되면 외모지상주의에 빠지거나, 이 몸이 병들고 늙게 될 때 내가 붕괴된다는 어리석은 착각을 일으키게 된다.

『잡아함경』에서는 "어떤 것이 정업인가? 살생과 도둑질과 사음을 떠난 것이다"라고 설명하고 있다. 연기와 중도, 무아와 자비가 바탕이 된 바른 행위는 곧 살생하지 않고, 도둑질 하지 않으며, 사음을 떠난 행위이다. 즉 몸으로 짓는 세 가지 악행을 떠난 청정한 행위이다.

이와 같은 바른 행위야말로 우리 불자들이 실천해야 하는 생활 속의 '몸의 수행'인 것이다. 사람이든 동물이든 자연만물이든 살생하지 않는 불살생의 행위가 바로 정업의 수행이며, 남의 것을 훔치지 않고 자비롭게 나누어 주는 행위가 바로 정업의 수행이고, 삿된 음행을 하지 않는 청정한 행위가 바로 정업의 수행인 것이다.

예를 들어 자연과 동식물 등에 대한 파괴와 살생 등의 행위를 한다면 그것은 정업이라는 수행에 어긋나는 행위가 된다. 인간의 동물 살생을 보면, 가축들은 인간의 단순한 식욕과 욕구를 충족하기 위해 생명의 정신에 반하는 무자비하고 가혹한 환경 속에서 성장촉진제, 성호르몬, 항생제 등을 과다하게 투여 받으며 대량사육을 강요받고 있다. 뿐만 아니라 인간의 육식 때문에 사육되고 죽어가는 동물로 인한 환경오염 또한 큰 문제가 되고 있는 실정이다.

예를 들어 지구상에 존재하는 소의 수는 12억 8,000마리로 추산되는데, 소 사육면적은 전 세계 토지의 24%를 차지하고, 그들은 수억 명을 넉넉히 먹여 살릴 만한 양의 곡식을 먹어치우고 있으며, 소의 무게를 전부 합치면 지구상 모든 인간의 무게를 능가한다고 한다. 이러한 소의 증가는 열대우림 지역이 소 방목용 목초지로 개간되는 등 열대우림 파괴의 주요한 요인이 되고 있다. 이처럼 인간 욕망에 의한 동물사육과 살생은 결국 엄청난 환경오염을 재촉하고 있다. 이 모두가 정업 즉, 바른 행위가 아닌 삿된 행위다.

또한 인간이 자연환경을 파괴하고, 나무며 산과 광물 등을 마구 베어내고 채취하는 것, 열대우림의 숲을 불태워 없애는 것, 바다 속에서 온갖 자원을 빼내어 쓰는 것 등 이 모든 것들이 인간에 의한 자연의 약탈이요, 도둑질이 아니고 무엇이겠는가. 결국 동체대비의 자비사상에 무지하여, 인간만이 자연보다 우월하며, 우위에 있다는 어리석은 분별심으로 인해 자연을 함부로 훼손하며, 자연을 약탈하는 이 모든 것이 바로 불투도라는 정업을 지키지 못한 어리석은 업인 것이다.

정명 正命

정명은 '바른 생활' '바른 삶' 혹은 '바른 생계', '바른 직업' 등을 아울러 의미하는 것으로, 그릇된 생활태도를 버리고 정당하고 바른 생활을 정당한 방법, 정당한 직업과 생계로써 해 나가라는 뜻을 지닌다. 정견이라는 지혜의 견해를 가지고 정사·정어·정업이라는 삼업을 청정히 해 나가는 것을 토대로 여법하고 정당한 의식주 생활을 해 나가라는 의미다. 출가 수행자에게는 바른 생활 수단을 의미하고, 재가자에게는 바른 직업을 의미한다.

주로 출가자들이 행해야 할 바른 생활, 바른 생계에 대해 『중아함경』에서는 "만족스럽지 못할지라도 여러 가지 축문을 써서 삿된 생활을 존속하지 말라"고 했고, 『맛지마 니까야』에서는 '점을 치며 살아가는 것' 또한 바른 생활 수단이 아님을 설하고 있고, 『잡아함경』에서는 "정명이란 의복·음식·침구·탕약을 법에 맞게 구하고 법에 맞지 않는 것은 구하지 않는 것"이라고 설하고 있다.

부적을 써 주거나, 점이나 사주·관상을 봐 주는 등의 행위를 경제적 생활 수단으로 사용하면 안 된다는 가르침이 출가자의 정명이다. 부처님께서는 왜 부적이나 사주나 관상을 보지 말라고 하셨을까? 이 또한 정명에서 '바른 생활'의 '바르다'는 뜻이 연기·무아·중도·자비 사상을 의미하기 때문이다. 인과응보와 연기적인 관점에서 살펴본다면, 이 세상 모든 것은 말과 생각과 행동이 지은 바대로 업보를 받는 것에 불과하다. 어떤 행위를 하고 살았느냐에 따라 과보를 받는 것일 뿐, 부적을 써서 지니고 다니는 등의 요행을 바라거나, 사주를 보고 피해갈 수 있다고 여기는 것은 인과응보를 모르는 삶일 뿐이다.

또한 과거에 나쁜 업을 많이 지어 업장이 많다고 할지라도 매 순간의 현재에 마음을 돌이켜 새롭게 태어나고 새롭게 살아가게 된다면, 기계적인 업보를 넘어 새로운 삶으로 나아갈 수 있다. 즉 사주나 관상이나 점이 모든 것을 말해 줄 수는 없는 것이다. 더욱이 사주와 관상을 보게 되면, 그 말에 휘둘리고, 오히려 그 말에 얽매여 있지도 않은 사주의 결과를 진짜로 받게 될 수도 있다. 내 마음에서 관상가의 말을 듣고, 두려워하게 됨으로써 그 두려운 마음이 오히려 두려워하는 결과를 끌어오게 되는 것이다.

그렇기에 불교에서는 과거의 업이나 다가올 미래가 중요한 것이 아니라, 언제나 매 순간의 현재가 중요하다. 현재에 어떤 말과 생각과 행동으로써 업을 지어 가느냐, 어떤 견해를 가지고 삶을 살아가느냐, 어떤 생활을 하며 살아가느냐, 어떤 노력을 하고, 얼마나 매 순간 깨어 있으며, 고요하고 평화롭게 살아가느냐에 따라 우리의 삶은 매 순간 변화에 변화를 거듭한다. 이러한 요소들이 바로 팔정도인 것이다. 팔정도의 실천 유무에 따라 우리 삶은 매 순간 변화되고 있다.

보통 초기불교에서는 재가자가 출가자에게 보시하는 것으로 의복, 음식, 침구, 탕약 네 가지를 언급하고 있다. 이러한 기본적인 출가 생활을 위해 재가자에게 받는 보시에 대해서도 법에 맞게 구할 것을 요구하고 있다. 법에 맞는다는 것, 바르다는 것은 곧 연기적으로 인연 따라 자연스럽게 나에게 온 것이어야 함을 의미한다. 억지로 보시 받기 위해 재가자에게 요구하거나, 구걸하거나, 점이나 관상을 나쁘게 봐 줌으로써 복을 지어야 한다고 겁박하거나, 자신의 깨달음이 높은 것처럼 꾸며 보시를 하도록 유도하는 이런 것들은 모두 법에 맞지 않는 것이며, 인연 따라 연기적으로 자연스럽게 온 것도 아니다.

출가자뿐 아니라, 재가자를 위한 정명도 있다. 『앙굿따라 니까야』에는 '무기를 사고파는 것', '술이나 고기나 독극물 등을 사고파는 것' 등이 정명에 어긋나는 것이라고 설하고 있으며, 『맛지마 니까야』에는 '사기를 치는 것', '남을 배신하는 것' 등을 설하고 있다.

무기를 사고파는 것은 생명을 해치는 도구이기 때문이고, 술이나 고기, 독극물 또한 지혜와 자비의 종자를 끊는 것들이기 때문이다. 아울러 사기를 치는 것과 남을 배신하는 것 등을 생활 수단으로 삼는 직업들 또한 해서는 안 되는 것으로 설해지고 있다.

결국 바른 생활은 연기법을 생활화하는 것으로, 욕심을 부리지 않음으로써 자연스럽게 인연 따라 스스로 정직하게 노력하여 얻은 의식주 생활을 하는 것이다. 인연 따라, 업에 따라 모든 것이 일어나고 사라지는 것임을 알게 된다면, 복권이나 대박을 꿈꾸는 등의 요행을 바라는 삶, 투기꾼의 삶, 고리대금업, 여러 채의 아파트를 구입하여 부동산 값이 오르기를 바라는 등의 바르지 못한 생활을 저절로 그만둘 수밖에 없을 것이다. 그런 것들은 인과응보를 거스르는 것들이기 때문이다.

또한 연기법에서는 일체 모든 것들은 서로 연결되어 있기 때문에, 상대가 곧 나이며, 상대가 잘 될 때 나 또한 잘 될 수밖에 없는 상의 상관적인 자비사상을 설하고 있다. 이러한 연기와 자비의 가르침이 요즘 대그룹의 그룹 윤리와 그룹 경영 방침에도 스며들고 있다고 한다. 예전 같으면 대그룹에 납품하는 중소기업들은 어떻게 되든 대그룹만 배를 불리면 된다고 생각했지만, 요즘에는 대그룹과 중소기업이 자연 생태계처럼 유기적으로 연결되어 있기 때문에 비즈니스를 앞세우기 보다는 함께 성장·발전해야 할 동반자로 생각하는 상생경영, 동반성장이 많은 대기업들의 주요 경영 방침이 되고 있다. 이것이 바로 연기적인 직업윤리이며, 연기와 자비를 바탕으로 하는 '바른 생활'이며, '바른 생계', '바른 직업' 즉 정명의 실천이 아닐까.

또한 '나다', '내 것이다', '내가 옳다'고 하는 아상을 내려놓는 생활이 곧 무아를 실천하는 바른 생활 또한 정명이다. 현재 내가 가지고 있는 돈이며, 집이며, 가족이며, 명예며, 권력이며 이 모든 것이 실체적인 '내 것'이 아니며, 내가 가진 생각과 가치관들 또한 실체적으로 옳은 것이 아님을 알게 된다면, 소유물에 대한 집착을 내려놓는 생활을 하게 될 것이고, 내 생각만 옳다고 여기거나, 상대방은 틀렸다고 여기는 꽉 막힌 사고 또한 사라지게 될 것이다.

또한 중도적인 생활이란, 어느 한 쪽에 치우치지 않은 직업관을 의미한다. 정치인이라면 보수나 진보 양 극단 중 어느 하나만을 선택함으로써, 상대 진영은 전부 틀렸고, 나는 전부 옳다고 여기는 극단을 떠나 상대방의 생각도 마음을 열고 헤아리고 존중해 줄 수 있는 지혜로운 정치인이 될 것이다. 정명의 정치, 중도의 정치는 이처럼 마음을 활짝 열고 너와 나 모두를 존중해 주고, 받아들여 주며, 공격하기보다는 사랑하는 정치다.

이러한 정명의 가르침은 『법구경』의 "마치 저 벌이 꽃의 꿀을 모을 때 그 꽃의 빛과 향기를 다치는 일이 없이 다만 그 맛만을 가져가는 것처럼 비구가 마을에 들어갈 때도 그러하다"라고 한 것처럼, 자연의 질서를 거스르지 않고, 일체 모든 존재들이 서로 연결되어 있기 때문에 모두가 함께 공존할 수 있도록 최소한의 의식주에 만족하며, 나를 위해 상대방을 다치게 하거나, 나의 이익 때문에 상대의 이익을 줄이는 것이 아닌 모두가 함께 정명을 실천할 수 있도록 하는 공존, 공생의 조화로운 삶의 실천인 것이다.

정정진 正精進

정정진은 정방편이라고도 부르며 '바른 노력'으로 해석할 수 있다. 정정진은 팔정도의 나머지 지분의 실천에 있어 중간에 쉼 없이 게으르지 않는 노력을 행하는 것이다. 그 구체적인 내용에 대해『중아함경』에서는 "이미 생긴 나쁜 법을 서둘러 없애고, 아직 생하지 않은 나쁜 법을 서둘러 생기지 않게 하고, 아직 생하지 않은 선한 법을 서둘러 생기게 하고, 이미 생한 선법은 물러나지 않도록 머무르게 하는 것"이라고 했고, 『잡아함경』에서는 "꾸준히 힘써 번뇌를 떠나려 하고 부지런하고 조심하여 항상 물러나지 않도록 행하는 것이다"라고 하였다.

즉 정정진은 꾸준히 힘써 번뇌를 떠나고 부지런하고 조심하여 항상 물러나지 않는 노력을 의미한다. 이는 구체적으로 이미 생긴 나쁜 법을 서둘러 없애고, 아직 생하지 않은 나쁜 법을 서둘러 생기지 않게 하며, 아직 생하지 않은 선한 법을 서둘러 생기게 하고, 이미 생한 선한 법은 물러나지 않도록 머무르게 하는 것으로, 이는 37조도품의 4정근을 의미한다. 결국 정정진은 선법을 증장하고 악법을 버리려는 끊임없는 노력이다.

여기에서 선법과 악법은 단순히 선행과 악행만을 의미하는 것이 아니라, 선법은 부처님께서 말씀하신 깨달음의 요인이 되는 7각지 등으로 마음관찰·기쁨·마음 집중·평안 등을 더욱 더 지속되도록 계발해야 한다는 것이며, 악법은 육근을 통해 들어오는 감각적 욕망이나, 악의(惡意), 남을 해치려는 마음 내지는 탐진치 삼독심 등을 서둘러 없애고 생기지 않도록 끊어내야 한다는 것을 의미한다.

악법을 서둘러 없애기 위한 노력으로는 눈·귀·코·혀·몸·뜻 육근의 감각기관을 잘 보호하고 감각활동을 잘 관찰함으로써 감각기능과 활동이 탐욕과 악의 등 나쁜 법들이 육근을 통해 들어오지 못하도록 막는 것을 의미한다. 눈으로 무언가를 볼 때 대상을 있는 그대로 무분별로써 볼 뿐, 감각적 욕망의 대상으로 바라보지 않는 것이나, 귀로 어떤 소리를 들을 때 그 소리를 분별하여 나쁜 소리나 악담에 휘둘리지 않는 노력 등을 정정진이라 할 수 있다.

또한 선법을 증장하기 위해서는 7가지 깨달음의 요인이 되는 칠각지를 꾸준히 닦아야 한다. 칠각지란 염각지·택법각지·정진각지·희각지·경안각지·정각지·사각지를 말하는 것으로, 우리가 일상 생활 속에서 꾸준히 증장시키고자 노력해야 하는 마음이다. 염각지(念覺支)는 생활 속에서 늘 깨어 있는 마음 관찰을 유지시키는 것이며, 택법각지(擇法覺支)는 일체 모든 존재가 연기이며 무아임을 분명하게 아는 지혜를 닦아 나가야 함을 말하고, 정진각지(精進覺支)는 꾸준한 노력을, 희각지(喜覺支)는 마음이 언제나 기쁘고 즐거운 상태를 유지하도록 닦아 나가야 한다는 것이다. 또한 경안각지(輕安覺支)는 그러한 희각지의 기쁨을 넘어 마음이 가볍고 평안하며 경쾌하여 스트레스나 괴로움을 받지 않는 가벼운 상태를 유지하는 것이고, 정각지(正覺支)는 바른 마음 집중을 통한 선정을 닦아나가는 것이며, 사각지(捨覺支)는 좋거나 싫은 어느 극단에 치우치지 않고 양 극단을 버린 채 좋고 나쁜 그 어떤 경계에도 휘둘리지 않고 평안과 평정을 지키는 여여한 마음가짐을 유지하도록 노력하는 수행을 말하는 것이다.

이처럼 우리는 일상 생활을 통해 나쁜 법은 소멸시키도록 노력하며, 좋은 법들은 증장시키도록 노력함으로써 정정진을 닦아 나가야 한다. 이러한 정정진은 나아가 다른 모든 팔정도 덕목들을 중도 포기 없이 꾸준히 닦아 나가야 함을 의미한다. 바른 견해를 지속적으로 유지 시키고, 올바른 사유와 올바른 말·생각·행동·직업·나아가 올바른 선정과 깨어 있음을 지속적으로 유지시키고자 꾸준히 노력하는 것을 의미한다. 아무리 좋은 수행이 있고 가르침이 있다고 할지라도 꾸준한 노력이 뒷받침되지 않는다면 그것은 불을 피우려는 사람이 나무를 조금 비비다 말기를 반복하는 것과 같아 결국 불을 얻지는 못하고 말 것이다.

정념正念

정념은 '바른 전념' '바른 깨어 있음' '바른 관찰' '바른 알아차림' 등으로 해석될 수 있다. 『중아함경』에서는 정념을 "안의 몸을 관찰하기를 몸답게 하고 내지 느낌·마음·법을 관찰하기를 느낌·마음·법답게 하나니 이것을 정념이라 한다"고 설명하고 있다. 즉, 정념이란 몸을 있는 그대로 몸답게 관찰하고, 느낌을 느낌 그대로 느낌답게 관찰하며, 마음을 마음 그대로, 법을 법답게 관찰하는 것을 의미한다. 즉 이는 몸·느낌·마음·법을 관찰함에 있어 아무런 편견과 분별없이 있는 그대로 관찰하는 것이며, 매 순간 순간 부주의하게 넋을 잃고 있는 것이 아닌 항상 자신을 성찰하고 지켜봄으로써 세심한 주의를 기울여 깨어 있는 삶을 사는 것이다.

정념은 곧 사념처를 의미한다. 사념처에 대해서는 다음 장에서 좀더 구체적으로 살펴보기로 하자.

정정正定

정정은 '바른 선정', '바른 마음집중'을 뜻한다. 『잡아함경』에서는 "마음을 어지러이 흐트러지지 않게 하고 굳게 거두어 가져 고요한 삼매에 든 일심이다"라고 설명하고 있다. 즉 바른 마음집중은 하나의 대상에 마음이 집중되어 있는 상태다. 『맛지마 니까야』에서는 "사념처가 바로 마음집중의 근거"라고 함으로써, 몸과 느낌, 마음과 법이라는 대상에 마음을 집중하고 있는 것을 바른 마음집중이라고 설하고 있다.

여기에서 알 수 있듯이 마음 관찰과 마음 집중은 언제나 함께 실천해야 하는 불교 수행의 두 가지 핵심 수행법이다. 이를 지관(止觀)이라고도 하는데, 지(止)는 '멈춘다'는 의미로 온갖 번뇌 망상과 혼란스러운 마음이 모두 멈추어지고 고요히 어떤 한 대상에 집중하는 수행을 말한다. 이렇게 정정을 통해 마음이 신수심법이라는 사념처의 한 가지 대상에 집중함으로써 혼란함이 사라지고 고요해지게 된 바탕에서, 고요히 관찰하는 정념의 수행이 이어질 수 있는 것이다. 이 지관 수행을 사마타와 위빠사나라고도 부른다. 사마타라는 집중 수행을 통해 삼매에 이르게 되고, 위빠사나 수행을 통해 지혜를 증득하게 된다.

이러한 지관을 다른 말로는 정혜(定慧)라고도 한다. '지'의 사마타 수행은 선정을 가져오며, '관'의 위빠사나 수행은 지혜를 가져오기 때문이다. 그래서 불교에서 모든 수행자가 실천하고 배워야 하는 3가지 배울 것인 삼학(三學)은 바로 이 정혜에 계(戒)를 덧붙인 것에 다름 아니다. 계정혜 삼학이야말로 불교 수행과 실천의 핵심인 것이다.

그러나 마음 집중이라고 모두 올바른 것은 아니다. 올바른 대상에 마음이 집중되어 있는 것을 바른 마음 집중 즉 정정이라고 한다. 잘못된 생각에 마음이 집중되어 있거나, 나쁜 행위에 마음이 집중되어 있다면 그것은 삿된 결과로 이어질 수밖에 없을 것이다.

마음 집중을 통해 삼매를 얻는다고 했는데, 쉽게 예를 들면 책에 완전히 몰입되어 책 속에 빠져들어 집중하게 되면 독서삼매에 빠져 주변에서 이름을 부르더라도 들리지 않을 정도로 몰입이 되곤 한다. 이처럼 어떤 대상이 되었든 그 대상에 깊이 몰입하여 집중하게 된다면 어떤 대상을 통해서든 삼매에 이를 수 있는 것이다. 그러나 책도 도움이 되는 양서에 몰입하면 좋은 결과로 이어지겠지만, 폭력적이거나 욕망을 부채질하거나 하는 바르지 못한 책에 집중하게 된다면 독서삼매는 있을지언정 그 결과는 좋게 나오지 않을 것이다. 그렇기 때문에 마음 집중의 대상이 중요한 것이다.

그렇기에 정정에서의 '바른'은 연기와 중도, 무아와 자비라는 바른 법이 그 대상이 되어야 함을 뜻한다.

어떤 대상이 되었든 바르게 마음이 집중되고 관찰된다면 그 대상이 무상하고 무아이며 잠시 인연 따라 만들어진 연기적인 것임을 통찰하게 될 것이다. 바른 마음 집중은 어느 한 쪽으로 치우친 대상에 집중하는 것을 의미하지는 않는다. 극단에 치우친 생각에 집중하거나, 어느 한 쪽만을 전적으로 고수하거나, 애착하거나 미워하는 양 극단의 대상에만 마음이 집중되어 있는 것을 의미하는 것은 아니다. 또한 탐내고 성내고 어리석은 마음에 집중하는 것이 아닌 지혜와 자비의 마음에 집중하는 것이야말로 참된 정정이다.

사념처

사념처와 중도, 팔정도

『대념처경』에서는 "비구들아, 모든 중생들의 청정을 위해, 슬픔과 비탄을 극복하기 위해, 괴로움과 싫어하는 마음을 없애기 위해, 팔정도에 이르기 위해, 열반을 얻기 위해 해야 할 유일한 수행이 있으니, 그것은 바로 사념처(四念處)다."

사념처는 신수심법(身受心法)이라는 몸과 느낌, 마음과 법이라는 네 가지를 대상으로 마음을 챙겨 관찰하고 알아차리는 관(觀) 수행을 말한다. 부처님께서는 지키고 실천해야 할 수행법으로 중도를 설하셨고, 중도를 구체적으로 팔정도로 설하셨다. 또한 팔정도에 이르고, 열반을 얻기 위해 실천해야 할 유일한 수행법은 바로 사념처라고 말씀하심으로써, 사념처를 수행하는 것이 곧 중도와 팔정도를 닦는 것과 다르지 않으며, 이것이 곧 열반에 이르는 길이라고 설하고 있다.

억지로 중도를 실천하거나, 팔정도를 실천하려고 애쓰지 않더라도 매 순간 신수심법을 관찰하게 된다면, 그것이 곧 중도의 실천이며 팔정도의 실천과 이어지는 것이다. 사념처 수행을 통해 대상을 분별없이 있는 그대로 지켜보면 분별이나 차별이 생겨나지 않기에 어느 한 극단에 치우치는 판단이 사라지고 대상을 있는 그대로 보게 되는 중도의 실천으로 이어진다.

또한 이 사념처라는 수행이 곧 팔정도와 다르지 않은 이유는, 팔정도의 모든 덕목들이 바로 깨어 있는 관찰과 알아차림에 의해 나오기 때문이다. 바른 말(정어)과 생각(정사유)과 행동(정업)을 하려면 억지로 바르게 말하고 생각하고 행동하려고 노력하면서 면밀히 이 말과 생각과 행동이 법에 맞는가 아닌가를 계속해서 판단해 보고 계산해 볼 필요 없이 늘 생각과 말과 행동을 분별없이 관찰하면 된다. 매 순간의 현재를 다만 있는 그대로 관찰하기만 해도 저절로 팔정도는 실천될 수밖에 없다.

관찰의 대상들

그러면 무엇을 관찰해야 하는 것일까? 그 관찰해야 할 대상이 바로 네 가지 신수심법이다. 몸과 느낌과 마음과 법을 관찰하는 것이다.

그렇다면 왜 몸과 느낌과 마음 등을 관찰해야 하는 것일까? 그것이 바로 '나'라고 여겨지는 것들이기 때문이다. 즉 오온인 것이다. '나'라고 생각하는 것들이 인연 따라 잠깐 연기한 것인 줄 모르고, 무아인 줄 모르며 실체적인 것인 줄 알기 때문에, '나'에 집착하게 되고, 집착은 곧 괴로움을 불러온다. 불교 수행의 핵심은 사성제에서 보았듯이 언제나 괴로움의 소멸을 위한 것이다. 무아와 연기를 깨닫지 못한 채, '나'에 대해 항상하는 줄 알고, 즐거운 것인 줄 알고, 실체가 있는 것인 줄 아는 즉 삼법인을 모르는 어리석은 마음이 '나'라는 아상과 에고를 만들어내어 우리의 괴로움이 시작된 것이다. 바로 이 '나'라는 생각, 오온을 '나'라고 여기는 자기동일시를 벗어나는 것이야말로 불교 수행의 핵심이다.

바로 이 점 때문에 사념처에서는 오온을 몸(색온)과 느낌(수온)과 마음(상온, 행온, 식온)으로 나누어 분별없이 있는 그대로 관찰해 봄으로써 그것들이 결국 실체가 없으며 '나'가 아님을 깨닫게 되는 것이다. 여기에서 신수심이라는 세 가지 관찰을 통해 결국 비실체성이나 무상·무아 등의 법을 깨닫게 되는 진리에 대한 관찰을 법념처라고 한다.

몸에 대한 관찰

신념처(身念處)는 몸에 대한 관찰인데, 이는 쉽게 말해 몸에서 일어나는 모든 현상들을 있는 그대로 관찰하는 것을 말한다. 보통 우리가 '나'라고 여기는 것은 첫 번째로 '몸'이다. 이 몸이 분명히 있고, 이 몸을 움직이며 살다보니 당연히 이 몸을 '나'라고 여기지 않을 수 없는 것이다. 그러나 부처님께서는 이 육체적인 몸 역시 오온 무아, 색온 무아를 통해 실체적인 자아가 아니라고 하셨다. 그렇다면 도대체 어떻게 해야 이 몸이 실체적인 자아가 아니며, '나'가 아니라고 깨달을 수 있을까? 어떻게 해야 몸과 나와의 자기동일시를 없애고, 무아와 연기를 깨달을 수 있을까?

그것은 너무나도 단순하다. 이 몸을 아무런 분별이나 해석이나 판단 없이 있는 그대로 관찰해 보는 것이다. 당연하지 않은가? 과학에서도 어떤 대상에 대해 연구해 보려면 대상을 있는 그대로 관찰하는 데서부터 시작한다. 무엇이든 그 대상에 대한 진실에 다가가기 위해서는 편견이나 선입견, 차별이나 판단 없이 먼저 있는 그대로 관찰해 보아야 하는 것이다.

'이 몸은 내가 아니야'라고 계속해서 주입하거나, 설득하거나, 생각으로 따져본다고 해서 이 몸을 '나'라고 생각하는 자아정체성을 약화시키기는 어렵다. 몸 그 이면에 담긴 본질을 뚫고 들어가기 위해서는 생각과 분별을 넘어, 무분별의 관찰로써 통찰해 보아야 하는 것이다.

그러려면 먼저 이 몸에 대한 우리의 관심사에 대한 방향을 바꾸어 보아야 한다. 우리가 몸에서 가장 관심 있는 부분은 얼굴이 잘생겼는지 못생겼는지 몸매가 좋은지 뚱뚱한지, 몸이 건강한지 아픈지 등일 것이다. 이러한 외적인 관심사는 대부분 판단과 분별, 남들과의 비교 등에 의해 만들어진다. 남들보다 얼마나 더 예쁜지, 못났는지, 몸매가 좋은지 나쁜지 등을 끊임없이 비교하면서 좋으면 '내가 잘났다'고 여기면서 우월감을 느끼고, 나쁘면 '내가 못났다'고 여기면서 괴로워하는 것이다.

그런데 사념처의 첫 번째 신념처에서는 이러한 판단과 분별·비교에서 오는 몸에 대한 관심사를 그저 단순하게 '몸' 그 자체에 대한 것으로 바꾸어 볼 것을 요구한다. 그저 몸 그 자체를 아무런 판단도 없이, 비교도 없이 그저 순수하게 느껴볼 수 있는지 살펴보는 것이다.

몸에 대한 외적인 비교에서 오는 판단이 아닌, 몸 그 자체를 있는 그대로 관찰해 본 적이 있는가? 우리는 늘 이 몸을 끌어안고 살고는 있지만 이 몸을 직접적으로 느끼거나 경험해 보지는 못했다. 내 몸이, 내 호흡이, 머리와 어깨가, 두 눈과 코가, 아랫배와 다리가, 손바닥과 발바닥이 과연 어떤 느낌인지 자각해 본 적이 있는가?

잠시 고요히 앉아 몸 안으로 들어가 본다. 지금까지 이끌고 살아왔던 이 몸을 잘났거나 못났다고 단죄하려 들지 말고 순수한 이 몸 자체의 생명력과 에너지, 기운과 상태를 판단 없이 지켜봐 주는 것이다. 분별없이 지켜보고 관찰하는 것이야말로 진정한 의미의 자비라고 했다.

몸을 관찰한다는 게 어렵게 느껴진다면, 아주 단순하게 몸의 어느 한 부분을 집중적으로 관찰해 볼 수도 있다. 예를 들면 가부좌를 하고 조용히 앉아서 눈을 반쯤 감은 채 나 자신을 살펴본다. 아무런 생각도 일어나지 않고, 몸의 활동도 일어나지 않고 있는 바로 그 순간, 내면에 움직이는 것이 하나 있다. 그것이 뭘까? 그것은 바로 호흡이다. 모든 것이 멈춘 순간에도 호흡은 들어오고 나가기를 반복한다. 바로 그 호흡이 콧속으로 들어오고 나가는 것을 있는 그대로 관찰해 보는 것이다.

이 때 중요한 것은 곧장 이어지는 생각의 속삭임 또한 그저 관찰할 뿐이라는 점이다. 호흡을 관찰하다 보면, '내가 지금 뭐하는 거지', '아무 느낌도 없잖아', '이렇게 해서 깨달을 수 있을까', '별 것도 없는데 그만 하지 뭐', 혹은 '이건 그만하고 뭐 재밌는 거 없을까' 등등의 생각들이 끊임없이 이어질 것이다. 그러나 그런 생각들이 일어날 때도 다만 '아, 일어났구나' 하고 알아차리고 관찰할 뿐 그 생각을 따라가 계속 더 많은 생각을 만들어내지 않는 것이다. 생각이 일어난 것을 알아차리고 나면 저절로 생각은 사라진다. 그 때 다시 호흡으로 돌아와 호흡을 관찰하는 것이다.

혹은 호흡이 아닌 몸 그외 여러 부분을 직접 관찰해 볼 수도 있다. 예를 들어 하루 일과 중에 틈틈이 어깨와 뒷목 부분을 관찰해 보는 것이다. 컴퓨터를 하고 있는 중간에 잠깐 어깨를 관찰해 보고, 어깨에 힘을 빼 보는 것이다. 언제고 순간 어깨를 관찰해 보면 어깨에 힘이 들어가고 긴장해 있음을 느낄 것이다. 그리고 관찰하는 순간 저절로 힘이 빠지고 이완되며 부드러워짐을 깨달을 것이다.

몸에서 불편한 부분이나 가장 많이 움직이는 부분을 관찰해 보는 것도 좋다. 걸을 때는 걷고 있는 두 발과, 양 발바닥이 지면에 닿는 느낌을 관찰할 수도 있고, 오래 앉아 있을 때는 불편한 자세를 관찰해 볼 수도 있으며, 엉덩이와 의자가 닿아 있는 접촉면을 관찰해 볼 수도 있다. 바람이 불어와 온 몸을 적실 때는 바람이 피부에 와 닿는 느낌을 관찰해 보고, 따뜻한 햇살이 내리쬘 때는 햇살의 느낌을 알아차린다.

가부좌를 틀고 앉거나, 몸을 반듯이 누운 채로 머리끝에서 발끝까지의 순서로 차례차례 몸을 스캔하듯이 내려오면서 알아차리는 방법도 있다. 머리, 두 눈, 코, 입, 턱, 뒷목, 어깨, 팔, 손바닥, 가슴, 배, 아랫배, 허벅지, 다리, 발바닥 등의 순서로 차례차례 한 부분씩 관찰의 빛을 옮겨 보는 것이다. 그런 뒤에는 몸 전체의 에너지, 몸이라는 생명 그 자체를 느껴보고, 관찰해 보고, 그것과 완전히 하나가 되어 잠시 그렇게 있어 본다.

이러한 몸에 대한 관찰을 경전에서는 자세하게 14가지로 나누고 있다. 대략 살펴보면, 호흡에 대한 관찰(呼吸觀), 움직이고 멈추고 앉고 눕는 일상생활의 모든 동작에 대한 관찰, 손가락이나 팔다리를 움직이는 것 등 세밀한 몸동작에 대한 관찰·피부·혈액·소변·심장·내장 등 신체를 구성하는 요소들에 대한 관찰(부정관), 지수화풍에 대한 관찰, 묘지에서 시체를 관찰하는 것 등이 있다.

가능한 한 하루 중 자주자주 이렇게 몸을 관찰하는 시간을 가져 보자. 신·수·심·법 사념처 가운데에서 가장 기본이 되면서도 핵심이 되는 수행법이 바로 신념처 수행이며, 그 중에서도 호흡에 대한 관찰이다.

이러한 몸에 대한 관찰, 신념처를 통해 우리는 그동안 앞 장들에서 배워 왔던 불교교리에 대해 실질적으로 이해할 수 있게 될 것이다. 우리는 연기와 무아, 중도와 자비를 실천하려고 혹은 깨달으려고 아무리 머리를 굴려 애쓰고, 이해하려고 한다고 되는 것이 아님을 안다. 그러면 어떻게 해야 할까? 바로 사념처를 수행하면 된다. 이 단순한 몸에 대한 관찰을 통해 우리는 지혜의 근원에 가 닿을 수 있는 것이다.

느낌에 대한 관찰

몸에 대한 관찰에 이어 마음에 대해 관찰해 볼 수 있다. 마음에 대한 관찰 중에는 먼저 느낌·감정에 대한 관찰, 즉 수념처(受念處)가 이어진다. 수념처는 느낌에 대한 관찰로, 좋은 느낌이나 싫은 느낌, 그저 그런 느낌이 일어날 때 그러한 느낌이 일어나고 있다는 것을 있는 그대로 관찰하는 것이다.

느낌이 일어날 때 거기에 끄달려 가게 되면 십이연기에서 살펴본 바와 같이 애욕과 취착이 생겨나고 업을 짓게 됨으로써 노병사의 원인을 제공하게 되고 만다. 수-애-취-유-생-노사로 이어지는 것이다. 그렇기에 느낌이 일어나는 순간, 좋거나 싫다는 느낌에 애욕과 집착, 혹은 거부감과 미움 등을 개입시켜 분별하지 말고 있는 그대로 알아차리고 관찰하기만 하는 것이다.

예를 들면, 싫은 느낌이 일어날 때 일반적인 경우 그 느낌을 피하려고 애쓰는 마음이 동반된다. 바로 그 때 그 느낌이 일어나는 것을 그대로 허용하고 받아들여 주면서, 그 느낌을 있는 그대로 느껴보는 것이다. 호흡을 관찰하는 가운데 다리가 아프고 불편한 느낌이 일어나거나, 파리 한 마리가 날아와 이마 위를 기어간다면, 순간 우리는 그 느낌을 싫은 느낌으로 해석한 뒤 불편한 다리를 편하게 하기 위해 자세를 바꾼다거나, 손으로 이마를 휙 건드려 볼 것이다.

그러나 느낌을 해석하지 않고 관찰하는 수념처에서는, 바로 그 순간 불편한 느낌을 없애려고 하지 않은 채 그대로 그 불편한 느낌을 수용하고 느껴보면서 지켜보는 것이다. 파리가 이마를 기어갈 때 징그럽거나, 간지럽거나, 지저분하다는 등의 해석을 내려놓은 채 그 상황을 허용해 주는 것이다. 파리가 이마를 기어갈 때의 그 느낌을 해석하지 않고 가만히 느껴보고 관찰해 보는 것이다.

일상생활 속에서도 마찬가지다. 예를 들어 TV를 보는데 자신이 싫어하는 사람이 나왔을 때 습관적으로 인상을 찡그리며 채널을 확 돌려 버리는 사람이라면, 바로 그 사람이 TV에 나오는 바로 그 순간 채널을 돌림으로써 그 싫은 느낌을 피해 달아나려 하지 말고, 그 싫은 느낌을 주의 깊게 살펴봐 주는 새로운 선택을 해 보는 것이다. 직장 상사의 특정한 싫은 행동도 마찬가지고, 자녀들의 특정한 싫은 행동에 대해서도 마찬가지다. 그 싫은 느낌이 일어나는 순간, 내면에서 일어나는 느낌에 해석을 달지 않은 채 그 느낌이 어떻게 일어나고 변해가며 사라지는지를 주의 깊게 관찰해 보는 것이다.

이러한 느낌에 대한 관찰을 통해 우리는 그 느낌이 '내 느낌'이라고 할 만한 것이 아니며, 그저 바람처럼 오고 가는 것일 뿐임을 깨닫게 된다. 더 이상 그 싫은 느낌으로 인해 화가 난다거나, 좋은 느낌으로 인해 애착이 생긴다거나 하는 다음 단계로 넘어가지 않게 될 것이다.

사실 관찰하기 이전에는 그 '느낌'을 '내 느낌'이라고 여기기 때문에 싫은 느낌이 일어날 때 내가 괴롭고, 싫다고 여기게 된다. 그러나 앞에서 몸에 대한 관찰을 통해 이 몸이 '나'가 아님을 깨닫게 되는 것처럼 느낌에 대한 관찰을 통해 우리는 '느낌'을 나와 동일시하지 않게 된다.

우리는 '느낌'과 '마음'을 '나'라고 동일시하기 때문에 싫은 느낌이 일어날 때 그것을 객관화시켜 바라보지 않고, 내가 기분이 나빠진 것으로 오해하게 된다. 이처럼 우리는 감정을 '나'와 동일시한다. 감정이나 느낌이 수온 무아인 줄 모르고, 그것이 곧 나라는 자아인 줄 아는 것이다. 여기에서 괴로움이 시작된다.

사실은 느낌이 일어날 때 좋은 느낌인지 싫은 느낌인지에 따라 내가 괴롭거나 행복해지는 것이 아니라, 그 느낌은 그저 인연 따라 생겨났다가 소멸되는, 저만치서 흘러가는 하나의 현상일 뿐이다. TV를 보듯이 다만 바라보는 대상일 뿐, 그 느낌은 더 이상 '나'에게서 일어나는 느낌인 것은 아니다. 느낌으로 인해 '나'가 괴롭거나 행복한 것이 아님을 깨닫게 되는 것이다.

슬픈 느낌이 일어났다고 해서 '나는 슬프다'고 할 아무런 이유가 없다. 그럼에도 우리는 느낌과 감정을 나와 동일시하기에, 특정 느낌에 휘둘려 내가 괴롭다거나 내가 행복하다고 생각하는 것이다.

이와 같이 사념처에서는 몸의 관찰에 이어, 느낌에 대해 분별없이 있는 그대로 관찰하는 수행을 통해 느낌이 내가 아님을, 즉 수온이 무아임을 깨닫도록 이끌고 있다. 결국 수념처를 통해 수온이 무아이며, 연기임을 깨닫게 되고, 그렇기에 중도적으로 느낌을 다루고 바라볼 수 있게 이끌어 주며, 좋거나 싫어하는 것을 넘어서서 모든 느낌들을 수용해 줄 수 있는 자비와 연민심이 생겨나는 것이다. 이와 같이 수념처 수행은 곧 연기와 무아, 자비와 중도의 구체적인 실천법이 된다.

마음에 대한 관찰

　심념처(心念處)는 느낌을 제외한 다양한 형태의 마음작용을 있는 그대로 관찰하는 것이다. 구체적으로는 탐욕·성냄·어리석음과 침체된 마음·산만한 마음·고양된 마음·집중된 마음·자유로운 마음 등과 그와 대비되는 반대의 마음 등이 일어날 때 그렇게 일어난 마음을 있는 그대로 분별없이 관찰하는 수행이다.

　어떤 것을 소유하고자 하는 탐욕이 일어날 때, 내 마음대로 되지 않아 화가 나는 진심이 일어날 때, 어리석은 마음이 일어날 때 보통 우리는 '나는 왜 이렇게 욕심이 많은 거지?', '왜 이렇게 내 마음대로 되는 게 없어!', '나는 정말 바보 천치 같군!' 등의 생각들이 일어나면서 자기 자신을 탓하거나, 혹은 탐욕을 채우려고 행동하거나, 화가 나는 대로 성을 내거나, 어리석은 행동을 하게 된다. 그 탐욕과 성냄과 어리석음을 '나', '내 마음'으로 오해하는 것이다.

　그러나 사실은 탐욕이 일어난다는 것은 인연 따라 자연스럽게 욕심나는 마음이 일어나는 것일 뿐이다. 그로 인해 나 자신을 탓할 아무런 이유도 없다. 우리가 할 수 있는 것은 그저 거기에서 '욕심'이 일어났다는 사실을 판단하지 않은 채 있는 그대로 바라봐 주는 것이다. 욕심이 일어난 자기 자신을 탓할 것도 없고, 욕심에 휩싸여 행동할 필요도 없는 것이다.

　어느 날 아침 일어났는데, 마음이 침체되거나 산만하고, 우울한 마음이 올라온다면 그 마음을 가지고, '나는 우울해'라고 말할 필요는 없다. 그것은 내가 우울한 것이 아니라, 다만 우울하고 산만하고 침체된 마음이 거기에서 인연 따라 생겨났을 뿐인 것이다. 그것은 '내 마음'이 아니다. 그로 인해 내가 괴로워지거나 우울해질 이유는 없다. 그저 알아차리는 것으로 충분하다.

이것을 그저 말뿐인 가르침으로 듣지 말고, 실제 생활에서 적용해 보라. 탐심·진심·치심·침체된 마음·산만한 마음·고양된 마음 등 그 어떤 마음이 일어날지라도 그것을 '내 마음'이라고 생각함으로써 거기에 휩싸이고, 휘둘리며, 끄달려 가지 않을 수 있다. 그저 그 마음을 아무런 판단을 개입시키지 않은 채 영화 보듯이 거리를 두고 바라보기만 할 수도 있다. 이것이 바로 심념처 수행이다.

이러한 심념처 수행을 통해 우리는 마찬가지로 무아와 연기, 중도와 자비를 깨닫게 된다.

법에 대한 관찰

법념처(法念處)는 5가지 장애에 대한 관찰, 5온에 대한 관찰, 12처에 대한 관찰, 7각지에 대한 관찰, 4성제에 대한 관찰 등이 있다. 부처님의 핵심 가르침인 오개, 오온, 십이처, 칠각지, 사성제 등의 법에 대해 관찰하는 것이다.

이는 앞의 신·수·심념처인 몸과 느낌과 마음을 지속적으로 관찰하는 가운데 깨달아지는 법의 내용을 의미한다. 몸의 관찰을 통해 이 통증이 항상하지 않으며 실체가 없는 것임을 깨닫거나, 느낌 관찰을 통해 좋고 나쁜 느낌이 항상하지 않으며 '나'가 아니라는 것을 통찰하게 되었다면 이것은 신념처와 수념처를 통해 법념처, 즉 법에 대한 관찰이 일어나게 되었음을 의미한다.

먼저 오개(五蓋)란 욕망, 악한 마음, 혼침과 졸음, 들뜸과 후회, 회의적인 의심을 말하는 것으로 이러한 다섯 가지의 장애가 우리의 마음을 뒤덮고 있다고 해서 다섯 가지 덮개, 즉 오개라고 한다. 이러한 오개는 신념처나 수념처·심념처의 수행을 할 때 일어나게 되는 다섯 가지 장애, 번뇌를 의미한다. 몸과 마음에 대한 관찰을 행하다 보면 쾌락적 욕망이나 혹은 '빨리 깨닫고 싶다'거나 하는 수행에 대한 욕망이 일어나기도 하고, 나쁜 마음이 일어나거나 빨리 깨달아서 남들보다 더 나은 성인이 되고 싶다는 등의 미세한 악한 마음이 일어나기도 한다. 또한 수행 중에 무기력한 혼침과 졸음이 일어나거나, 미래에 대한 기대로 들뜬 마음과 과거에 대한 후회가 일어나기도 하고, 이렇게 수행한다고 깨달음을 얻을 수 있을까 하는 회의적인 의심이 일어나기도 한다.

이러한 욕망이나 악의, 졸음과 들뜸, 의심이 올라올 때 그런 것들이 일어났구나 하고 분명하게 알아차리고 관찰하는 것이 바로 법념처이며, 그 중에도 오개에 대한 관찰이다.

이런 마음의 평화와 행복을 방해하는 5가지 덮개가 일어날 때 그것들이 나쁜 것이라고 생각하여 싸워 이기려고 한다면 결코 이길 수가 없을 것이고, 힘만 낭비될 뿐이다. 그러나 이런 마음이 일어날 때 다만 '욕망이 일어나는구나', '졸음이 오는구나', '의심이 드는구나' 하고 있는 그대로 분명히 알아차리기만 해도 그것으로 충분하다. 즉 알아차리고 관찰하는 순간 사라진다.

이 오개는 쉽게 말하면 수행 중 나타나는 마장·장애라고 할 수도 있다. 수행 중에는 이 다섯 가지 말고도, 수없이 많은 역경계가 나타나게 된다. 그러나 중요한 점은, 그러한 경계나 마장이 일어날 때 두려워하거나, 놀라거나 할 필요도 없고, 나쁜 경계가 나타났다고 도망치려고 하거나, 좋은 경계가 나타났다고 애착하여 더 느끼려고 애쓸 것도 없다. 다만 좋고 나쁘다는 두 가지 극단의 판단을 내려놓고 있는 그대로 관찰함으로써 그 모든 장애를 극복할 수 있는 지혜가 계발된다.

그 어떤 마장이나 장애도 나를 실질적으로 괴롭히거나, 무너뜨릴 수 없다. 우리는 그 어떤 장애도 두려워할 필요가 없다. 우리는 그 어떤 장애나 마장보다도 더 큰 존재이다. 내 스스로 두려움에 휩싸임으로써 스스로 무너질 수는 있을지언정, 내 외부나 내부의 그 어떤 경계가 나를 실질적으로 괴롭힐 수는 없다.

두 번째로 오온 관찰은 몸과 마음에 대한, 정신적인 것들과 물질적인 모든 것들에 대한 관찰을 말한다. 색·수·상·행·식에 대해 있는 그대로 알아차리고 관찰하는 것이다. 느낌이 일어날 때, 생각이 올라올 때, 의도가 생길 때, 분별심이 일어날 때 그것이 일어나고 있음을 있는 그대로 관찰하는 것이다. 오온에 대한 분별 없는 있는 그대로의 관찰을 통해 우리는 오온이라는 나와 세계의 구성요소들이 모두 실체가 아닌 무아임을 깨닫게 되며, 그 다섯 쌓임들은 다만 인연 따라 잠시 일어났다가 사라지는 것일 뿐임을 깨닫게 된다.

세 번째는 12처에 대한 관찰로 이는 육근과 육경, 육내입처와 육외입처가 작용을 할 때 감각 활동의 안팎에서 일어나는 것들을 있는 그대로 관찰하는 것을 뜻한다. 감각하는 기관과 기능, 활동 그리고 감각의 대상을 있는 그대로 관찰하는 것이다.

7각지(七覺支)는 이상의 수행을 통해 얻어지게 되는 정신적인 덕목으로, 팔정도의 정정진에서 설명한 것처럼 염·택법·정진·희·경안·정·사각지를 관찰하는 것이다. 수행 중에는 오개와 같이 장애도 일어나지만 칠각지의 덕목과 같은 기쁨과 경안과 평온의 상태 또한 일어나는데 이 모든 것들을 분별 없이 있는 그대로 알아차린다. 장애인 오개도 수행을 통해 계발되는 능력인 칠각지도 모두 다만 관찰할 대상으로 살펴 알 뿐 오개는 사라지길 바라고, 칠각지는 일어나길 바라서도 안 된다. 다만 있는 그대로 판단 없이 살핌으로써 그 덕목을 통해 지혜에 이르게 되는 것이다.

다음으로 4성제에 대한 관찰은 앞에서 설명한 바와 같이 괴로운 일이 일어나는 순간, 고성제라고 관찰하고, 괴로움의 원인을 관찰하고, 괴로움의 소멸과 괴로움의 소멸에 이르는 길을 관찰하는 것이다. 사성제에 대한 관찰이야말로 법념처의 가장 중요한 핵심이 된다. 모든 부처님의 가르침은 코끼리 발자국이 모든 다른 동물의 발자국을 포섭하는 것처럼 사성제야말로 부처님의 모든 가르침을 포섭하기 때문이다.

이상에서 간략히 설명한 바와 같이 정념은 초기불교에서 석가모니 부처님께서 설하신 수행법의 핵심 중에 핵심이라고 할 수 있을 만큼 중요한 수행법이다. 달마 스님은 '관심일법 총섭제행'이라고 하여, 마음을 관찰하는 이 한 법이 제행을 총섭한다고 했고, 많은 큰스님들도 지관과 정혜, 즉 마음 집중과 마음 관찰의 두 가지 수행법이야말로 불교의 핵심이라고 설하고 있다.

　불법의 실천 수행을 한 마디로 표현하라고 한다면 바로 사념처라 할 수 있다. 물론 앞서 설명한 바대로 사념처는 곧 중도의 실천이며, 팔정도의 실천과 다르지 않고, 연기와 무아를 깨닫는 방법이며, 참된 동체대비의 자비심을 계발하는 수행법임은 말할 것도 없다.

　요즘 많은 불자들이 실천하고 있는 절 수행이나·염불·독경·진언 등에서도, 혹은 경행이나 좌선을 할 때라도, 일상생활 속에서라도 늘 사념처가 그 수행의 바탕에 서 있어야 하는 것이다. 절을 하면서 절을 하고 있음을 관찰하고, 염불하면서 염불하고 있음을 관찰하고, 경행하면서 걷고 있음을 관찰하고, 일상생활 속에서 몸의 움직임, 마음의 움직임 등 일체 모든 현상을 분별없이 있는 그대로 관찰하는 것이야말로 불법 수행의 핵심이다.

순간의 여행자, 관찰자

　여행자는 난생 처음 보는 여행지를 생경하고도 호기심 어린 시선으로 진하게 바라보며 걷는다. 그것이 여행자가 여행자인 이유다. 우리라는 존재야말로 이 생으로 여행을 온 여행자가 아닐까? '지금 여기'라는 똑같은 것 같지만 사실은 전혀 새로운 매 순간의 현재를 생생하고 짠하게 온전히 바라보는 것이 우리의 할 일이 아닐까.

　지금 여기라는 '순간의 여행자'로서 매 순간 펼쳐지는 삶을 온전히 체험해 보고 눈부시게 지켜보는 것이야말로 우리의 가장 중요한 인생 공부인 것이다. 여행지를 둘러보러 온 자가 '볼 것'을 안 보고 간다면 여행의 의미를 상실하는 것이 된다.

만약 당신이 지리산 해돋이를 보러 가서 막상 해가 떠오를 때 그 장엄한 일출을 보지 않고 되돌아온다면, 혹은 그 태양이 떠오르는 순간에 다른 생각이나 고민을 하고 있었다면, 그것은 전혀 의미가 없지 않은가. 누구나 해돋이를 보러 가서는 온전하게 생생하게 진하게 바라보게 마련이다. 태양이 떠오르는 순간에는 온 시선을 집중하고 온 존재를 귀기울여 마치 그것과 하나 되듯이 바라보는 것이다. 그게 이 여행의 목적이기 때문이다.

우리 삶이라는 여행도 이와 같다. 우리는 매 순간의 삶을 경험하고 체험하며 충분히 누리고 만끽하기 위해 잠시 이 세상에 내려 온 '순간의 여행자'다. 그런데 그 여행자의 역할을 잊어버린 채 우리 앞에 주어진, 장엄하게 태양이 떠오르는 순간과도 같은, 매 순간이라는 장엄하고도 찬란한 현재를 매 순간 놓치며 살고 있지는 않았는가? 그것은 삶이라는 여행의 목적 자체를 망각하는 것과 다르지 않다.

그렇다면 우리는 왜 '순간'의 여행자일까? '지금 여기'라는 현재를 매 순간 여행해야 하는 이유가 무엇일까? 그것은 너무나도 쉽고 당연하다. 우리에게 있어 유일하게 분명한 실재가 바로 지금 이 순간이라는 현재의 체험이기 때문이다.

당신은 누구인가? 몸인가? 생각인가? 영혼인가? 지위나 명예인가? 이름인가? 깊이 사유해 본다면 그 어떤 것도 실재가 아니다. 진실이 아니다. 몸도 내가 아니며, 생각도, 감정도, 의지도, 이름도, 영혼도 내가 아니다. 무아일 뿐이다. 그렇다면 우리에게 진실이라고 말할 수 있는 것은 무엇이 있을까? 전적으로 확신할 수 있는 것은 무엇이 있을까? 그것은 오로지 지금 여기에서 경험하는 매 순간의 체험일 뿐이다!

당신은 매 순간 무엇인가를 경험하고 있지 않은가? 매 순간을 체험하고 있다. 이것만이 반박할 수 없는 유일한 진실이 아닌가. 그것은 맹목적으로 믿으라고 할 필요도 없이, 의심할 것도 없이 그저 당연한 사실이다. 그렇기에 당신이 무엇이 진실인지를, 당신이 누구인지를 알고 싶어 한다면, '의심할 수 없는 사실'인 매 순간이라는 현재를 관찰하는 데서부터 시작해야 한다.

매 순간의 현실에는 무엇이 있을까? 언제나 '지금 여기'에서 관찰할 수 있는 대상은 무엇이 있을까? 그것이 바로 신수심법이다. 매 순간 우리는 이 몸(身)을 느끼고 있고, 다양한 느낌(受)을 경험하고 있으며, 마음(心)의 움직임을 볼 수 있다. 또한 그러한 관찰을 통해 법(法)을 관찰할 수 있다.

가부좌를 틀고 앉아 가만히 지켜보라. 무엇이 보이는가? 먼저 이 몸이 보이고, 몸에서 일어나는 호흡이 보인다. 몸의 요소들이 보인다. 몸뿐 아니라 마음의 작용들도 보이기 시작한다. 좋은 느낌, 싫은 느낌들이 일어나는 것이 보이며, 나아가 다양한 마음의 일어남이 보인다.

이처럼 우리의 매 순간의 현재에는 신·수·심·법의 움직임이 있다. 우리는 신·수·심·법을 통해 매 순간의 현실을 경험하고 있다. 그것이야말로 반박할 수 없는 가장 분명한 사실이기에, 가장 분명한 지점을 살펴보고 관찰하는 데서부터 시작해야 하는 것이다.

이러한 네 가지 대상에 대한 있는 그대로의 관찰을 통해서만 우리는 이 꿈과도 같은 세상 너머의 진실에 가 닿을 수 있다. 이 표면적인 세상 너머에, 나라는 존재 너머에, 지금 이 순간 너머에 도대체 무엇이 있는지를 밝혀낼 수 있는 것이다. 우리가 육신이라는, 인간이라는 정체성을 빌어 이 곳 지구별에 온 이유를 잊어서는 안 된다. 우리는 매 순간을 체험하기 위해 잠시 지구별을 방문한 '순간의 여행자'다! 이 몸은 겉 껍데기에 불과하다. 이 몸은 내가 아니다. 성격도, 이름도, 직업도, 외모도, 그 어떤 것도 내가 아니다. '나'라고 생각되어지는 그 모든 것을 모조리 의심해 보라. 그것은 내가 아니다.

우린 그저 매 순간이라는 생생하고도 의심할 수 없는 현재를 온전히 체험하고 관찰하는 '순간의 여행자'이며, '신·수·심·법의 관찰자'일 뿐이다. 순간의 여행자인 우리가 이생에서 할 일은 오직 하나, 매 순간 몸과 마음과 느낌과 법을 온전히 바라보고 낯설게 구경하고 주의 깊게 살펴보며 100% 경험해 보는 것이다. 섣부른 판단과 분별로 매 순간의 현재가 담고 있는 온전하고도 완전한 삶을 축소시켜서는 안 될 것이다.

매 순간은 언제나 완전하다. 왜 그럴까? 그것이 '지금 여기'에서 벌어지고 있기 때문이다. 매 순간의 현재야말로 우주법계라는 진리의 완전성이 펼쳐지고 있는 때이다. 붓다의 파편이 드러나는 때이며, 바다라는 진리가 물결로써 드러나고 있는 순간이다. 이를 대승경전인 법화경에서는 제법실상(諸法實相)이라고 아름답게 표현했다. 매 순간의 현재에 벌어지는 일체 모든 것들은 그 자체로 참된 모습, 실상이다. 그렇기 때문에 우리가 진리를 보려고 한다면 매 순간의 현재를 온전히 관찰할 수 있어야 하는 것이다.

지금 놓치면 두 번 다시 볼 수 없는 여행지를 돌아보듯 매 순간이라는 전혀 새로운 여행지를 놓치지 말고 지켜보라. 언제나 매 순간을 놓치지 않고 초롱초롱한 눈으로 구경하는 '순간의 여행자'가 되라.

그랬을 때 비로소 2,500년 전 붓다가 우리에게 들려 준 연기와 무아와 중도와 자비의 성스러운 가르침이, 또 삼법인과 일체법과 사성제와 십이연기, 팔정도의 가르침들이 시공을 초월해 지금 이 자리에서 생생하게 나와 연결되고, 내 안에 파도쳐 들어오게 될 것이다.

법상 스님의 불교 교리 강의 후기

온 몸으로 들었다. 2시간을 손가락 하나 까딱 할 수 없을 정도로 숨도 제대로 쉬지 못할 정도로, 집중하여 들은 강의. 눈동자도 돌릴 수 없도록 우리를 집중하게 만든 그 힘은, 역시나 진정어린 가르침. 가슴속에 차오르는 이 충만함. 두 시간 강의가 끝나고도 한동안 멍했다. 이런 강의 또 어디서 들을 수 있으랴. 불교 교리 강의는 머리가 기억하지 않고, 내 온 몸의 세포들이 기억하고 있는 것이 틀림없다. 이렇게 머리 꼭대기부터 발끝까지 뭔지 모르는 감동으로 차 있는 걸 보면….   〔 무애안 〕

●

'세상 어디에 이처럼 아름다운 순간이 있을까' 싶습니다. 스님 모시고 한자리에서 공부할 수 있는 것이 정말 행운이고 행복한 순간입니다. 아마 지나온 삶의 굴곡들이 지금 이 순간에 이르게 함이 아니었나 싶습니다.   〔원행선〕

●

가르침에 날이 갈수록 붓다의 깨달음에 귀의하고픈 마음이 절로 일어납니다. 살아오면서 이 정도로 저의 마음의 강한 울림이 있었던 적은 없었으니까요. 저의 인식에 많은 변화가 일어나고 있다는 걸 느낍니다.   〔권효임〕

●

내가 무슨 복이 많아서 이 시간, 이 자리에 있나 생각하면 매번 울컥합니다. '살다 보니 내게도 이런 행운이 있구나' 했습니다.   〔청송〕

강의의 여운이 아직까지 남아 있습니다. 이것은 일주일 아니 이 파장이 쌓이고 쌓이면 이생이 다하도록 갈 수 있을 것 같습니다. 스님께서 설법하실 때 그 에너지의 파장으로 듣는 내내 내면에서 에너지가 솟아오름을 느낄 수 있었습니다. 그 파장이 저를 흔들고 있다는 느낌이 듭니다. 감동의 순간이 이어지고 있습니다. 〔향광심〕

•

일목요연한 스님의 법문 감동이었습니다. 어려운 법문 곱씹는 것도 좋겠지만 우리 법상 스님처럼 자상히 과학적으로 이해하기 쉽게 법문해 주시는 것도 바쁜 현대인들에겐 너무나 큰 가피일 것 같습니다. 〔유토피아〕

•

지금까지 학교에서 사회에서 배우면서 쌓아왔던 마음속의 탑들이 한순간 갑자기 깨어지고 무너지는 느낌이랄까, 순간 내 머리가 갑자기 하얗게 변하는 것만 같았다. 나에게 불교와 법상 스님을 만나게 해 준 이 연기법은 시작이 그 어디인지도 알 수는 없지만 이런 생각을 할 때마다 나에게 이런 감사함이 가까이 올 수 있도록 해 주신 부처님께 정말정말 소중하고 고마운 생각이 든다. 법상 스님의 강의를 듣고 난 후 감동의 물결이 가슴에 파도처럼 밀려온다. 〔야천〕